講談社選書メチエ
727

山に立つ神と仏

柱立てと
懸造の心性史

松﨑照明

MÉTIER

はじめに

観光客に人気の京都清水寺の舞台には年間約五〇〇万人が訪れ、高さ約一三メートルの舞台の手摺ごしに、音羽の滝が落ちる深い谷底をのぞき、その高さに嬌声を上げる。

清水寺が音羽の滝での行者たちの修行から始まり、平安時代には貴賤問わず、特に貴族の女房たちが観音の前の礼堂《らいどう》で夜を通して祈り、江戸時代にはわかっているだけでこの舞台から二三四人が祈願のために飛び降りたことを知る人がどれほどいるだろうか。

清水の「舞台」とはいったい何なのか。それは舞楽などだけのために造られたものでも、眼下に都の賑わいを展望して楽しむためにしつらえられたものでもない。起源はいったいどこにあるのか。

京の都から遠く離れた鳥取県三朝《みささ》の山中に、投入堂《なげいれどう》と呼ばれる建物がある。江戸時代の記録はこう書く。

一躰巌山にして然も険しく、左右を望めば下は百尋の渓谷、人をして魂を消さしむ、後は層山峨々として白雲洞を出て、山上の社閣は片々たる巌石を穿ちて懸け作りにし、峪を刻て径とす、日本国中稀に見る所の険難なり（中略）此堂を投入堂と称するは、上は百余尋の岩境幽谷に続き、蒼苔滑らかなり誠に無双の険難にて、一人の歩行も為し難き所なれば、工事如何ともすべき様なくさながら外方より堂宇を造り置きて、彼の巖石のくぼみたる所に投入たらんが如し、故に投入堂と称すとなり。(『伯耆民談記』)

昔、呪法を極めた行者《ぎょうじゃ》・役小角《えんのおづぬ》が雲に乗り、空から材料を投げ入れて造ったというのである。伝承にたがわず、建物は切り立った断崖絶壁のくぼみに、まるで「ひきかかる」ように床下の柱を長く伸ばして建つ、このような形式の建物を懸造《かけづくり》という。

投入堂に登るには、足の置き場を探し、つかまる岩を手探りで一つ一つ確保し、建物の床下柱にしがみつき、岩壁にへばりつきながら、お堂の下を回って、建物の上がり口にたどり着く。そこから堂の背後に回り込んで、後ろから入口の小さな引き戸を開けて広縁に出る。

突然、眼前に息を吞むような美しい山並みと空が広がる。ほっと安堵して下を眺めると、低い高欄からは堂の下の深い谷が見え、足元の板の隙間からは数百メートルの断崖が体を吸い込むように見える。投げ入れられたのは、建物の材料だけか、谷への我が身自身か、恐怖が背中を走る。

ふっと目を戻すと、正面扉の前に経机と思われる重たそうだが足板に美しい曲線が入る古い机が据えてある。そして扉を開ければ、わずか六坪ばかりの小さな堂内には、片足立ちで片手を腰に、もう一方の手は法具を握って振り上げた忿怒相の蔵王権現と呼ばれる日本独自の尊像が七躰祀られている(現在は宝物殿に収蔵)。

それらはみな平安時代に造られたもので、最も優美で都の造形を見せる現在の本尊である蔵王権現（正本尊）は、胎内文書の年記から仁安三（一一六八）年造立であることが分かっている。またこの寺には、長徳三（九九七）年に「女弟子平山」が寄進した銅鏡もあり、平安時代にかなりの信仰を集めていたことを示す。

それでは、いったい誰が、何の目的で、このような建物を造ったのだろうか。

北は北海道から南は沖縄まで、時代は平安から江戸時代末までの二〇〇に近い遺構を調べ歩くうちに、この懸造という形式は日本建築の歴史と造形上重要なだけではなく、日本における山への信仰の変遷を象徴するものであろうことが分かってきた。全国の山に登って懸造を調べ、同時に平地の建築を眺めると、平地（都）を中心に捉えられてきたこれまでの建築史、日本の歴史が違って見えてくるのである。

たとえば、投入堂をはじめとする懸造の建物は、ほとんどが山の中にあるため、それは山に住む人たちが創り出したのではないかと考えられがちだが、そうではない。それは山を見上げる平地に住む人たち、特に都の文化との関係で生み出されたものなのである。

山地が国土の約七割を占め、急峻な山が深い森でおおわれていた日本に住む人たちは、古くから山を恐れ、敬い、祀ってきた。それはある時には神と呼ばれ、神を祀るために山を遠望する場所や麓に聖なる場所が設けられ、やがて神が留まる「社《やしろ》」が造られる。ここで重要なのは、仏教が入る以前は、狩猟以外で人が山に入るのは特別な祭祀の場合だけだったらしいことである。

これが六世紀前半の仏教伝来で大きく変貌する。山に入って「山林修行」する仏徒が現れ、山は修行の場所へと変わる。しかしそこで起こったのは、仏教の独占ではなく、神の信仰の場と仏の信仰の場所の重なりであり、二つの混淆である。懸造という形式は、まさにこの歴史と空間の中に現れると言ってよい。つまり山岳信仰が神仏混淆を創り出し、その在り方が山岳信仰の建築である懸造に最も象徴的に表現されている可能性が高いのである。

明治元（一八六八）年の神仏分離令によって神仏混淆の信仰は禁止され、その建築は破壊、転用されて壊滅的な打撃を受けるが、かろうじてそれを逃れた懸造の建築には、日本建築の本来の造形的特徴と文化的古層が残っている可能性が高く、おそらく、その在りように日本列島に住んできた日本人の心が強く反映している。これを解明することは建築ばかりではなく、日本人の信仰心の基層となるものを明らかにする試みにもなるはずである。


もう一つ、日本建築における造形的な特徴についての問題がある。

気候が温暖で、四季の変化に富む日本の伝統建築は、柱を立て、それを横架材《おうかざい》でつないで作る「木造軸組構造」という特色ともあいまって穏やかな自然と調和するように横へ横へと水平的に展開した、とするのが通説である。

たとえば、建築史の井上充夫博士は「垂直方向に発展することの少なかった歴史時代の日本建築にとって、配置やプランが空間構成の根幹をなす」(『日本建築の空間』)と言い、やはり建築史の太田博太郎博士は、飛鳥時代の法隆寺や中世の禅宗建築など大陸建築の様式に近いと考えられるものには垂直的な表現が認められるものの、「日本建築の自然に対抗しようとしない、控え目な表現は、水平的な表現を主体とし、垂直線を強調しないことによって表わされる。これは欧州におけるゴシック建築と比較してみれば、もはや説明を要しない事柄のようにみえる」(「日本建築の特質」、『日本の建築　歴史と伝統』所収、昭和四三年)と述べておられる。

たしかに、日本の伝統建築を概観すると、通説の通りであろう。しかし太田博士が指摘されたように、日本には大陸の建築様式を色濃く反映したもののほかには、垂直的な表現を持つ建築はなかったのだろうか。

崖から長短の柱を立て組んで、その上に建物を支え上げた懸造の、崖の岩肌から柱が立ち上がって聳え立つその姿には、明らかに強い垂直性が認められるのではないだろうか。

これまでの日本建築の研究をふりかえると、その研究対象は、古代の仏堂・伽藍から神社、寝殿造、中世寺社および書院造、近世の城郭、数寄屋造など多岐にわたり、現在では江戸時代の社寺や明治の洋風建築にまで至っている。これらの研究成果は、日本建築のすべてを網羅するかに見えるが、今ここで改めて顧ると、そのほとんどが平地に展開する建築であることに気付く。

もちろん、これまでにも山岳の建築に関する研究は少なからずあるが、それらは最澄の比叡山延暦寺や空海の高野山金剛峯寺など著名な山岳伽藍《がらん》についての個別的な言及がほとんどで、その具体的な様相と系統については、包括的に検討されていないのが現状である。特に、山岳の建築における意匠的な特質に関する研究は、ごくわずかしかない(1)。

そこで本書では、これまで傾斜地に建物を建てるための、単なる特殊な構造形式と捉えられ、体系的に研究されることのなかった懸造という形式を、単に歴史的に捉え直すのみでなく、造形の面からも再考してみたい。

そのため懸造に関して述べる前に、前提となる山への信仰とそれに関連する建造物、特に木造軸組構造で造られる日本建築での垂直的表現の根本になると考えられる「柱」について考えてみることにする。

そしてその柱を構造上の大きな特色とする懸造に関しては、まず「懸造」という名称そのものに着目し、現在使われている「懸造」あるいは「崖造」「舞台造」「懸崖造」などのさまざまな呼称について、それらの使用上の史的変遷と意味内容の変化を明らかにする。

次に懸造の実例、数十例について述べるが、その分類もあくまでも造形を中心とし、実例から実証的に懸造の成立と展開を追い、造形的な特色についても床下架構の構造技法上の特色や特徴的な意匠要素を指摘しながら、総括的に述べる。

なお、懸造の建築形式について述べるにあたって、その意匠には立地条件、特に信仰の対象となる岩や岩窟さらには湧水《ゆうすい》が密接に関係しており、懸造の意匠は自然との関係を考慮しなければ正確に把握できないと考えられるので、場所が特定できるものは実地調査を行い、建物が現存するものあるいは建物の礎石や痕跡が残るものについては岩や窟をも含めて実測調査を行っている。
まずは懸造誕生の前史となる山への信仰から具体的に追ってみよう。

三仏寺投入堂の縁から山を望む

目次

第一章 遥拝すること・立てること

――神を祀る柱

（一）神の坐《いま》すところと祭祀の場所

恐ろしき山、霊妙なる山

八世紀初頭に編纂された現存する日本最古の歴史書である『古事記』『日本書紀』『風土記』と、同時代の歌集『万葉集』の四文献（これを上代四文献という）に現れる山に対する信仰の形を探ってみると、山は生きるために欠かせない水と食料、材木など資源を与えてくれる大切な存在であるとともに、時には洪水をもたらし、噴火する恐るべき存在であったらしいことが見えてくる。

日本人の神に対する信仰は、この荒ぶる自然を「神」と捉え、それに対して供物をささげ、恩恵を祈るものであっただろうと考えられている(1)。

『万葉集』巻三―三一九、笠朝臣金村の歌では、富士山を霊妙で、国の鎮めとなっている山と捉えている。

なまよみの　甲斐の国　うち寄する　駿河の国と　こちごちの　国のみ中ゆ　出で立てる　不尽《ふじ》の高嶺《たかね》は　天雲《あめくも》も　い行きはばかり　飛ぶ鳥も　飛びも上《のぼ》らず　燃ゆる火を　雪もち消《け》ち　降る雪を　火もち消ちつつ　言ひもえず　名づけも知らず　霊《くす》しくも　います神かも　石花《せ》の海と

名づけてあるも　その山の　つつめる海そ　不尽河《ふじ》と　人の渡るも　その山の　水の激《たぎ》ちそ　日の本の　大和の国の　鎮《しづ》めとも　座《いま》す神かも　宝とも　生《な》れる山かも　駿河なる　不尽の高嶺は　見れど飽かぬかも

（『日本古典文学大系　万葉集』岩波書店）

意味は、甲斐の国と駿河の国と二つの国の真中から聳え立っている富士の高嶺は、空の雲も行き滞り、飛ぶ鳥も飛び通うこともなく、燃える火を雪で消し、降る雪を火で消し続けて、言いようもなく名付けようも知らぬほどに、霊妙にまします神である。せの海と名付けている湖も、その山が堰きとめた湖だ。富士川と言って人の渡る川も、その山からほとばしり落ちた水だ。この山こそは大和の国の鎮めとしてもまします神である。国の宝ともなっている山である。駿河の富士の高嶺は、ほんとうにいくら見ても見飽きることがない、というふうなところである。

また信仰対象になるような山は、『日本書紀』景行天皇紀一八年秋七月、八女県《やめのあがた》に天皇が到着したとき、

則ち藤山《ふぢやま》を越えて、南《みなみのかた》粟岬《あはのさき》を望《おせ》りたまふ。詔《みことのり》して曰《のたま》はく、「其の山の峯岫《みねくき》重畳《かさな》りて、且美麗《またうるは》しきこと甚《にへさ》なり。若《けだ》し神其の山に有《ま》しますか」とのたまふ。時に水沼県主《みぬまのあがたぬし》猿大海《さるおほみ》、奏《まう》して言《まう》さ

く、「女神《ひめかみ》有します。名を八女津媛《やめつひめ》と曰す。常に山の中《うち》に居《ま》します」とまうす。故《かれ》、八女国《やめのくに》の名は、此《これ》に由《よ》りて起《おこ》れり。（『日本古典文学大系　日本書紀　上』岩波書店）

とあるように、姿の美しい山でもあった。これらの考え方がいつ頃まで遡れるかは不明だが、遅くとも『日本書紀』や『万葉集』が編纂された八世紀の初め頃にはこのような考え方があったことは明確であろう。

祭祀の場所

では、そうした神の坐す山に対して人はどのような場所で祀ったのであろうか。祭祀の場所は山中のこともあるが、建築学の視点では祭祀の際に建造物（工作物）がどこに、どのような形で造られたかが重要である。『古事記』に、天上の天津神《あまつかみ》に対して大地の国津神《くにつかみ》として登場する山の神・大山津《おおやまつ》見《み》神（大山祇命）に関して、

「吾を倭の青垣の東の山の上に伊都岐奉れ」（『日本古典文学大系　古事記　祝詞』岩波書店）

（大和を囲む青々とした垣根のように連なる山々の東の山の上におごそかに祀れ）

とあり、奈良盆地にあり大物主が鎮まるとされる三輪山については、

「意富泥古命を神主として、御諸山の意富美和之大神前を厳粛に祀れ」（『日本書紀　上』岩波書店）

とある。この三輪山の神を祀る大神《おおみわ》神社は山上には岩座《いわくら》があるだけで古来本殿がなく、拝殿だけが存

在する形で三輪山の麓にある。

さらに、『延喜式』の祝詞においては、「山の口に坐《ま》す皇神等《すめがみたち》」「水分《みくまり》に坐《ま》す皇神等」「川合《かはひ》に称辞《たたへごと》竟《を》へまつる皇神」と記すように、分水嶺、山の口（麓）、川の合流点などさまざまな場所が記されて

三輪山

拝殿のみの神社、大神神社

いる。(2)

これらさまざまな祭祀の場所について、民俗学の柳田國男は霊魂がとどまる「山宮」と、氏神である「里宮」の二つの祭祀形態を想定し、神道考古学の大場磐雄は、出土遺物から古代の祭場を「（神が）不浄の多い住居地帯を去り、付近に存する小山がこれに適した」と述べた。(3)

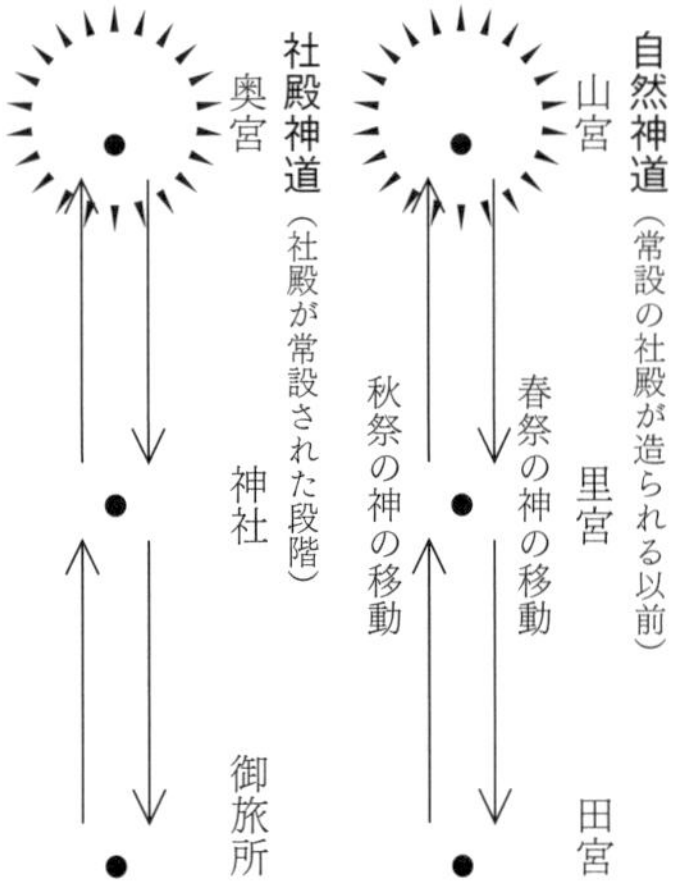

神代雄一郎による祭祀形態の比較

神道美術の景山春樹は古代の祭祀を「原始神道」と名付け、神の世界は美しく茂った林相にあって、神は山上の山宮に常住し、そこから山麓に神を迎える「里宮」、さらに田の辺まで神を迎えて祀る「田宮」の、山宮—里宮—田宮の構成が古代祭祀の標準型と指摘した。(4)

建築学の分野では、神代《こうじろ》雄一郎が景山春樹の説を受けて、山宮、里宮、田宮の祭祀段階では建築物があったとしてもそれは仮設の構造物で、後に里宮に常設の建築が造られ神社となり、山宮には従来のように社殿はないか、簡単な小社が祀られて奥社となり、田宮だけは祭りの際に仮設される御《お》旅所《たびしょ》となったのではないかと推定している。(5)

この建築学分野の神代説については、想定している時代、仮設の構造物の具体的な形が明瞭ではないが、もう一度「上代四文献」と発掘調査の成果に戻ってみよう。

『書紀』神代巻には、天孫降臨の際、高御産巣日神《たかみむすびのかみ》が天児屋根命《あまのこやねのみこと》と太玉命《ふとだまのみこと》に、「吾は則ち天津神籬《あまつひもろき》及天津磐境《あまついはさか》を起樹《おこした》てて、当《まさ》に吾孫《すめみま》の為に斎《いは》ひ奉《まつ》らむ」と言う。「神籬《ひもろき》」「磐境《いはさか》」は神坐となる仮設の施設と考えられるが、それがどのような構造物なのかは明確にわからない。

しかし幾つかの興味ある事例が明らかになっているのでそれらを挙げてみる。特に後述するように「懸造」は信仰対象の岩（磐座《いわくら》・岩座《いわくら》）に関係するので、ここでは巨岩を祭祀場とした古い例で祭祀の状況がわかる例と柱に関わる注目すべき事例の二つを挙げてみる。

巨岩の祭祀場と列石の祭祀場

世界遺産にも登録された福岡県の宗像大社沖津宮のある沖ノ島では、巨岩周辺に四世紀後半から九世紀末までの祭祀遺跡が残るが、祭祀跡で最も古い四世紀後半〜五世紀中頃のものは、巨岩上部の平らな部分に小石を正方形に並べて祭壇とし、銅鏡や碧玉、滑石製祭具などを置き祭祀を行っていた。こうした形態は岩上祭祀と呼ばれている。

次の時代（五世紀後半以降）には、祭祀場所は巨岩が軒《のき》のように突き出た岩の陰に移り（岩陰祭祀）、八世紀になると巨岩と祭場が分離し、祭祀の場が岩から離れた露天の平坦地に移ったことがわかっている。

大和王権あるいはそれ以前の九州の豪族と朝鮮半島とがつながる海路の要衝であった沖ノ島の場合

真脇遺跡復元環状木柱列（真脇遺跡縄文館提供）

は、航海の無事を祈ることが主眼であったろうから、信仰の対象は海の神と考えられるが、ここで作られたのは石を並べて作った正方形の区画だけで、柱をともなうような建造物は造られていない点が注目される。

次に山に対する信仰形態に関しては、山梨県都留市にある縄文時代中晩期の遺跡と考えられる**牛石遺跡**の例がある。ここには、河原石を直径が二〇〜三〇メートルの円形状に配した大型環状列石がある。その列石の内側に沿って立石や埋葬をともなう組石状の配石は見られるが全体が墓とは考えられず、その環の内部に入ると富士山が遠望でき、外に出ると見えないことから、祭祀の場所を作って富士山を遠くから拝すための施設ではなかったかとする見方がある[6]。

これと関連して、石川県にある縄文時代の**真脇遺跡**や**チカモリ遺跡**などでは、縄文晩期（紀元前一〇〇〇〜三五〇年）の土層から巨木を円環状に配した環状列柱（真脇では直径八〇〜九六センチメートルの柱一〇本、構成する円の直径七・四メートル）が見つかっている。これらの遺跡が祭祀に関わるものかどうかは断定できないが、真脇遺跡では少なくとも六回の建て替えが認められており、祭祀の際に作り替えられた可能性が考えられる。この環状列柱には南南東部分に入口と考えられる三角柱が突出して建てられた所があり、ここから遠望すると遠くに鉢伏山を仰ぐ形になり、この遺跡は鉢伏山を遥拝し、祭祀を行うためのものではなかったかとする見方がある。

これに類する環状の遺構は石川、富山県を中心とする地域に十数例見られ、それを縄文ランドスケープ（景観）と呼んで、山との関係を見出そうとする研究もある。[7] 真脇遺跡では縄文晩期に巨大な環状列柱が現れるが、それ以前の縄文前期末にはトーテムポール状彫刻柱が発掘され、中期には大型の石棒が見つかっており、独立する柱（石棒）を立てた形式の時代変化を示唆する。

柱を立てる場所

では、この柱を立てる場所と時期について、その起源はどのあたりにあるのだろうか。それを探りたいところだが、今はまだ明確にする資料に欠ける。ただ、前述の環状列柱から推測すると、山の正面あるいは特別な角度から仰ぎ見る位置に祭場を設け柱を立てて祭祀を行っていたと思われ、真脇遺跡の事例では同じ形が何度か移動しながら形成されているので、集落が移動、変化するのに応じて建て替えられていた可能性が高い。時代は下るが、これに関連して『常陸国風土記』の行方《なめかた》郡段にある神の領域と人の領域を峻別するために杖を立てたとある記述は見逃せない。

箭括《やはず》の氏《うじ》の麻多智《またち》、郡《こほり》より西の谷の葦原を截《きりはら》ひ、墾闢《ひら》きて新に田に治《は》りき。此の時、夜刀《やつ》の神《かみ》、相群れ引率《ひきゐ》て、悉尽《ことごと》に到来《き》たり、左右に防障《さ》へて、耕佃《たつく》らしむることなし。（俗《くにひと》いはく、蛇を謂ひて夜刀の神と為す。其の形は、蛇の身にして頭《かしら》に角《つの》あり。率引《ひきゐ》て難《わざはひ》を免るる時、見る人あらば、家門《いへかど》を破滅《ほろぼ》し、子孫《うみのこ》継がず。凡て、此の郡の側《かたはら》の郊原《のはら》に甚多《いとさは》に住めり。）是《ここ》に、麻多智、大きに怒《いかり》の情《こころ》を起こし、甲鎧《よろひ》を着被《つ》けて、自身仗《みづからほこ》を執り、打殺し駈逐《おひや》らひき。乃ち、山口に至り、標《しるし》の梲《つゑ》を堺の堀に置《た》て、夜刀の神に告げていひしく、『此《ここ》より上《かみ》は神の地《ところ》と為すことを聴《ゆる》さむ。此より下は人の田と作《な》すべし。今より後、吾《われ》、神の祝《はふり》と為《な》りて、永代《とこしへ》に敬《ゐやま》ひ祭らむ。冀《ねが》はくは、な祟りそ、な恨みそ』といひて、社《やしろ》を設《ま》けて、初めて祭りき、といへり。即ち、還《また》、耕《つくり》田《だ》一十《と》町余《ところあまり》を発《おこ》して、麻多智の子孫、相承けて祭を致し、今に至るまで絶えず。（『日本古典文学大系　風土記』岩波書店）

夜刀の神とは蛇神のことで、〈ヤト〉〈ヤツ〉は「谷戸」つまり谷あいの低湿地のことである。ここに記されている伝承によると、継体天皇（四五〇～五三一年頃）の時代に箭括麻多智《やはずのまたち》という豪族が〈西の谷の葦原〉の開墾を始めたが、夜刀神の群に妨害された。激怒した麻多智は鎧を着て仗を取り神々を打ち払い、標の梲《つえ》を立てて境界を設定し、そこから上は神の地とすることを許す、しかしそこから下は人間が田を作る地となる、とみずから祝《はふり》（祀祭者）となって夜刀神を祀ったとする。

梲とは「大きな杖」のことだが、小さな柱と捉えることも可能で、巨大な柱を集落単位で立てていた時代から開発に伴って神と人との境界を柱を立てることによって明示する例があったことを示している。

　この記事の真偽はともかく、ここで注目すべきは、神と人の境に、神の領域の象徴として一本の柱を立てていることである。

「心御柱」が立つ神社

　以上、文献や発掘資料から我々が知りうる古い時代の山への信仰と祭祀の場と建造物との関係について述べてきたが、これは取りも直さず日本人の神に対する信仰の造形的表現と考えられる神社建築へとつながる。

　ここでお断りしておきたいのだが、神社建築についてはこれまでの研究で全容が明確にされていると考えがちだが、実情はそれほど単純ではない。神社建築に関しては主要ないくつかを除いて正確な資料は少なく、また日本の古い神社建築、例えば平安時代以降、天変地異のときなどに朝廷から特別の奉幣を受けることに定められた二二社など歴史ある神社を見ても、伊勢神宮に残るような二〇年に一度の定期的な建て替えが行われており、国宝指定の神社建築でもほとんどが桃山、江戸時代に再建された近世のものである。最古の神社建築は**宇治上神社本殿**の内殿で一一世紀中頃までしか遡りえない。

　つまり建築のうえでは、我々は文献と比較的新しい遺構から古い時代の形を推測するしかなく、この研究上の危険性を常に踏まえながら考察を進めなければならない。そのうえで建築的な造形と山に関する信仰の関係を考えるとき、いまだ未解決の問題が二つある。一つは「心御柱《しんのみはしら》」や「岩根《いわね》御柱《みはしら》」と呼ばれる特別な柱のある建築について、もう一つは神を祀る本殿(古くは正殿と言った)がなく儀式や神への礼拝を行う拝殿だけの神社があるということである。

前者はその存在と形式が日本の神社建築の中で最も古くまで遡ることができる伊勢神宮正殿と出雲大社本殿にある。出雲大社の場合、康平五(一〇六二)年の『百錬抄』以前は杵築大社と呼ぶが、いずれにせよそれぞれの正殿(本殿)中央部分に伊勢神宮では「心御柱」が、出雲大社では「岩根御柱(後に「心御柱」)」と呼ばれる柱がある。

出雲大社本殿中央の柱は、鎌倉時代の絵図と考えられる「金輪《かなわ》造営図」にその名称が書かれている柱である。この柱は他の柱が径一丈(約三メートル)に対して一丈二尺(約三・六メートル)と寸法が記され、九本の柱の中で最も太い。出雲大社に関する最古の記録は『古事記』と『日本書紀』にある国譲りの話である。『古事記』には大国主神が天つ神へ国譲りするに際しての代償として「底津岩根に宮柱太しり、高天原に氷木高知りて」「柱は高く、板は広く厚く」立派な宮を建てて治めてくれれば、自分はそこに鎮まることにする、とある。

現在の出雲大社本殿の高さは地面から千木《ちぎ》の先端まで八丈(約二四メートル)あり、日本で最も高い神社建築である。中央に立つ柱すなわち「岩根御柱」の直径は一・一メートルある。しかし二〇〇〇年に発掘された旧本殿の棟木を支える二本の宇豆柱《うずばしら》と考えられる掘立柱の柱根は、一本の杉材、最大径一・三五メートルを三本まとめて一本の柱とし、全体の直径は二・八五メートルあった。これは

出雲大社本殿

大社造最古の遺構
神魂神社本殿床下

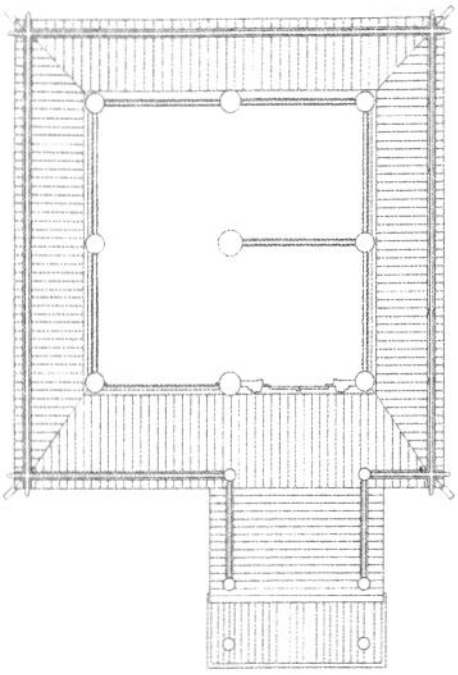

出雲大社平面図（中央が岩根御柱）（国宝・重要文化財修理工事報告書をもとに作成。以下注記のない場合は同様）

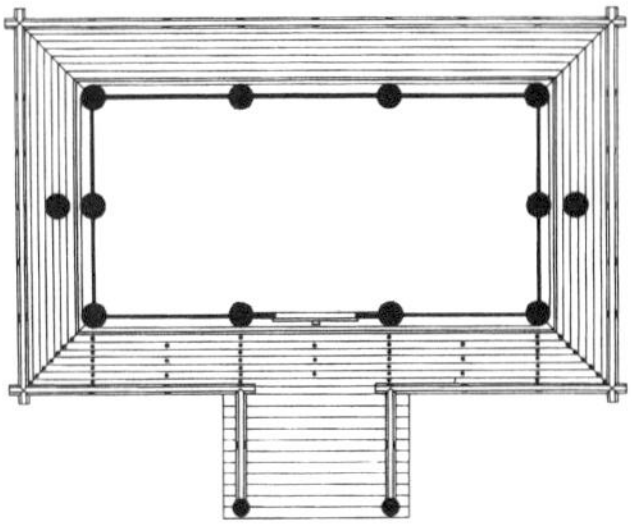

伊勢神宮内宮正殿平面図

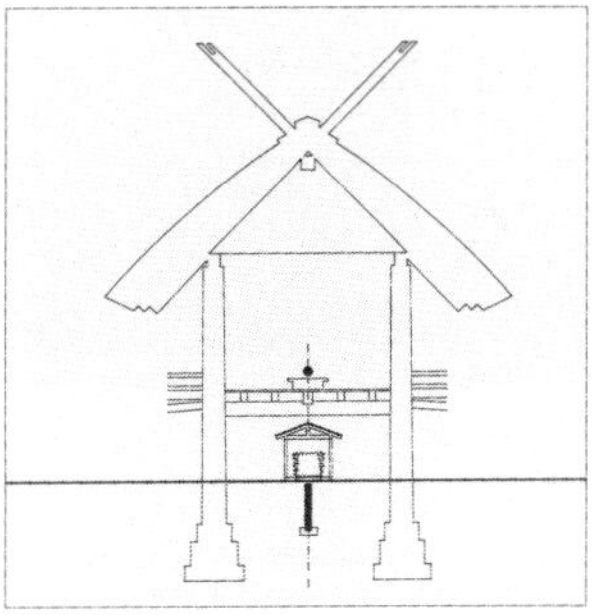

伊勢神宮内宮断面図
床下中央にある最も太い柱が心御柱（GÜNTER NITSCHKE "*FROM SHINTO TO ANDO*"より）

伊勢神宮外宮の旧殿地

「金輪造営図」の一丈に近い。

この柱根の年輪パターンを調べた結果、西暦一二一五～四〇年に伐採された木であることが判明し、宝治二（一二四八）年再建時の柱と推定されている。出雲大社の記録には宝治に建て替えられた建物以後の本殿は「仮殿式」とあって、この記録と矛盾するが、この前後に仮殿式、つまり縮小されたことを示しており、この発掘された柱の建物こそが出雲大社本殿本来の形式であったことがわかる。

また大社の記録には本殿の高さは一六丈（四八メートル）あるいは三二丈（九六メートル）あって、長元四（一〇三一）年には風もないのに本殿が倒れ、それ以外にも何度も倒れたとある。ほかにも、平安時代天禄元（九七〇）年に書かれた『口遊《くちずさみ》』という日本のさまざまな有名事項を覚えるための本に、「大屋の誦」として「雲太、和二、京三」とある。つまり大きな建物の覚え方は「雲（出雲）が太郎で一番、和（大和の東大寺大仏殿）が二番目で、京（京都の大極殿）が三番」という意味である。

大極殿の大きさは時代によって変わり規模が小さくなっているが、当時の東大寺大仏殿の高さは「延暦僧録」に一五丈とあり、これは江戸時代の一七〇九年に再建された現大仏殿も変化していない。出雲大社の本殿はこれよりも高く、高さ三二丈は一〇〇メートルに近く現代の技術をもってしても不可能に近いから、おそらく高さは一六丈が有力と考えられる。出雲大社本殿は、正面二間・側面二間のほぼ正方形で、中央に最も太い岩根御柱が立つかなり特異な形式の建物である。その岩根御柱は、現本殿の状況を見ると中央の梁の下端で止まっていて、屋根頂部にある棟木にまで達していない。また、この柱がなくともこれ以外の八本柱によって建物は構造的に成り立つ。つまり、岩根御柱は信仰上の理由によって立てられた神聖な柱で、外回りの八本の柱は中央の岩根御柱を守るために作られたと考えれば、出雲大社本殿の特異性が理解できる(8)。

伊勢神宮の「心御柱」は現在の正殿では地中に埋められている。この柱についても、信仰対象の柱とこれまで考えられてきたが、正殿の位置を確定するための単なる標示柱だとの説が現れた(9)。しかしこれに対しては以下のような反論がなされた(10)。その骨子を要約すれば、以下のようになる。

神宮祭祀の記録を整理すると、正殿内部の依代（鏡）に対する天皇の奉幣よりも心御柱に対する祭祀が古く、柱自体のあり方も地中に埋められている現状に対して、弘安二（一二七九）年の『内宮仮殿遷宮記』には地上三尺三寸許、地中二尺余り、鎌倉後期の『心御柱記』には地上三尺、根二尺、あるいは『大神宮心御柱記異本』（寛文年間書写）には高さを天皇の背丈の高さにするとの記録があって柱は地上に出ており、やはり心御柱は信仰対象であり、この柱の信仰に、正殿の建物を造る常設社殿建立の形式が重なったという論旨である。

さらに、これに対して神宮の祭祀を詳細に検討した結果、やはり心御柱は信仰対象の柱ではなかった可能性があるとの再反論が出ている(11)。このように独立柱である心御柱の性格についてはなかなか結論が出ないが、祭祀の分析から結論するのは現代からの類推となってしまう危険性がある。その意味で、これについてはまずは上代の人たちの柱に対する捉え方を明確にする必要があろう。後の節で改めて「上代四文献」中に現れる「柱」の言葉とその使い方を見ることにしたい。

遠望し、遥拝する

さてもう一方の、正殿（本殿）がなく、拝殿だけが存在する神社について検討してみよう。

三輪山を信仰対象とする大神神社（奈良県）や、やはり守屋山を信仰対象としてその麓に拝殿（宝殿）だけがある諏訪大社上社本宮（長野県）がよく知られている。(12) また、現在は本殿の建築となっているが、本来は八王子山、御上山に対する祭祀を行うための拝殿で、後に神を祀る本殿に転じたと考えられる日吉《ひよし》大社本殿（滋賀県）や御上神社本殿（滋賀県）がある。

一般的な神社本殿の形式は、切妻造の屋根で、神を祀る一室（神明造、大社造、流造、春日造）あるいは二室（住吉造、八幡造）の空間があるだけなのだが、日吉大社と御上神社の本殿は母屋《もや》（中央部の空間。身舎《もや》とも言う）と庇《ひさし》（母屋の外側に拡張された部分）によって構成される特異な形式である。これは人が使う住宅の形で、屋根の形も切妻造ではなく入母屋造《いりもややづくり》になるので、入母屋造本殿と呼ぶ。またこれらの本殿背面には昔、両開きの扉が取り付けられていたため、本来は背後の山を拝するための拝殿の建物が後に本殿に転用されたと考えられていた。(13)

しかし近年これに対して、入母屋造本殿は、奉幣の際に供えられた御幣や宝物を入れるための空間、つまり庇部分の拡張が必要になったためで、山を拝するための拝殿が転用されたものではないとする見方が現れた。その論拠として本殿建物が信仰対象の山を背負わず、拝殿と考えるには方向が合致しないということが挙げられている。(14)

たしかに日吉大社東本宮、御上神社本殿は信仰対象の山を背負っていない。しかし両社殿ともに南向きになっていることに留意すべきであろう。信仰対象の山（御《み》蓋山《かさやま》）との関連で造られた可能性の高い奈良の春日大社本殿（神護景雲二〔七六八〕年創建）は、天平勝宝八（七五六）年作成の「東大寺山堺四至図」の春日山山麓に「神地」とだけ書き込まれた四角形の場所があり、その部分が現在まで

神明造

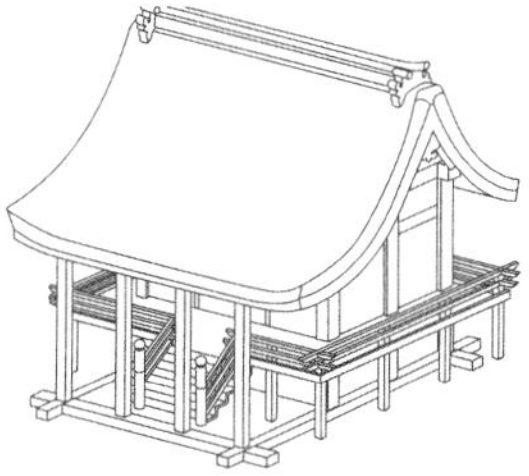
流造

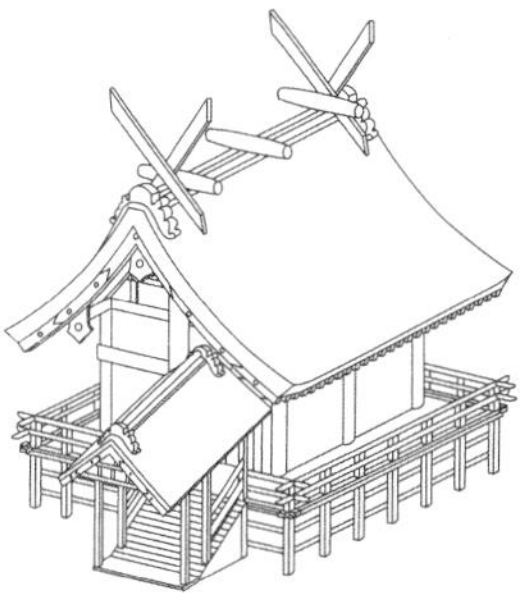
大社造

春日造

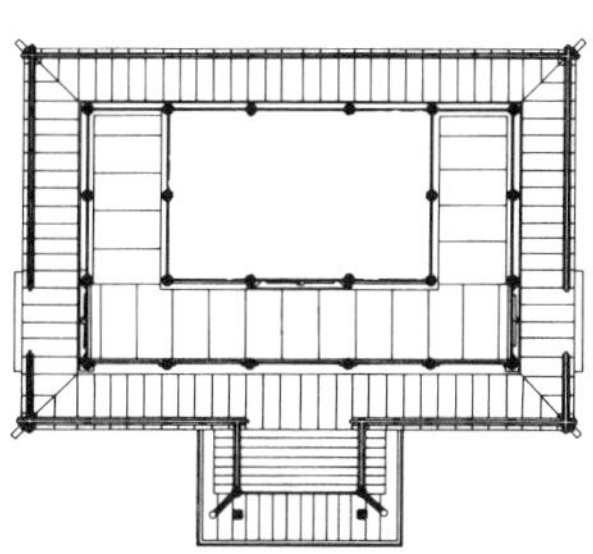
日吉大社西本宮本殿平面図

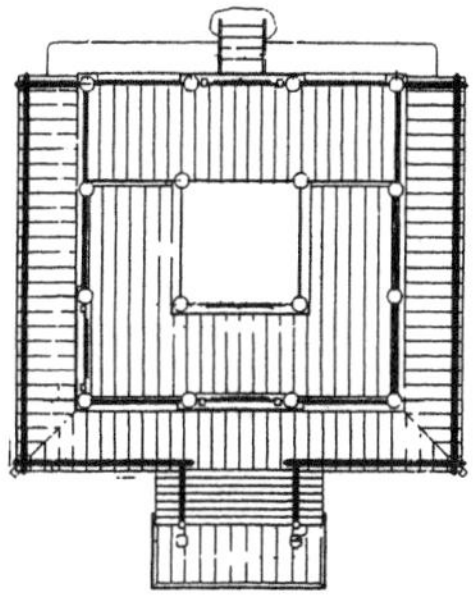
御上神社平面図

継続的に本殿が建てられている敷地と考えられている。そしてこの「神地」という書き込みは春日山に向かって書かれている。しかし現在の社殿の向きを見ると本殿四棟は南を向いて建てられている。重要な建物を南に向けて建てるのは仏教建築、中国大陸の基本的な方法であり、伊勢神宮でさえ仏教建築の影響を受けて南向きにされているという見方もある。つまり、春日大社の場合「神地」と書かれた七五六年時点では祭祀の方向は山に向かっていたものが、七六八年に本殿の建物を常設した際あるいはその後、南向きに変えられた可能性が高いのである。

日吉大社東本宮本殿

日吉大社西本宮本殿

春日大社では本社本殿よりも遅れて長承四（一一三五）年に若宮の本殿が創建されているが、若宮本殿は春日山山麓に山を背に建てられ、本社本殿は南向きに建つという関係になっている。振り返って日吉大社の社殿の向きを見ると、より古い創建と伝わる東本宮の本殿は南向きで、続いて他所から勧請された大己貴神《おおなむち》を祀って造られた西本宮本殿は山を背に建てられており、春日大社と共通している。つまり、日吉大社東本宮本殿や御上神社本殿は、拝殿から本殿に転じた際、あるいは後の時代に向きが変えられた可能性が考えられるのである。

また、扉があった東本宮本殿の背面中央間（現在の再建建物にはない）の高さを見ると正側面庇《しょうそくめん》（正面と両側面に付加された庇）の高さよりも一段高い高さに設けられている。もしも背面扉が収納に使用するものであれば、建物の背面に庇の空間が設けられているはずである。御上神社本殿の場合は、背面に母屋より床高が低い庇の空間があるが、旧本殿と考えられる現在の拝殿建物を見ると、この部分は再建したときに形式が変更された可能性がある。もう一点、入母屋造本殿（母屋庇構成）の最古の史料は北野天満宮本殿（天暦元〔九四六〕年以前）で、祇園社（八坂神社）本殿も入母屋造だが、これらが信仰対象の山に関係していないという問題もある。[15] しかし、北野天満宮は実在した人間である菅原道真の怨霊を封じるために建てた、神としての人間を祀る建物であるから、人が使う入母屋造にしたと考えることも可能で、平安時代の祇園社本殿は寺院建築で使われていた双堂（正堂と礼堂を別棟で並べて建てる）の形式だったことが判っており、建物が一体化されたときに入母屋造になった可能性が高い。つまりこれらは信仰対象の山の麓にある日吉大社や御上神社の入母屋造本殿とは別の系統とするのがよい。

以上から、やはり日吉、御上神社本殿の入母屋造形式は本来、山を拝する拝殿であった建物が本殿に変化していった可能性が高いと考えられるのである。付言すると、北野天満宮、祇園社の建物の立地は直接山には関係しないが、前者の創建は比叡山延暦寺の修験とかかわりの深い比良宮の神官・神良種によるとされ、奈良大峰山で修行していた日蔵が登場する後者も山の「修行僧」(『日本紀略』延長四年六月二六日条)によって建立されていることには留意しておく必要がある。

遥拝から「立てる」へ

さて本題に戻ると、ここで重要なのは信仰対象の山の中に常設の建造物は造られず、山の麓あるいは山を遠望して遥拝する場所に象徴的な柱を立てる例や、拝殿だけを建てる例が残っていることである。

『古事記』に、出雲の国譲りに反対して諏訪に至り国を築いた建御名方《たけみなかた》神の神社とされ、『書紀』に持統天皇が勅使を派遣したとある諏訪大社にも本殿はなく、諏訪湖の周辺に四社ある社(上社本宮、前宮、下社秋宮、春宮)のうち、上社本宮は背後の守屋山あるいは遠望する八ヶ岳を信仰対象に、上壇に神の寄る神地(石の御座)、中壇に宝物を収める宝殿、それに祭祀を行う下壇が設けられている。

諏訪大社は六年に一度巨木を立てる御柱《おんばしら》祭で知られ、各神社とも社殿の周囲四隅にモミの柱を立てるが、下社二社では御柱先端の御幣が正面を向くが、上社二社では奥宮のある八ヶ岳の方向を向いて設置されている。諏訪大社が山を信仰対象にすることを記した最古の文献は天文二二（一五五三）年の『上宮御鎮座秘伝記』まで下るので、山に対する信仰がどこまで遡れるかは不明だが、これらの例も山を遥拝する場所に拝殿だけが存在し、それに巨木の柱を立てる神事が付属していることは注目に値する。

（二）柱を立てることの意味

『古事記』中の「天之御柱」

古代から近世まで、そのほとんどが柱と梁で造るフレーム型の木造軸組構造であった日本建築の中で、「柱」は構造的にも視覚的にも建築空間の中心的位置を占めている。神を数える場合「三柱の神」などと「柱」を使う場合があり、建物を造る場合には、初めに「柱立て」という特別な儀式が行われてきたが、上代四文献（『古事記』『日本書紀』『万葉集』『風土記』）の中にも「柱」に関する、多くの記述が見出される。ここでは、建築の、とりわけ「柱」についての観念の基層が表現されていると考えられるこれらの文献に目を向け、「柱」がどのように捉えられているかを見ていくことにする。なお、上代四文献の引用は『日本古典文学大系』（岩波書店）による。[16]

まず、上代四文献から「柱」を「ハシラ」と読ませるすべての語句を拾い、文献ごとに用字、件数と付属する文形の有無を提示したものが四一～四三ページに掲げた「表Ⅰ」である。以下はその表と対照させながら読んでいただければ理解が深まることと思う。

表に見るように、『古事記』では「神代（上）」に「天之御柱《あめのみはしら》」一例と「宮柱《みやばしら》」三例の合計四例が記されている。

〔天之御柱〕

「天之御柱」（語番1）は、神話の冒頭部分、「伊邪那岐《いざなき》」「伊邪那美《いざなみ》」の天降り・婚成神話に現れ、二神が「淤能碁呂嶋《おのごろじま》」に天降りしたとき、そこで「天の御柱を見立《みた》て、八尋殿《やひろどの》を見立て」たとあり、その後、二神は「天の御柱を行き廻《めぐ》り逢ひて」「美斗能麻具波比《みとのまぐはひ》」したと表されている。

この「天之御柱」については、これまでさまざまな解釈がなされており、その中には江戸時代の国学者・本居宣長や鈴木重胤のように「天之御柱」を「八尋殿」という建物の柱と考えるものもあるが、(17)最近の研究では、婚姻儀礼として「柱」を廻るという風習が東南アジアの一部に存在したことや、(18)当時「自然木に神を迎える信仰」があったことなどから、「祭儀に際して柱を立てて、これを神の依代とした」(19)もので、「八尋殿」の柱ではなく、祭儀用の独立柱と考えるほうが妥当だろう。

文中での記述から見ても、「天之御柱」と「八尋殿」を分けて、各々「見立て」たと並記しており、また「八尋殿」を「見立つ」以前に「天之御柱」を「見立て」たとするから、その前後関係から見て「天之御柱」を「八尋殿」の柱とは考えにくく、「天之御柱」と「八尋殿」は別々のものだったと思われる。

〔宮柱〕

次に、「宮柱」の三例について見てみよう。第一例（語番2）は、天上から追放された「須佐能男《すさのを》」の住む「根の国」へと入った「大穴牟遅《おほなむち》」（大国主神）が、スサノオの娘「須世理毘売《すせりびめ》」を奪い、「黄《よ》泉比良坂《もつひらさか》」まで逃げのびた時、スサノオがオオナムチに婚姻の条件を命じる文中に「底津石根《そこついはね》に宮《みや》柱《ばしら》布刀斯理《ふとしり》、高天の原に氷椽多迦斯理《ひぎたかしり》て」という形で現れる。

また第二例（語番3）は、大国主神の国譲りの条に、天つ神（天照大御神と高木神）の使いである「建御雷《たけみかづち》神」と「天《あめの》鳥船神」からの、「天の神の御子」の命令に従うか否かという問いに対して、大国主神が返答する文言の中に「底津石根に宮柱布斗斯理、高天の原に氷木多迦斯里て」という形で記され、その後文には「出雲国の多芸志《たぎし》の小浜《をばま》に、天《あめ》の御舎《みあらか》を造」ったとある。

そして最後に第三例（語番4）は、天孫「邇邇芸命《ににぎのみこと》」が「竺紫《つくし》の日向《ひむか》の高千穂」の嶺に天降りした時、その地の吉祥を言祝し、そこに「底津石根に宮柱布斗斯理、高天の原に氷椽多迦斯理て坐《ま》し」たという話の中に見られる。

これら『古事記』に現れる「宮柱」の語は、三例とも文章の後半に「ヒギ」（氷椽、氷木）に関する語句を含むほぼ同じ形で使われており、ほとんど成句として用いられている。

『日本書紀』中の「国中之柱」と「天柱」

一方、『日本書紀』には合わせて一二例の「柱」が現れる。

〔国中之柱・天柱〕

『書紀』で初めに記される「柱」は、「国中之《くになかの》柱《みはしら》」（語番5）である。『古事記』では「天之御柱」とあったイザナキ・イザナミの天降り、婚成神話と同場面で、『書紀』においては二神が「磤馭慮嶋《おのごろしま》」を「以て、国中之柱とし」て結婚したとする。

これを「第一の一書」では「天柱《あめのみはしら》」（語番6）とし、『古事記』同様、「八尋殿《やひろどの》を化作《みた》つ。又天柱を化竪《みた》つ」と「八尋殿」にも言及している。

ここでは「八尋殿」と「天柱」を「ミタテ」た順序が『古事記』とは逆転していることが注目されるが、「天柱」と「八尋殿」との関係を考えれば、「ミタツ」に各々別字を当て、さらに「又」という接続詞を入れていることなどから考えて、やはりこの文章も「八尋殿」と「天柱」とは異なる建造物であることを念頭に書かれたものと思われる。

この「天柱」は、「大日孁貴《おほひるめのむち》（一書に天照大神）の誕生の場面に再び現れるが、そこでは、イザナキ・イザナミが「天下《あめのした》の主者《きみたるもの》を生まざらん」と考えて生んだオオヒルメノムチ（天照）があまりに「光華明彩《ひかりうるは》」しかったので、地上に置くよりも天に送り、天上を治めさせたほうが良いと考え、「天柱を以て、天上に挙《おくりあ》」げたとしている（語番7）。

〔宮柱〕

さて、『古事記』で「宮柱」の語は大国主の国譲りの条に始まり、他に二例を見ることができたが、『書紀』では唯一、神武天皇元年条（語番9）に使われるだけである。

たとえば「神代（下）」の国譲りの場面では、大国主神に対する「高皇産霊尊《たかみむすひのみこと》（天津神）」の言葉として「汝が住《す》むべき天日隅宮《あめのひすみのみや》は、今供造《つく》りまつらむこと、即ち千尋《ちひろ》の栲縄《たくなは》を以て、結《ゆ》ひて百八十紐《ももむすびあまりやそむすび》にせむ。其の宮を造る制は、柱は高く大《ふと》し、板は広く厚くせむ」（語番8）とあるように、「柱は高く大し」といった、具体的に壮大な宮殿を想起させるような表現となっているが、「宮柱」という言葉は使われていない。

前述のように唯一「宮柱」の語が現れる神武天皇元年条では、特に「古語《ふること》に称《ほめまう》して曰《まう》さく」と前置きする。そして「宮柱底磐《したついは》の根《ね》に太立《ふとしきたて》て、高天の原に搏風《ちぎ》峻峙《たかし》りて……」とある。

これは、用字は異なるが「ヒギ、チギ」（搏風）の語句を伴うなど『古事記』中の「宮柱」の使い方とほぼ同じであり、前置きを付すなど『古事記』以上に常套句（成句）としての性格を強調した形で使われていると言えよう。

〔柱〕

『書紀』には、単に「柱」と表記されるものが五例あり、この種の「柱」の表記上の特徴は、他の構造材と並記されるなど実際の建物の一部として捉えられていることであるが、その表現の背後には当時の人々の「柱」に対するさまざまな感情の反映を見ることができる。
年代順に各例を見れば、初めの仁徳天皇元年、難波・高津宮の「宮垣室屋《みかきおほとの》、堊色《うはぬり》せず。桷《はへき》梁《うつはり》柱《はしら》楹《うだち》、藻飾《ゑかきかざ》らず……」の「柱」（語番10）は単なる記録的記述にとどまるが、次の顕宗天皇即位前紀中のいわゆる「室寿《むろほき》」に「……築《つ》き立つる柱は、此の家長《いへのきみ》の御心《みこころ》の鎮《しづまり》なり……」（語番11）とあることに注目したい。

これは、近年まで建築儀礼として残っていた、地鎮祭の際に立てられる祭儀用の「柱」（大極柱）や祭祀の対象とされていた屋内の柱（大黒柱）などを想起させ[20]、「柱」を立てることが諸霊を鎮めることにつながるといった観念が、当時（七、八世紀）すでに成立していたことをうかがわせる。

また、このような立柱儀式が鎮魂の意味を持っていたことは、死者の追善供養の際立てられた「柱」とも何らかの関係を持つと考えられる。仁賢天皇元年条の「億計天皇《おけのすめらみこと》（仁賢天皇）の宮」に関する「其《そ》の殿《みあらか》の柱、今に至るまでに未だ朽《く》ちず」（語番12）という表現は、やはり「柱」に対する思想的背景の上になされたとも考えられるだろう。

さらに天武天皇七年条には、十市皇女《とおちのひめみこ》が死亡したときに「新宮《にひみや》の西庁《にしのまつりごとどの》の柱に霹靂《かむとき》す」（語番16）とある。これも一見、単なる記録的記述とも思われるが、この「柱」に「霹靂」（落雷）したという文章が現れるのは前後の文脈上唐突であり、いささか奇異に感じられる。

そこで、「霹靂」とは当時の人々にとってどのような意味を持つものであったか、別の記述から考えてみよう。推古天皇二六年条に「河辺《かはへの》臣」が安芸国に赴き「舶《つむ》」（船）を造ろうとして材料にする

表Ⅰ　古事記・日本書紀の「柱」

文献	番号	時代	種別	記述
古事記	1	神代(上)	天之御柱	故、二柱神立二天浮橋一而、指三下其沼予一以画者、塩許々袁々呂々邇画鳴而、引上時、自二其矛末一垂落塩之累積、成レ嶋。是淤能碁呂嶋。於二其嶋一天降坐而、見三立天之御柱一、見三立八尋殿一。
	2	神代(上)(須佐能男命の謂)	宮柱	意礼為二大国主神一、亦為二宇都志国玉神一而、其之女須世理毘売、為二嫡妻一而、於二宇迦能山之山本一、於二底津石根一宮柱布刀斯理、於二高天原一氷椽多迦斯理而居。是奴也。
	3	神代(上)(大国主神の謂)	宮柱	唯僕住所者、如二天神御子之天津日継所レ知之登陀流天之御巣一而、於二底津石根一宮柱布斗斯理、於二高天原一氷木多迦斯理而、治賜者、僕者於二百不レ足八十坰手一隠而侍。
	4	神代(上)(邇邇芸命の降臨)	宮柱	故、其天忍日命、天津久米命於レ是詔之、此地者、向二韓国一、真三来一通笠沙之御前一而、朝日之直刺国、夕日之日照国也。故、此地甚吉地詔而、於二底津石根一宮柱布斗斯理、於二高天原一氷椽多迦斯理而坐也。
日本書紀	5	神代(上)	国中之柱	二神、於是、降二居彼嶋一、因欲三共為夫婦、産二生洲国一。便以二磤馭盧嶋一、為二国中之柱一、而陽神左旋、陰神右旋、分二巡国柱一、同会二一面一。
	6	神代(上)(第一の一書)	天柱	二神降二居彼嶋一、化二作八尋之殿一。又化二竪天柱一陽神問二陰神一日、……。即将レ巡二天柱一、約束日、妹自レ左巡。吾当右巡。既而分巡相遇。
	7	神代(上)(天照大神の昇天)	天柱	此子光華明彩、照二徹於六合之内一。故二神喜日、吾息雖レ多、未レ有二若此霊異之児一。不レ宜三久留二此国一。自当下早送二于天一、而授以中天上之事上。是時、天地相去未レ遠。故以二天柱一、挙二於天上一也。
	8	神代(下)(高皇産霊尊の勅)	柱	又汝応レ住天日隅宮者、今当供造、即以二千尋栲縄一、結為二百八十紐一。其造レ宮之制者、柱則高大。板則広厚。又将田供佃。又為二汝往来遊レ海之具一、高橋・浮橋及天鳥船、亦将供造。又於天安河、亦造二打橋一。
	9	神武天皇元年	宮柱	天皇即二帝位於橿原宮一。是歳為二天皇元年一。尊二正妃一為二皇后一。生二皇子神八井命・神渟名川耳尊一。故古語称之日、於二畝傍之橿原一也、太二立宮柱於底磐之根一、峻三峙搏二風於高天之原一、而始馭天下之天皇、号日二神日本磐余彦火々出見天皇一焉。
	10	仁徳天皇元年	柱	都二難波一。是謂二高津宮一。即宮垣室屋弗二堊色一也。桷梁柱楹弗二藻飾一也。茅茨之蓋弗二割斎一也。
	11	顕宗天皇即位前紀(室寿)	柱	為二室寿一日。築立稚室葛根、築立柱者、此家長御心之鎮也。取挙棟梁者、此家長御心之林也。取置椽橑者、此家長御心之斉也。取置蘆萑者、此家長御心之平也。取結縄葛者、此家長御寿之堅也。取葺草葉者、此家長御富之余也。
	12	仁賢天皇元年	柱	元年春正月辛巳朔乙酉、皇太子、於二石上広高宮一、即天皇位。或本云、億計天皇之宮、有二二所一焉。一宮於二川村一、二宮於二縮見高野一。其殿柱レ今未レ朽。

日本書紀	13	敏達天皇一四年二月	塔　柱	蘇我大臣馬子宿禰、起二塔於大野丘北一、大会設斎。即以二達等前所レ獲舎利一。蔵二塔柱頭一。
	14	推古天皇元年	刹　柱	元年春正月壬寅朔丙辰、以二仏舎利一、置二于法興寺刹柱礎中一。○丁巳、建二刹柱一。
	15	同、二八年一〇月	大　柱	冬十月、以二砂礫一葺二檜隈陵上一。則域外積レ土成レ山。仍毎レ氏科之、建二大柱於土山上一。時倭漢坂上直樹柱、勝之太高。故時人号之、日二大柱直也。
	16	天武天皇七年	柱	十市皇女、卒然病発。薨二於宮中一。由レ此、鹵簿既停、不レ得二幸行一。遂不レ祭二神祇一矣。○己亥、霹二靂新宮西庁柱一。○庚子、葬二十市皇女於赤穂一。

万葉集の「柱」

種　別	番号	時　代	作　者	歌
宮　柱	17	明日香清御原宮御宇天皇代（巻第一）	柿本人麿（36）	幸二于吉野宮一之時、柿本朝臣人麿作歌 八隅知之　吾大王之　所聞食　天下尓　国者思毛　沢二雖有　山川之　清河内跡　御心乎　吉野乃国之　花散相　秋津乃野辺尓　宮柱　太敷座波　百磯城乃　大宮人者　船并弖　旦川渡　舟競　夕河渡　此川乃　絶事奈久　此山乃　弥高思良珠　水激　滝之　宮子波　見礼跡不飽可問
宮　柱	18	藤原宮御宇天皇代（巻第二）	柿本人麿（167）	日並皇子尊殯宮之時、柿本朝臣人麿作歌一首 天地之　初時　久堅之　天河原尓　八百万　千万神之　神集〻座而　神分　〻之時尓　天然　日女之命一云、指上日女之命　天乎婆　所知食登　葦原乃　水穂之国乎　天地之　依相之極　所知行　神之命等　天雲之　八重掻別而一云、天賀之八重雲別而　神下座奉之　高照日之皇子波　飛鳥之　浄之宮尓　神随　太布座而　天皇之　敷座国等　天原　石門乎開　神上　〻座奴一云、神登座尓之可婆　吾王　皇子之命乃　天下　所知食世者　春花之　貴在等　望月乃　満波之計武跡　天下一云、食国　四方之人乃　大船之　思憑而　天水　仰而待尓　何方尓　御念食可　由縁母無　真弓乃岡尓　宮柱　太布座　御在香乎　高知座而　明言尓　御言　不御問　日月之　数多成塗　其故　皇子之宮人　行方不知毛
真木柱	19	藤原宮御宇天皇代（巻二）	宮の舎人等（190）	皇子尊宮舎人等慟傷作歌廿三首 真木柱　太心者　有之香杼　此吾心　鎮目金津毛
真木柱	20	神亀二年冬一〇月（巻第六）	笠金村（928）	冬十月幸二于難波宮一時、笠朝臣金村作謌一首 忍照　難波乃国者　葦垣乃　古郷跡　人皆之　念息而　都礼母無　有之間尓　續麻成　長柄之宮尓　真木柱　太高敷而　食国乎　治賜者　奥鳥　味経乃原尓　物部乃　八十伴雄者　廬為而　都成有旅者安礼十方

宮　柱	21	天平一五年癸未秋八月 （巻第六）	大伴家持 （1050）	讃㆓久邇新京㆒謌二首 明津神　吾皇之　天下　八嶋之中尓　国者霜　多雖有　里者霜　沢尓雖有　山並之　宜国跡　川次之　立合郷跡　山代乃　鹿脊山　際尓　宮柱　太敷奉　高知為　布当乃宮者河近見　湍音叙清　山近見　鳥賀鳴慟　秋去者　山裳動響尓　左男鹿者妻呼令響　春去者　岡辺裳繁尓　巌者　花開乎呼里　痛尓怜　布当乃原　甚貴　大宮処　諾己曾吾大王者　君之随　所聞賜而　刺竹乃　大宮此跡定異等霜
真木柱	22	（譬喩歌） （巻第七）	読み人知らず （1355）	木に寄す 真木柱　作蘇麻人　伊左左目丹　借廬之為跡　造計米八方
真木柱	23	天平勝宝七歳乙未二月 （巻第二〇）	坂田部首麿 （4342）	 麻気波之良　宝米弖豆久礼留　等乃能其等　已麻勢波ゝ刀自　於米加波利勢受
宮　柱	24	天平勝宝八歳三月 （巻第二〇）	大伴家持 （4465）	喩㆑族歌一首 比左加多能　安麻能刀比良伎　多可知保乃　多気尓阿毛理之　須売呂伎能　可未能御代欲利　波自由美乎　多尓芸利母多之　麻可胡也乎　多婆左美蘇倍弖　於保久米能　麻須良多祁乎ゝ　佐吉尓多弖　由伎登利於保世　山河乎　伊波祢佐久美弖布美等保利　久尓麻芸之都ゝ　知波夜夫流　神乎許等牟気　麻都呂倍奴　比等乎母夜波之　波吉伎欲米　都可倍麻都里弖　安吉豆之万　夜万登能久尓乃　可之波良能　宇祢備乃　宮尓　美也婆之良布刀之利多弖氏　安米能之多　之良志売之　祁流須売呂伎能　安麻能日継等　都芸弖久流　伎美能御代　ゝゝ　加久左波奴　安吉加許己呂乎　須売良弊尓　伎波米都久　之弖　都加倍久流　於夜能都可佐等　許等太弖氏　佐豆気多麻　敝流　宇美乃古能　伊也都芸都岐尓　美流比等乃　可多里都芸　弖氏　佐久比等能　可我見尓世武乎　安多良之伎　吉用伎曾乃　名曾於煩呂加尓　己許呂於母比弖　牟奈許等母　於夜乃名多　都奈　大伴乃宇治等名尓於敝流　麻須良乎能等母

風土記の「柱」

番号	記・地名	種別	記述
25	豊後国風土記 速見郡	屋　柱	赤湯泉在㆓郡西北㆒　此湯泉之穴　在㆓郡西北竈門山㆒　其周十五許丈　湯色赤　而有㆑埿　用足㆑塗㆓屋柱㆒
26	風土記逸文 豊後国	銀　柱	記日　開㆓一石門㆒　望見如㆑倉　可㆓方一丈㆒　其内縦横　可㆓方十丈㆒　秉㆑燭瞻㆑奥　遍㆑室氷凝　或如㆑鋪㆓玉塼㆒　或似㆑竪㆓銀柱㆒

大木を伐ろうとしたとき、ある人が「霹靂《かむとき》の木なり、伐るべからず」とある。船の材料に木を伐ろうとしたところ、それを止めた人がいたという話であるが、「霹靂」とは雷神が地上に降臨する神聖なことと考えられていたことがわかる。(21)

この場合の「霹靂の木」とは天地をつなぐ道筋と考えられていたわけで、これは前掲『書紀』「神代(上)」の天照大神を天に送り上げた「天柱」を想い起こさせる。つまり、皇女の葬送を記述する前文に文脈上は唐突とも思えるように「新宮の西庁の柱に」「霹靂」したとあるのは、単純に事実を記述したというよりは、上記のような、天地をつなぐ媒介としての「柱」という当時の考え方を反映させ、皇女の死と「柱」の持つ意味を重ね合わせたものと考えなければ理解できないであろう。

『日本書紀』中の「塔柱《とうのはしら》」「刹柱《せつのはしら》」「大柱」

この他、『日本書紀』には、敏達天皇一四年二月に記される「大野丘の塔柱《とうのはしら》」(語番13)と推古天皇元年の「法興寺の刹柱《せつのはしら》」(語番14)、また同二八年一〇月条「檜隈陵」における「大柱《おほはしら》」(語番15)の三つの柱に関する記述が見られる。

「塔の柱」「刹の柱」については、両事項とも仏教伝来の話を述べたもので、仏舎利の奉安を記しているから仏塔の創建を念頭において書かれたものと思われ、そのことから、これらの「柱」は仏塔の中心の柱である「心柱」と解釈されるのが普通である。(22)

「刹柱」とは、元来仏教用語であり、古代朝鮮の塔に関する記録にも散見するから、(23)「刹柱」を立てるとは大陸渡来の仏教儀式に由来するだろう。『書紀』の「塔柱」「刹柱」もそれを踏まえて記述されたものと思われるが、そこに、「木柱」を立てるという信仰上の土着的風習が重層的に重なっていた可能性のあることは、当時の「柱」に対する感情の諸相を捉えるという本書の視点からは注目される。

いっぽう、「大柱」は欽明天皇の陵である「檜隈陵《ひのくまのみささき》」に「堅塩媛」を改葬した際、そこを「砂礫《さざれし》」で葺く工事が行われ、その時、域外に積まれた土の上に立てられたものという（語番15）。先の「刹柱」で述べたように、仏教伝来初期の塔婆と独立柱とが密接な関係にあり[24]、当時の墳墓の位置と後の仏教寺院の位置の多くが重なることや[25]、仏教塔婆建立の主要な目的が死者の追善供養にあったことも既に指摘されていることをふまえれば[26]、この「大柱」の場合も墳墓への改葬に伴って立てられているから、死者の葬送儀礼に関係する「柱」と考えてよいだろう。

これは、前掲「神代」の「天柱」が神を地上から天上へ送り上げるものとして捉えられていたことや十市皇女の死に際して「マツリゴトドノ」の「柱」に「霹靂」したという記事と合わせて、当時の「柱」に対する信仰的な捉え方を示すものとして示唆的である。

『万葉集』中の「宮柱」「真木柱」

『万葉集』には「柱」を含む言葉が合わせて八例現れるが、それらは「宮柱《みやはしら》」（四例）と「真《ま》木《き(け)》柱《はしら》」（四例）の二種類に限られている。

〔宮柱〕

「宮柱」は『記紀』にも用いられていたが、『万葉集』での使用上の特色を挙げれば、いずれの歌も『記紀』での使用に見られた「ヒギ・チギ」の句は伴わずに単独で使われており、その使用対象は、「わご大君」（持統天皇）、「わご王、皇子の命」（草壁皇子）、「現つ神、わご大君」（聖武天皇）、「天の下知らしめける皇祖」（神武天皇）と皇統系者に限定されている。

また、人麿の歌二首では「やすみしし　わご大王の……秋津《あきづ》の野辺《のべ》に　宮柱《みやはしら》太敷《ふとし》きませば……」（語番17）、「わご王　皇子の命の……真弓の岡に　宮柱太布き座《いま》し」（語番18）と、天皇・皇子を「宮柱」に喩えて詠んでおり、家持の「族《やから》に喩す歌」（語番24）では「畝傍の宮に宮柱　太知り立てて天《あめ》の下　知らしめける……」と「宮柱」を立てることが天下を統治することの象徴であるかのごとく詠んでいる。笠金村《かさのかなむら》の歌でも「柱」を「宮柱」ではなく「真木柱」としているものの、これは同様で、そこでは「長柄の宮に　真木柱　太高敷きて　食国《をすくに》を　治めたまへば……」（語番20）となっている。

こうした使用例から考えると、『万葉集』中に現れる「宮柱」の使用上の一つの際だった特色が浮かび上がる。それは、皇統系者に限定される象徴的な言葉として扱われており、政治的統治のシンボルとして、あるいは、皇統系者が神の系譜であることを示す言葉として使われていることと言えよう。

〔真木柱〕

次に「真木柱」の歌では、前項「宮柱」の中で触れた笠金村の一首は天皇に関するもので、前後の詩句が「押し照る　難波の国は……真木柱　太高敷きて　食国を治めたまへば」とあることから、叙述の形式としては「宮柱」と共通しており、「宮柱」とすべき所を「真木柱」とした誤用かとも思われる。(27) また、それ以外の三首では読み手が「読み人知らず」「防人」「舎人等」と比較的身分の低い人々であることも特徴的である（語番22、23、19）。

内容は、いずれも基本的には「真木柱」が強固で不動のものであるという捉え方から発想されたものと思われ、特に「防人」の歌では「真木柱《まけはしら》　讃《ほ》めて造れる　殿の如……」と建物（殿）の中に占める「柱」の観念的位置と、その重要性を表す好例となっている。

さらに、「防人」「舎人等」の歌二首で、「真木柱」は直接的には「殿」を修飾する言詞として、あるいは「太き心」を引く枕詞として使用されているが、(28) 両首の「真木柱……面変《おもかは》りせず」、「真木柱……心鎮《しづ》めかねつも」という関係にも留意しなければならない。これらは前述の「億計天皇（仁賢天皇）の宮」に関する「其の殿の柱、今に至るまでに未だ朽ちず」、「室寿」の「築き立つる柱は、此の家長の御心の鎮なり」に通じる内容であり、「真木柱」は直接的には「讃めて造れる殿」、「太き心」に掛かるが、間接的には「面変りせず」、「心鎮めかねつも」にも掛かる「掛詞」として使われており、両者は二重の観念的背景の上に立って詠まれたものとも思われる。

つまり、ここにも、ある種の霊性を持った「柱」は朽ちることなく不変であり、それを立てることは諸霊の鎮魂につながるという信仰的な考え方が反映しているとも考えられるのである。

『風土記』中の「屋柱」「銀柱」

上代四文献の最後として『風土記』には、「豊後国風土記速見郡条」の「屋柱《やのはしら》」（語番25）と、逸文「豊後国条氷室」についての文中（語番26）に「銀柱《しろがねのはしら》」とある二例を見ることができる。しかし、逸文の「氷室」に関する記述は原文になかったものではないかという疑問が持たれており、(29) これを除けば、『風土記』中に確実に記された「柱」の語はただ一例のみになる。

あれほど広汎に当時の地方の状況を我々に知らせてくれる『風土記』の中で、「柱」がただ一例しか現れず、その記事の内容も塗装用の涅土の産出を伝えるといった記録的記述にとどまるという事実は驚くべきである。後の「延喜式祝詞」の中で「柱」がさらに象徴化されて使われていくこと(30)と合わせて考えれば、逆にこの事実が『記紀』『万葉』中の「柱」の象徴的使用を浮かび上がらせているとも言えるだろう。

「柱」の性格の分類

さてここで、これまで見てきた文献中の全例を通じて、その記述上の特色と、建築構造上の機能的特色を尺度として、「柱」の性格を分類してみよう。

まず、記述上の特色から見ると次の二つに分けられるだろう。

類型Ⅰ――事実に即する、記録的記述として表現される「柱」
類型Ⅱ――想像（観念）的・説話的記述として現れる「柱」

次に、建築構造上の機能的特色の視点からは以下の二つに分けられるだろう。

A類――建造物（神殿、宮殿、家屋、等々）の一部の柱
B類――その他の、たとえば信仰的な性格を持つ「独立柱」

［類型Ⅰ］には、『書紀』の「大柱」「刹柱」「塔柱」[31]、高津宮の「柱」、十市皇女の死に際する「柱」、『風土記』の「柱」の六例が属し、［類型Ⅱ］には「天之御柱」「国中之柱」「天柱」「宮柱」や『書紀』「神代」の大国主命の宮殿に関する「柱」、あるいは「室寿」の「柱」、『万葉』の「真木柱」などが含まれることになるだろう。

特に［類型Ⅱ］の「柱」は、神話の中の想像上の「柱」（天之御柱、国中之柱、天柱）として象徴的に使用されており、そこには「柱」に対する当時の人々のさまざまな感受性が反映されていると思われる。これに対して［類型Ⅰ］の「柱」でも記述の形式は記録的で表記も短く簡明であるものの、これまで述べたような記述の観念的背景を探れば、すべてが何らかの信仰的な意味を持って使用されて

いたことが見えてくる。つまり、上代四文献に現れるほとんどの「柱」の背景には、類型分類を問わず「柱」の性格を、芯であり、高く聳えるものであり、組織であれ建造物であれその構造を支え従えるものというイメージで捉える、共通の精神的基盤が存在しており、これが古代の人々の「柱」に対する考え方を特徴づけているものと思われる。

「宮柱」の持つ深い意味

上代四文献中で「宮柱」は、全二六例中八例と最も多く使われている言葉である。また固有名詞としては『記紀』『万葉』の三書に共通して記される唯一のものでもあるから、現れ方から考えて特異な位置を占めるものと考えられる。

先に掲げた［A類］［B類］の分類に当てはめれば、［B類］すなわち信仰対象としての独立柱には、『書紀』の「大柱」が該当すると思われ、「刹柱」「塔柱」も前述のとおりこれに属する可能性があった。そして、［A類］には「真木柱」や「室寿」の「柱」、その他普通名詞として「柱」を使うもののすべてが含まれると思われるが、ここでもまた「アメノミハシラ」「国中之柱」そして「宮柱」の三つの「柱」が問題になる。

とりわけ「宮柱」に関しては、その「柱」が「高く」「太く」存在するといった表現が、そのまま当時の神殿建築の意匠に結びつくのではないかという見方もあり[32]、また現在ではこの「宮柱」を「宮殿や神殿の柱[33]」、「宮殿の柱[34]」などと建造物の一部を成す「柱」と解釈するのが一般的であるが、上述したように「宮柱」は『記紀』『万葉』の「柱」の中で最も象徴的に使用されている言葉であり、はたしてそれが実際の建造物の「柱」に結びつくかどうかということは、建築意匠と「柱」に対する当時の捉え方を明らかにするうえで最も重要な問題として考えなければならない。

「宮柱」は、まず『古事記』では、初めの二例が出雲の神・大国主命に関する神話に現れ、終わりの一例は天孫であるニニギノミコトの天降りの場面に使われていた。これに対して『書紀』の場合は、初代天皇とされる神武天皇の即位に現れる。これらの内容上の特色は、それが『古事記』では「根の国」の神（スサノオ）から出雲の神（オオクニヌシ）へ、出雲の神（オオクニヌシ）から「天つ神」（具体的には使者を遣わした天照大御神と高木神之命）へ、さらには「天つ神」から地上に降臨した天孫（ニニギノミコト）へと、大きく見れば「出雲の神々」から「天つ神」へ、そこから地上に降りた神（皇祖）へという経緯をたどり、それが『書紀』では神々の話である「神代」から「人代」の始めである神武天皇即位に使われているということである。

これらは、『記紀』説話の主題とも言える神の権限の天皇への収束という題材の中心を成す場面であり、『書紀』の「宮柱」はほぼ確実に『古事記』の「宮柱」を踏まえたうえで意図的に初代天皇の即位の場面に使われていることから、「宮柱」とは『記紀』全体の叙述から見ても最も重要な位置を占めるものである。

そして、『古事記』中の「柱」に関する記述が「天之御柱」一例と「宮柱」三例の二種に限定されており、「天之御柱」が国土の創成、換言すれば創造主という立場を取ることによる国土の絶対的統治に関係していたことを考えれば、「宮柱」の前提には「アメノミハシラ」があり、『記紀』の叙述上これらの「柱」は一連の性格を持つ「柱」として把握されていたと考えなければならない。

「宮柱」と「ヒギ・チギ」

さて、ここで「宮柱」と建造物（神殿・宮殿）との関連を検討してみよう。

『記紀』での「宮柱」はともにほぼ同じ形式で「ヒギ・チギ」の語句との対句の形で用いられている。そしてその主語（主体）は神あるいは天皇で、それらの対句を受ける動詞は『古事記』では「居れ」「治め賜はば」「坐しき」とあって、神が鎮座する様子を表しており、『書紀』では「号《なづ》く」で、初めて「天皇」を名のるための象徴的言辞として「宮柱」を含む語句が使われていた。これは『万葉集』の場合も同様である。

つまり、「宮柱」はあくまでも神あるいは皇統系者（天皇・皇子）が鎮座し、国家を統治することを形容するものとして用いられているのであり、「宮柱」と建造物（神殿・宮殿）とを直接結びつける記述は見出せず、「宮柱」が建造物の一部を成す「柱」であるとは断定できないだろう。

ともかくこの「宮柱」の解釈については、『記紀』に現れる「宮柱」の句中の「ヒギ・チギ」（現在は「千木《ちぎ》」と書いて神社本殿の屋根頂部の棟木両端に角《つの》のように突出した部分を指す言葉）をどう考えるかという問題も残るが、これらの「柱」は、当時の人々の信仰的受容をその思想的背景に、意図的と言ってもいいほど象徴的に表現された「柱」であり、［B類］としての性格を強く持つ「柱」であったと言えよう。

「柱」に対する古代人の感情

これまで述べてきたように、「柱」に関する記述には上代の人々のさまざまな感情が表現されていた。そして、それは原初的には「太く・高く」存在することによって生まれてくる象徴性によるものだったと思われる。

一面では、建造物の構造的な要となる「柱」の強固な姿に対する信頼といった、現代にも通じる観念が存在すると思われるが、その基調にはむしろ「柱」を通じての神の昇天や降臨、また諸霊の鎮魂という信仰的な捉え方も通底していると考えられる。当時の人々にとっては、「柱」を立てるという行為自体が非常に重要な信仰的意味を持っていたことが、文献に現れる全体的な特徴として指摘できよう。

こうした「柱」が示す多義性は、古代の人々の「柱」に対する捉え方の最も際立った特色を表すものと思われ、日本の建築意匠における「柱」の意味を考えるうえで重要な示唆を与えてくれるものと思われる。

この点で、神を数える場合に「柱」を使うのは『古事記』だけで、『日本書紀』は使用していないことは留意すべきであろう。これについて両書は天皇中心の中央集権国家の確立にあたって、国家の形成史、皇位継承の経緯を示すために書かれたと推定されているが、『日本書紀』の漢文記述に対して『古事記』の万葉仮名と漢文の折衷表現、「柱」などの数詞は日本語特有の表記と考えられ、『日本書紀』よりも社会一般の感性を表現しているとの指摘は示唆的である。

また、上代の段階では柱を立てること自体が大変重要な祭祀の方法であったことが確認できることも重要で、伊勢神宮正殿床下にある「心御柱」は、本来信仰の対象として立てられたかどうかは完全には確定できないが、もしもそれが正殿の位置を示すための標示としてあったとしても、柱を立てた瞬間に信仰的な意味が付与され信仰対象の柱になったと考えるべきであろう。

柱について加えて指摘しておかなければならないのは、伊勢神宮内宮、出雲大社と山との関係である。両社は、神路山（二八六メートル）、八雲山（蛇山、一七五メートル）と呼ばれる秀麗な姿の山の麓に建てられている。神路山は別名天照山《あまてるやま》、神垣山とも呼ばれ、二〇年に一度社殿をすべて建て替えてしまう式年遷宮のときに用材の檜を切りだしていた御杣山の一つだが、『千載和歌集』（文治四〔一一八八〕年）神祇・一二七八の詞書に「大神宮の御山をば神路山と申す」とあり、『新古今和歌集』などにも神宮の歌枕として使われた信仰対象の山である。

出雲大社の八雲山も大社境内をはじめ山麓には縄文晩期からの祭祀遺物と推定される遺物が発掘され、山頂付近に大きな磐座を持ち、今も禁足地とされる信仰対象の山である。両社の山に対する信仰が何時まで遡るか明確には出来ないが、『日本書紀』「神功皇后摂政前期」に「神風の伊勢の国の百伝ふ度逢県の拆鈴《さくすず》五十鈴宮に所居す神」すなわち天照大神が「名は撞賢木《つきさかき》厳之《いつの》御魂天疎向津媛命《みたまあまさかるむかつひめのみこと》」、つまり神聖な樹木に宿る御霊、と言っていることから神宮正殿床下の心御柱が天照大神の宿る聖なる栄《さか》木《えぎ》と見る説(35)があり、出雲大社では社殿中央部に立つ岩根御柱（心御柱）が伝承では最高三二丈あったとするが、文安五（一四四八）年の『太子伝玉林抄』には「本処ニ式々造ラバ大社ノ背口ニハカリ山トテ三十六丈ノ山アリ。其タケニックルベシ」とあって、ハカリ山（八雲山）と同じ高さにするとある。つまりこの両社は山との関係が深く、その麓に立てられた信仰対象の柱にはじまる可能性が考えられるのである。

さて本題に戻ると、ここまで、縄文時代から上代までの山と建築の関係について述べてきたが再度確認しておきたいのは、山の麓あるいは山を遠望して遥拝する場所に象徴的な柱を立てる例や拝殿だけを建てる例はあったが、信仰対象の山の中に常設の建造物が造られた例は見られなかったということである。これに対して、仏教と仏教建築の導入が大きな変化をもたらす。

第二章

山の浄所に籠もる浄行僧

（一）奈良時代の山林修行

仏教伝来と山林修行

仏教の祖である釈迦は、山に入って修行し、霊鷲山《りょうじゅせん》で説法したと伝えられる。山に入り、山に留まって修行を行い建物を建てることを始めたのは、おそらく釈迦の教えを受け継いだ仏教の僧侶たちである。山に入って修行することを奈良時代には山林《さんりん》修行と言っていたが、中国、唐の道宣が七世紀なかば頃に編集した『続高僧伝』には、百済の入唐《にっとう》僧・慧顕の山中での法華経読誦《どくじゅ》の話が載せられ、日本では『日本国現報善悪霊異記』（弘仁一四〔八二三〕年頃完成。『日本霊異記』ともいう）に百済からの渡来僧・円勢が葛木《かつらぎ》の上郡、現在の奈良県・金剛山山麓にある**高宮山寺**に住んでいたとある。この葛木（葛城）は、後に真言宗系統の代表的修験修行の場所（行場《ぎょうば》）になる。また、唐から来朝して八世紀前半に活躍した神叡《しんえい》や道璿《どうせん》がいた**吉野比蘇寺**《ひそでら》（奈良県）は、日本山岳信仰の中心的な行場、金峯《きんぷ》山《せん》、大峰《おおみね》山の入口である吉野での最も古い修行道場であった。

その修行の形態についてはよくわかっていないが、同時期の文武天皇三（六九九）年五月条に、後に修験道の祖とされるようになる役小角《えんのおづぬ》（役《えんの》行者《ぎょうじゃ》）の記事が出ており、その記述には「孔雀の呪《じゅ》」の修行を積み、空を飛び、水の上を走ることができたとある。

こうした山岳・山林修行の実態と建築の様相を知ることは難しいが、本書で注目したいのは「懸《かけ》造《づくり》」と呼ばれる建築物である。序文でも触れたように鳥取県三仏寺《さんぶつじ》にある投入堂《なげいれどう》がその典型で、急峻な岩壁に「懸けられた」ように張り付くごとく立つ。それは人里離れ孤絶した山中での修行の場に設けられた、言わば修行者たちの「夢の跡」のごとく見える。

しかし、この豪奢とはかけ離れた不思議な力を持つ建築は、山中での修行の残滓なのだろうか。そうでないとすれば、その萌芽はどこに見出され、歴史的にどのように継続・展開・変容していったのだろうか。

三仏寺（鳥取県）の投入堂

ここで予め描いておくとすれば、おおよその道筋は以下のようなものである。奈良時代の天長一〇（八三三）年奏上の「僧尼令《そうにりょう》」には「禅行修道」における山居者の範例が示されているが、懸造は、この時代に験者《げんざ》などと呼ばれた高名な山岳修験者の行場に造られ始めたと考えられる。そうして一〇世紀中頃から一一世紀には、都周辺に霊験仏と呼ばれる霊験あらたかな本尊（観世音菩薩像）に信仰が集まり、貴賤が競って参詣・参籠した霊験寺院が現れ、大規模な懸造が造られるようになる。その代表例が、京都の**清水寺**《きよみずでら》、奈良の**長谷寺**《はせでら》、滋賀の**石山寺**《いしやまでら》である。本章以降では、この三寺にとどまらずできる限り具体的な建築をあげながら、懸造の成立から展開を見ていくことにする。

山林修行の流行

前掲の高宮山寺の建築については不明だが、比蘇寺は発掘調査で建築のおおよそが判明しており、塔、金堂、講堂を備えることは都の寺院建築と同じだが、ほとんどが傾斜地のためわずかな平坦地を選び、地形に合わせた配置を工夫している。

高宮山寺、比蘇寺は飛鳥、奈良の都からかなり離れたところにあるが、同時期には志賀の都（志賀宮）に対して比叡山の東（琵琶湖側）の山中に**崇福寺**《すうふくじ》（志賀山寺）が造られ、その遺跡が見つかっている。崇福寺は天智七（六六八）年の創建で、金堂、小金堂、三重塔などの建物が山中の平坦地を選んで建てられ、都の瓦葺建築とは違ってすべて檜皮葺《ひわだぶき》であったことが判っている。

この寺の海抜は約三〇〇メートルと、それほど高い場所にはなく、また志賀宮の都に対して設けられたと考えられているが、同じように都や地方の中心であった国衙《こくが》周辺の山には山林修行に使う寺院がかなりあったらしく、古くは飛鳥の都に対する**岡寺**《おかでら》、奈良の都に対する**香山寺**（香山薬師寺、後に都に移され新薬師寺となる）などがある。

奈良時代から平安初期に活躍した法相宗《ほっそうしゅう》の学僧・**護命**《ごみょう》（七五〇〜八三四年）が、月の前半は深山に入り虚空蔵求聞持法《こくうぞうぐもんじほう》を修め、後半は都に居て教学に励んだと伝わるように、都の諸大寺、国分寺の僧たちは山林修行を行って呪力《じゅりょく》を増し、都と山を行き来していた。ただ山林修行は勝手に行えるわけではなく、国家や国分寺の許可が必要だった。それでも、山林修行は当時大変な流行を見たらしく、聖武天皇時代の左大臣・長屋王が国家を傾けようとしているとの密告により失脚した直後の天平元（七二九）年には「異端幻術を学び厭魅《おんみ》呪詛《じゅそ》し、山林に住んで仏法を学び教化することへの禁令」が出され、延暦四（七八五）年の禁令には「このごろ僧尼や優婆塞《うばそく》（在家男性の仏教信者）、優婆夷《うばい》（在家女性の仏教信者）は陀羅尼《だらに》を読んで怨みに報い、壇法《だんぽう》（密教の修法）を行って呪詛をほしいままにしている。今後は公の許しがなくて山林に入り、寺院に住み、陀羅尼を読み、壇法を行ってはいけない」とある。山林修行の寺院は行者たちが勝手に山に入って造ったと言うよりも、都にある寺院との関係によって造られたものが多いと考えられるのである。

山林修行僧たちの役割

奈良時代の山岳信仰に関わる建物はほとんど失われてしまったが、同時代に建てられた重要な建物が一棟だけ残っている。それは東大寺の法華堂（三月堂）である。法華堂は東大寺大仏殿の東方に二月堂と並んで立つ。その前身は聖武天皇に大仏の建立と大仏殿の創建を勧めた僧・良弁《ろうべん》たちが修行していた金鐘山房と考えられ、鎌倉時代の増築で南側の礼堂部分が一体化されているが、北側の側面四間の正堂部分は奈良時代の建物である。

また、法華堂の北隣にある二月堂は、大仏開眼の天平勝宝四（七五二）年に良弁が弟子の実忠に創建させた**建物**で、「懸造」の様式で建てられている。**石山寺本堂**も良弁創建で前面の礼堂《らいどう》は平安時代以来広く知られている。ここで「金堂」「礼堂」という建物の名称が出てきたので、奈良・平安時代の寺院建物の名称について簡単に説明しておこう。信仰対象の本尊を祀る建物を金堂《こんどう》・正堂《しょうどう》と言い、僧たちが説法を聞き、問答した建物を講堂（まれに法堂）と呼んだ。正堂の前に、礼拝のために建てられた建物は礼堂あるいは礼殿《らいでん》と言った。この中で懸造の成立に関して重要なのは、山岳信仰における正堂とそれに付随する礼堂（法堂）の関係である。

良弁もそうだが、山林で修行していた僧（浄行僧、清僧などと呼ばれた）たちは、皇族が病気になると平癒を祈るようになる。その初見は九州の英彦山《ひこさん》、国東《くにさき》六郷満山で修行したと伝えられる**宇佐宮弥勒寺**の僧・法蓮で、病気平癒の功績に対し野四〇町（大宝三〔七〇三〕年）、親族に宇佐名姓（養老五〔七二一〕年）が与えられている。宮中で皇族の病気平癒を祈る僧を看病禅師と言ったが、法蓮が活躍したのは文武から元正天皇の頃で、聖武天皇の代になるとその数はきわめて多くなり、天平勝宝八（七五六）年に聖武が亡くなったときには、跡を継いだ孝謙天皇が一二六人の看病禅師に対して特別の恩賞を与えている。[1]

看病禅師に山林修行僧だけではなく医療に通じた知徳兼備の都の僧たちも含まれていたと考えられるが、宮中の内道場に奉仕した一〇人の僧を「十禅師」と呼ぶようになった八世紀の後半には「当時称二十禅師一。其後有レ闕。択二清行者一補レ之」（『続日本紀』宝亀三〔七七二〕年三月）とあるように、清

東大寺法華堂（左側４間分が正堂）

東大寺二月堂

石山寺本堂

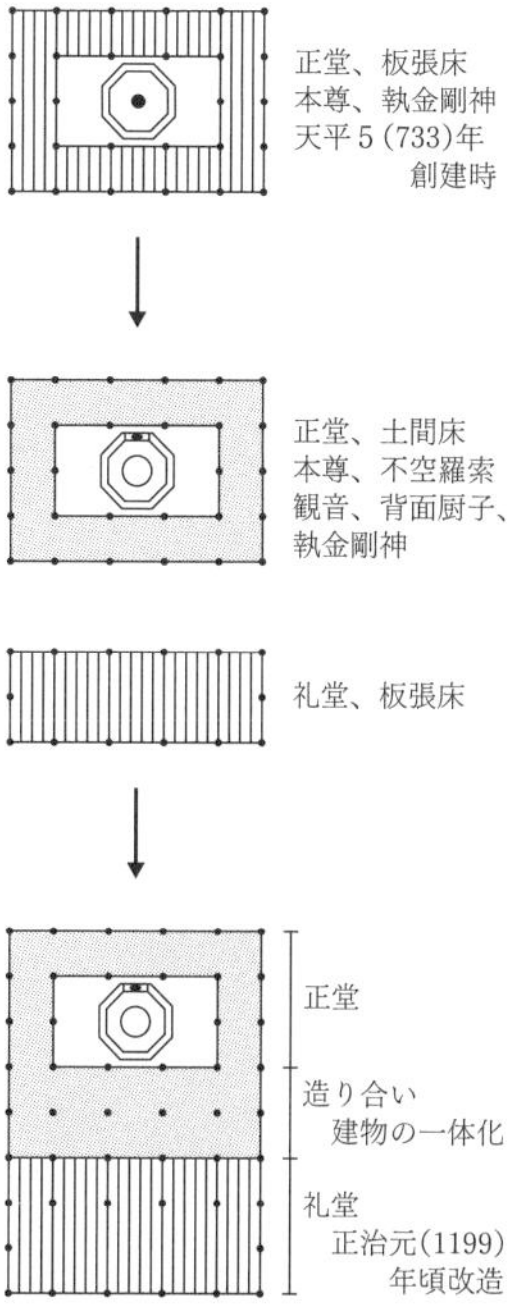

東大寺法華堂返還推定図
（建物および本尊）

行した者つまり山林修行などの清らかな修行をした者を十禅師にするとしている。『続日本紀』天平宝字二（七五八）年八月朔日条には「天下の諸国で山林に隠れて十年以上修行を積んでいる『清行逸士』には得度を許す」とある。

聖武天皇と光明皇后の子、基王《もといおう》は神亀四（七二七）年九月二九日に生まれ一歳に満たずに死んでしまったが、良弁はその基王の菩提を弔うため奈良の東山に集められた九人の浄行僧（清行僧、智行僧）の一人と考えられている。その修行の建物は金鐘山房（羂索院、金鐘寺）であったと、平安時代に書かれた『東大寺要録』（以下『要録』と略す）には見える（「天平五（七三三）年　公家為良弁、創立羂索堂、号古金鐘寺是成」）。

浄行僧たちの集まる寺

『要録』には、この金鐘山房が天平一四（七四二）年の太政官符で金光明寺になったとある。従来の研究では、金光明寺が現在の法華堂で、その建立は天平勝宝元（七四九）年頃、あるいは天平一二（七四〇）年から一四（七四二）年頃とするのが有力だった。[2] しかし、本尊不空羂索《ふくうけんじゃく》観音を据える八角二重壇の修理の際、壇と建物の部材（三材）の伐採年代を年輪年代推定法で調べたところ、八角二重壇の部材は七二九年、建物の二材は七三〇年と七三一年の結果が出た。基王が亡くなったのは七二八年であり、これらの部材伐採年代から考えると、『要録』にある七三三年創建の金鐘山房こそがまさに現在の法華堂で、それが天平一四年から東大寺建立の詔が出る一七年までの間は金光明寺と呼ばれた可能性がきわめて高くなった。

七三三年建立の法華堂がどのような建物だったか、平面図で説明すると、それは現在の建物の側正面五間《けん》、側面四間《けん》の正堂部分で、その後、正面五間、側面二間の建物（礼堂）が前面に別棟で並んで建てられ、鎌倉時代正治元（一一九九）年にこの二つの建物が一体化され一棟に改造されたと考えられている。創建部分の屋根勾配が瓦葺にしては急で、本来は檜皮葺ではなかったかとする見方があり、調査によってこの建物に板床が張られていたこともわかっている。また創建当初の本尊は不空羂索観音ではなく現在観音の背面厨子中に祀られている執金剛神ではなかったかとする説もある(3)。

後年の記録ではあるが『日本霊異記』（八二三年頃）の中巻第二一話には、金鷲優婆塞が奈良の東の山寺で執金剛神像を前に修行をしていたところ像から光が放たれ、その霊験に感じた聖武天皇が得度を許したとあり、法華堂の創建建物は檜皮葺、床板張りで山岳修行の建物にふさわしい。ただ、建物は緩やかな傾斜地に建てられてはいるがまだ懸造にはなっていない。

さて、ここで少し建物の表記に関する用語を説明しておこう。日本建築では、柱の上にかけられた梁《はり》の長さを「梁間《はりま》（古くは梁行）」と言い、梁に直交してかけられた桁《けた》の長さを「桁行《けたゆき》」と言う。それぞれの長さは柱と柱の間《あいだ》の数で示し、柱と柱の間が一つなら一間《いっけん》、二つなら二間《にけん》などと呼ぶ。また建物の屋根には「切妻造《きりづまづくり》」「寄棟造《よせむねづくり》」「入母屋造《いりもやづくり》」「宝形造《ほうぎょうづくり》」という形式があり、屋根頂部の大棟から屋根を葺きおろした面を「平《ひら》」、大棟に直交する面を「妻《つま》」と言う。そして、建物への入口が平側にある形式を「平入《ひらいり》」、妻側にあるものを「妻入《つまいり》」と言う。「正面」「側面」という言葉は、梁間、桁行ど

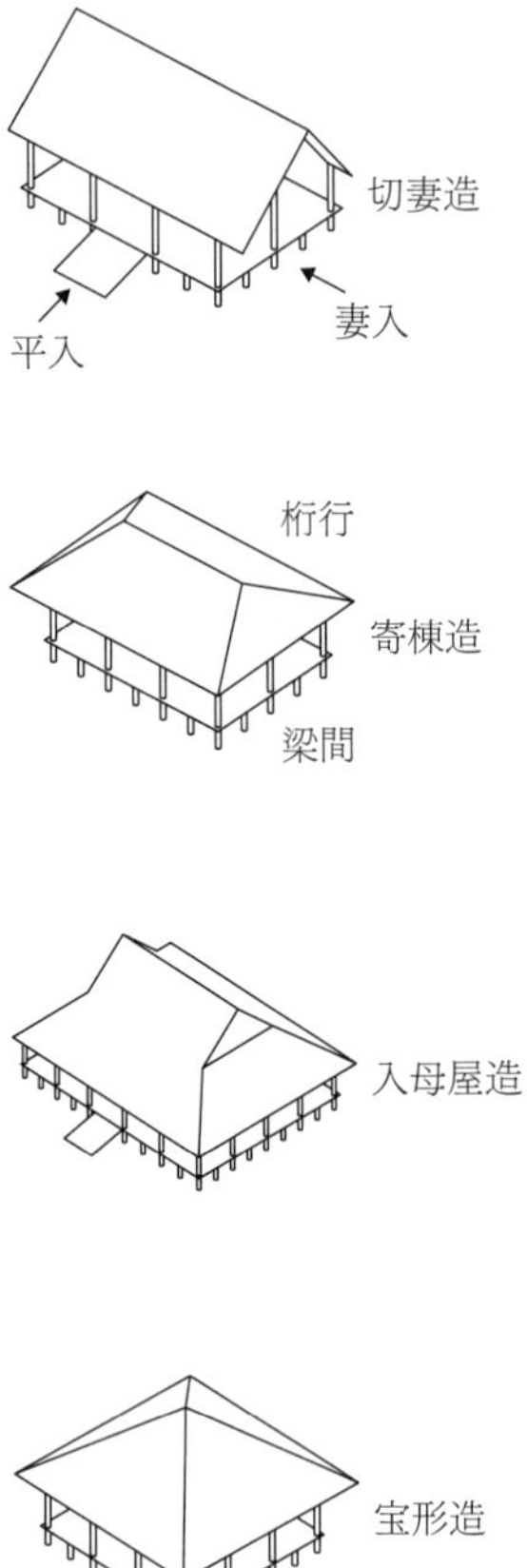

屋根の形式

ちらの方向にもかかわらず、建物の向きによって使う。例えば「平正面妻入」という表記は、屋根の平側が正面で妻側に入口があることを意味する。

法華堂北の高台にある二月堂はもっぱら修二《しゅに》月会《がつえ》（修二《しゅに》会《え》。観音の前でこれまで犯したさまざまな罪悪を許してもらう観音悔過《けか》）の修行だけをする建物である。現在の二月堂（寛文九〔一六六九〕年再建）の礼堂部分は大規模な懸造になっているが、創建当初は正面三間・奥行三間の小さな建物で、一二二〇年頃までに前面に礼堂が増築され、さらに礼堂は拡大され、現在のような懸造になるのは文永頃（一二六四〜七五）から寛文焼失（一六六七）までの間とかなり遅れる。[4] 後述するように、七五二年創建と伝えられる二月堂の建物も創建当初は桁行三間・梁間二間の規模で、奈良時代の建物は懸造ではない。

（二）懸造という建築形式の始まり

観音が岩上に祀られた建物

この二月堂については加えて二点指摘しておかなければならない。一つは、これから述べてゆく奈良、平安時代の懸造と同じく、本尊大観音が自然の岩の上に立つために増築された礼堂部分が懸造になったということであり、もう一点は懸造の成立にかかわる奈良時代の山林修行の様子がわかることである。

さて、法華堂を造った良弁と聖武天皇は東大寺大仏と大仏殿の建立を成すが、後の『縁起絵巻』（鎌倉時代）によれば、大仏の鍍金《ときん》に必要な金が不足したために良弁が金峯山に祈り、夢に現れた金剛蔵王に指示されて石山の地に建立したのが現在の石山寺だという。この話はおそらく後世の付会で石山寺建立の目的はもともと東大寺造営のための資材集散地、山林修行の写経所であったと考えられ、後の平安時代に貴族の女房たちが参詣・参籠して有名になり、縁起が創作されたらしい。

この平安時代の石山寺については後述するが、ここでは天平一九（七四七）年、聖武天皇の勅願により創建された建物と、それが近くに保良宮《ほらのみや》（奈良時代近江国に淳仁天皇が営んだ宮）を作るために拡張された天平宝字六（七六二）年完成の初期石山寺の建物を見てみたい。

天平宝字五年から始まった石山寺の拡張には、前年まで奈良法華寺金堂の建築を担当していた造東大寺司たち、つまり国家事業を担った技術者たちが携わったため、かなり正確で詳細な記録が残されている。創建当初の建物は五間檜皮葺仏堂と板葺板倉一宇、板屋ほか三棟だけで、拡張によって二六棟の建物が建つ立派な寺院になる。

ここで問題となるのは仏堂（現本堂）が懸造だったかどうかということである。創建仏堂は「先作　長五丈　広二丈　高一丈一尺」（桁行五丈、梁間二丈、高さ一丈一尺）で、拡張に際してこれをいったん解体して建て直し、四周に庇《ひさし》と呼ぶ空間を増築している。拡張建物の正堂のうち正面中央五口（五間）と両側第一番目の柱間および背面中央に扉が付き、他はすべて土壁で、堂内は庇部分を板敷、中央部（母屋）の須弥《しゅみ》壇《だん》（普通は本尊を安置するために一段高くした壇だが、石山寺は岩の壇）は長さ三丈、広さ一丈三尺、全体がなだらかな岩で、本尊丈六《じょうろく》観世音菩薩一体と神王像二体（これを執金剛、金剛蔵王とするのは平安時代『覚禅鈔』以後）を祀り、屋根は寄棟造、檜皮葺、この拡張建物については「今改作　長七丈　広五丈　高一丈四尺　石居」とあるから、普通の礎石立建物で懸造ではなかったと考えられる。

しかしこの金堂には「法堂」と書かれた建物が付属していたらしく、『造石山寺所解案』に「板殿二宇並古改作」「三丈殿（法堂）一宇　長三丈　広二丈　高一丈　土居桁並板敷」とあり、『造石山院所労劇文案』に「法堂一宇　長三丈　広二丈　高一丈二尺　板敷在土居桁」とある。つまり、この建物は桁行三間、梁間二間、内部板敷の建物で、他の史料には見られない土台の桁と考えられる「土居《どい》桁《げた》」という特別な表記があるから、懸造的な建物で、これが初めの礼堂ではないかという見方がある。[5] 法堂は安居《あんご》（インド仏教に由来する。雨期の修行のこと）に使われた建物の古い呼び方であるから、自行のための籠堂《こもりどう》のようなものと考えられる。

　この法堂がどこに建てられていたかは確実でないが、現建物の昭和三六年の解体修理の結果、慶長七（一六〇二）年、淀君により再建された現在の礼堂床下柱には慶長以前の古材が残り、屋根小屋組の復元から、正堂（永長元〔一〇九六〕年再建）と礼堂は前後に別棟の建物が平行に並ぶ双堂の形式で慶長に一連の屋根とされたことが判明している。双堂の場合二つの建物は一、二間ほどの間隔を置いて建てられるが、石山寺の須弥壇は自然の岩を利用したもので、創建当初から動いておらず法堂が現在の礼堂位置にあったとすると、地形と建物の関連からすると最前列の床下柱が一メートルほどのご

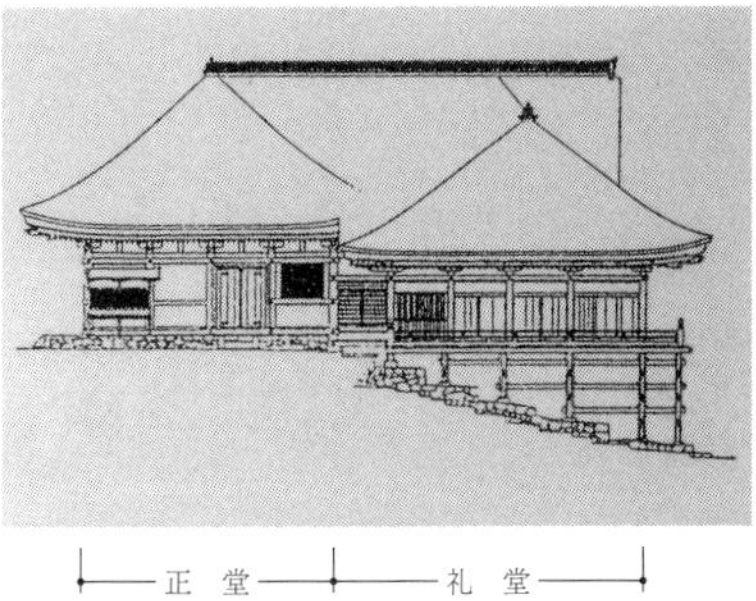

石山寺本堂立面図

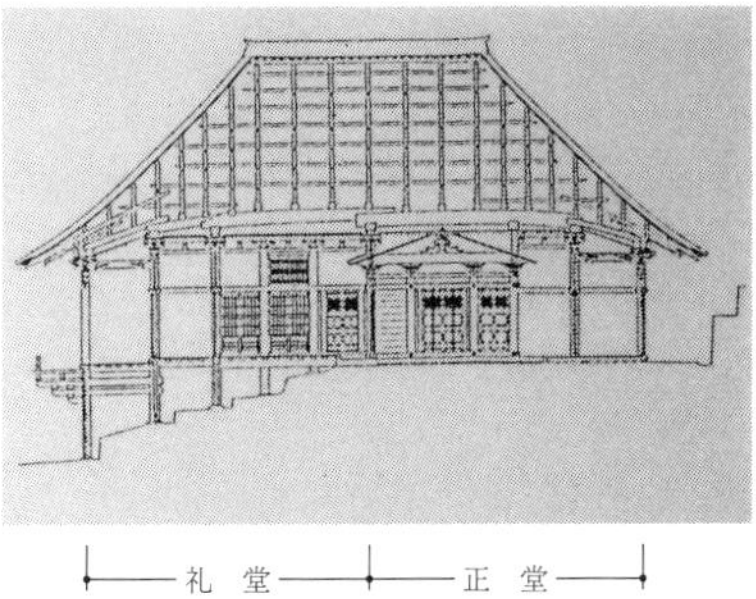

東大寺二月堂図

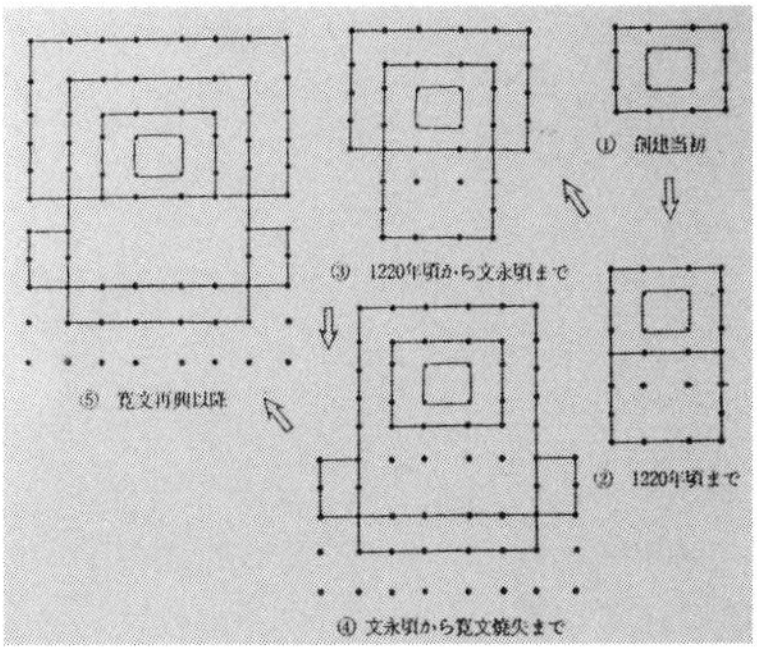

東大寺二月堂平面の変遷（藤井恵介による）

く小規模な懸造だった可能性がある。

室生寺の礼堂

少し時代は下って、奈良時代末に建物が整備されたと考えられる室生寺《むろうじ》は、興福寺の僧たちを中心とする山林修行の行場であったと考えられるが、室生寺金堂も前面最前列奥行一間ほどが懸造であった可能性がある。室生寺は宝亀八（七七七）年一二月、山部皇太子（後の桓武天皇）の重病に際し興福寺の賢憬が浄行僧四人とともに延寿法を修し成就したことに始まり、創建の事情は東大寺法華堂（三月堂）とよく似ている。平安初期の改造建物と考えられている金堂は寛文一二（一六七二）年の改造で、寄棟造の大屋根が入母屋造の旧建物屋根の上に掛けられ、前面縁部分の懸造もこのときの増築である。

室生寺金堂

建物の全体は正面五間・側面五間で、正面三間・奥行二間の母屋の四周に庇を回《めぐ》らした正面五間奥行四間の正堂の前に、奥行一間の孫庇《まごひさし》を付けている。寛文改造以前にも天承元（一一三一）年頃と鎌倉時代にも修理されているが、明治四〇年の解体修理の結果、孫庇は平安時代から存在し、正堂は創建当初は土間、のち床高が低い板敷に変更され、それに板敷の孫庇が付属していたことがわかった。

寛文に懸造の縁が増築される以前の姿については乾元二（一三〇三）年、文保元（一三一七）年の唐招提寺蔵『伝法灌頂作法』の指図に礼堂が図示され、正面中央に階段が描かれている。東寺の長者だった成尊が一一世紀に室生寺を訪れたときに作ったものを原図としている「宀一山図《べんいちさんず》」には、現在と同じ位置に金堂が描かれており、建物の位置は変わっていないと考えられる。『伝法灌頂作法』の図中に懸造は描かれていないが、床下の状況から見ると、孫庇の最前列はごく小規模な懸造だった可能性が考えられる。

以上石山寺法堂と室生寺金堂の二例は懸造だった可能性があり、懸造の萌芽とも考えられるが、両例とも意図的に懸造にしたと言うよりも、増築の結果ごく一部が懸造になったと考えるべきであろう。

ここでは、懸造が礼拝の空間として増築された礼堂・孫庇部分に現れたことに注意しておきたい。

過酷な修行

奈良時代の堂内における山林修行の内容について、その詳細はよくわかっていないが、東大寺二月堂の修二会は七五二年の創建から変わらず続けられていると言われ、当初の修行をかなりよく残していると考えられている。

修二会は十一面観音菩薩を本尊とする十一面悔過行《けかぎょう》が中心で、上七日《じょうしちにち》・下七日《げしちにち》の旧暦の二月一日

（現在は三月一日）から一四日間にわたり、毎日六回、日中・日没《にちもつ》・初夜・半夜・後夜・晨朝《じんちょう》の六時に相当する悔過作法が行われる。悔過作法とは、仏の前で過去に犯したさまざまな罪悪を悔い、許してもらうために行う儀式である。

修行を行う練行衆（浄行僧）は堂内で、読経、礼拝、神名帳《じんみょうちょう》によって日本の神々の名前を読み上げるなどの修行をするが、最も過酷なのは「走りの行《ぎょう》」と呼ばれる、本尊の周りを右回りに回る行道《ぎょうどう》の修行である。行を行う練行衆は「南無観世音菩薩、南無観世音、南無観、南無観……」と、宝号を繰り返し唱えながら行道し、礼堂へ出て床板に体を打ちつける五体投地を行う。行の最中、凍るような冷たい夜の帳《とばり》の中でそれを聴聞すると、僧たちの唱える宝号は、地から湧き出る泉のように堂内を潤し、建物は楽器のように響き揺れる。走りの行の沓音《くつおと》は春の眠りを打ち動かすように大地を踏み、行は進んでいく。俳人芭蕉は修二会を聴聞し、「水取りや　氷の僧の　沓の音」と詠んでいる。

現在の走りの行は、観音の周りを数十回まわって作法を終えるが、平安時代の『七大寺巡礼私記』には、悔過行の僧は仏壇の周りを走りめぐり、弱い者は倒れ伏し、強いものだけがなお走り、最後の一人になるまで走るとあって、この行が苦行の極みであったことを記している。おそらくこの神仏のいます岩を巡り回る行道の苦行が山で信仰対象の岩をぐるりと回る修行の根源となる。

二月堂は国家の安寧を祈る勅願寺に類するものと考えられるが、一般の山林修行の行者たちはどのような場所、建物で修行をしていたのであろうか。

平安時代初期に天台宗、真言宗を開いた最澄と空海が若いときに山林修行を行っていたことはよく知られている。最澄は比叡山に一二年間籠山《ろうざん》し、空海は『三教指帰《さんごうしいき》』に仏教者・仮名乞児《かめいこつじ》の修行について「或る時は金巌《きんがん》に登って、雪に遇うて坎壈《かんらん》たり。或る時は石峰《せきほう》に跨《また》がって粮《かて》を絶って轗軻《かんか》たり」と記す。中国の天台寺から四種三昧の修行法を持って来る以前の最澄の修行は、『山家学生式』によれば、止《し》観業《かんごう》（法華経などの長転・長講）、遮那《しゃな》業《ごう》（大毘盧遮那仏などの真言を長く念誦）の二つを行うことで都の修行とあまり変わらないが、空海の『三教指帰』には序として「爰《ここ》に一《ひとり》の沙門有り、余《われ》に虚空蔵聞持《こくざうもんぢ》の法を呈《しめ》す。其の経に説かく、若し人、法に依って此の真言一百万遍を誦《じゅ》すれば即ち一切の教法の文義《もんぎ》諳記することを得。……阿国大滝岳《たいりようのたけ》に躋《のぼ》り攀《よ》じ、土州室戸崎《むろとのさき》に勤念《ごんねん》す。谷響《たにひびき》を惜しまず明星は来影《らいえい》す」とあり、空海は虚空蔵求聞持法を室戸岬の岩窟の中で行っている。虚空蔵求聞持法とは密教修行の一つで、これを修した行者はあらゆる経典を一読で理解し忘れることがないという。

鎌倉時代の記録ではあるが『渓嵐拾葉集』（一三一一～四七年）には「白い絹布に満月を描き、その中に虚空蔵菩薩の像を描く、これを山の頂や樹の下など清浄な場所に西向きに安置し、香木で壇を作り、香花食物なども供える。行者は画像の前で礼拝し、陀羅尼をとなえ、浄水を壇上にふりかけ虚空蔵を招き寄せる。目を閉じ、息をつめ、陀羅尼をとなえ、すべてが金色に輝き、真言の文字が画像の満月からとび出して、自分の頂にそそぎ、また自分の口から出て菩薩のもとに帰るさまを一心に想念する」とあり、山林の清らかな場所を選び、そこで虚空蔵菩薩の像を描いた白布を西向きに掛け、行じると書いてあるから、建物を作るのではなく自然の中に仮設の道場を作って修行していたことがわかる。

最澄と空海が創建した諸建築を見渡してみても、懸造だったと考えられるものは一棟もなく、奈良時代の山林修行の中では修行のための建築を意図的に懸造にするということはなかったものと考えられる。

ちなみに専ら虚空蔵求聞持法を行う建築の遺構は数少なく、重要文化財では慶安三（一六五〇）年建立の和歌山県福勝寺求聞持堂、明治二一年焼失後二七年再建と新しいが、長享元（一四八七）年再建の記録が残る広島厳島の大聖院求聞持堂、江戸時代の建物を復元した伊勢市の金剛證寺求聞持堂ぐらいしか残っていない。大聖院の求聞持堂は一間四方の宝形造で、金剛證寺の求聞持堂も一間四方の建物で、正面に扉はなく側面の引戸から入る。福勝寺求聞持堂は現在正面四間側面三間、寄棟造に改造されているが、もとは正面二間宝形造屋根の小さな建物だった。

山中における一般修験者の建物

平安時代に入ると著名な験者が修行した行場に小規模な懸造の建物が建てられるようになるが、諸国から霊地に集った一般の行者たちの建物はどのようなものであったのだろうか、これについては多くの資料があるわけではないが、延喜七（九〇七）年、宇多法皇の御行以来、京の貴族たちが参詣して有名になる熊野の史料があるので紹介しておこう。

平安時代、熊野には本宮、新宮、那智の三つの霊場が形成され、加えて本宮から大峰山系に入って吉野まで山駆の修行をする道もあった。平安中期に三山の一つである本宮を訪ねた増基法師は『いほぬし』（増基法師家集、一〇～一一世紀）のなかで、ここかしこに二〇〇～三〇〇ほどの庵室があり、それぞれが思い思いに過ごしている。知り合いの行者の所に行くと、蓑を腰に衾（夜具）のように掛け、燃えさしのような榾材（ほだくい）を枕にしてごろ寝している。行者は庵室に入れてくれ、碁石入ほどの大きさの芋頭を取り出し、弟子に焼かせて御馳走してくれた。そのうちに鐘が鳴ったので御堂（本殿）へ参った。頭を引き包んで蓑を着て、ここかしこに数え切れないほどの人々が集まり、例時の作法（定例の勤行）が終わって退出するが、その後も本殿の御前に留まる者、礼堂の柱の下で、蓑を着て、忍びやかに顔を引き入れている者もあり、額突きして陀羅尼を読む者もあると書いている。

礼堂とは本殿の前にあった、後に、長床と呼ばれる長大な建物になる礼拝読経のための建物で、『熊野権現金剛蔵王宝殿造功日記』（平安末～鎌倉初期）によれば、永長元（一〇九六）年、火災焼失以前の礼堂（同文献では礼殿と記述）は一間の寸法が八尺五寸の正面七間側面四間（五間四面）の建物であるから、都で造られていたような立派な建物だったと考えられる。これに対して、礼堂周辺に二〇〇～三〇〇もあった行者たちの庵は、おそらく木の枝を組んで造ったような仮設的な建物であったのだろう。[6]

時代は下って室町時代の文献だが、那智での行者の建物について『熊野山略記』（永享二〔一四三〇〕年）には「彼那智山者、三百余房皆清浄、而無男女共住之義、本・新両山者、共菴室外在男女共居之房舎故也」とあり、室町時代に至ると庵（房）の数は三〇〇ほどにも増えるが、平安中期の本宮での状況とあまり変わっていなかったらしい。またこの記録で重要なのは室町時代には本宮、新宮の房舎では男女が共住していたのに対して那智山ではそういうことがなく清浄だったと書いていることである。これは、当時の女性行者の存在と女性を近づけない清僧修験があったことを示している。

平安中期の一般的行者の建物に戻ると、山中での修行の様子が『大日本国法華経験記』（長久年間〔一〇四〇～四四〕、以下『法華《ほっけ》験記《げんき》』という）に書かれている。そこでは奈良時代以来の岩窟での修行が数多く記され、「古き仙《ひじり》の霊《あや》しき洞《ほら》の法空法師」（巻中第五九）に「二荒・慈光等の、東国の諸の山を巡礼せり。即ちその間にして、人の跡通はざる、古き仙の霊しき洞を尋ね得たり。その仙の洞を見るに、五色の苔をもて、その洞の上に葺き、五色の苔をもて、扉となし、隔となし、板敷となし、臥具となし、乃至前の庭に敷けり。聖人この仙の洞を得て、心に歓喜を生じ、永く人間を離れて、仙の洞に籠居せり。青き苔をもて袈裟裳を綴りて、もて服るところとなす。山鳥・熊・鹿纔《わづか》に来りて伴となりぬ。妙法の薫修、自然に顕現して、十羅刹女形を現して、供給し走使せり」と、岩窟修行の想像上の理想的な状況が描かれている。

建物を伴うものに関しては、大峰山での出来事として「吉野奥山の持経者某」（巻上二第一一）に「沙門義睿は、諸の山を巡行して仏法を修行せり。熊野山より大峰に入りて、金峰山に往きけり。その間、路に迷ひて東西を知らず、宝螺の声に依りて道を尋ぬれども、山の嶺に登ることを得ず。四方の山を視るに幽谷なり。……久しき迷行を経て、平正なる林に至りぬ。一の僧房あり、新しく造りて浄潔なり。搏風・懸魚・障子・遣戸・蔀・簀・天井、周匝荘厳にして、甚だ愛し楽《ねが》ふべし。前後の庭広くして、白沙遍く布き、花樹菓林、奇菓異草、処々に生《お》ひ列なる。……禅室に近づきて見るに、一の聖人あり、年僅に二十歳計なり。威儀具足して、法華経を読みたり。その声深遠にして、琴を調ぶるがごとし」とある。

ここに描写されているような、屋根に搏風《はふ》・懸魚が付き、開口部は障子・遣戸・蔀で構成され、建物周囲には簀《すのこ》（縁）が付属し内部には天井が張られたような立派な建物が実際に山中にあったかどうかは不明だが、おそらくこれも山中での行者の住まいの理想的な姿をえがいた創作であると考えられる。また、「宝螺の声」（宝螺貝の音）によって道を探っているという様子も興味深い。

大峰山中の笙ノ窟

これが平安時代後期に多くの験者が現れて都の貴族たちの信仰を集めるようになると、『信貴山縁起絵巻』（一二世紀後半）に描かれる命蓮《みょうれん》の住房のようにかなり立派な懸造建物へと変化する。

ここで、懸造建物が作られる以前の岩窟に作られた建造物について指摘しておかなければならないことがある。前記大峰山中の重要な行場の一つに「笙《しょう》ノ窟《いわや》」と呼ばれる岩窟がある。この岩窟は『法華験記』の「叡山西塔宝幡院の陽勝仙人」（巻中第四四）に「笙の石室に籠りて、安居を行ふ僧あり。数日食せずして、法華経を誦したり」とあり、菅原道真の怨霊を調伏した日蔵、三十三観音巡礼の創始者とされる行尊、覚忠などが籠ったと言われる岩窟で、平安末に西行も訪れている。一九九五年の発掘調査でも九世紀の土器類が出ているので、遅くとも平安中期には窟籠りの修行が行われていたと考えられるが、その調査で地中から三〇〇本以上の釘と礎石状の平石が出土している。(7) 釘の製作年代が不明で時代の確定はできないが、これは窟内に何らかの建造物があったことを示唆している。

室町時代末期以降の大峰山の修行（峰入という）は、春に熊野から吉野に抜ける春峰、秋に吉野から熊野に抜ける秋峰が広く知られ、十界修行が行われているが、それ以前の峰入は、行尊の「笙ノ窟」冬籠の伝承に見られるように、冬から春にかけての修行が重要だった。この峰入は冬に行われることから冬峰と言い、この修行をする山伏は山中で年を越すので晦日山伏と呼ばれて、特に験力に秀でているとされ、都で重用された。

正月を挟んだこの時期には笙ノ窟は深い雪に覆われるので、雪を防ぐような建造物があっても不思議ではない。しかし笙ノ窟はそれほど広くなく、建物があったとすると出土した礎石状の平石以外に建物の痕跡があってしかるべきだが確認できない。これについては南北朝時代の石造物を祀る大分県羅漢寺無漏窟の岩窟入口部分に設けられた境界の柵状建造物が参考になる。ここでは詳述しないが、この種の建造物であれば釘の謎が解ける。

第三章

「懸造」という名称の由来

（一）地形と風景の聖性

「舞台」という呼称が表すもの

本章では「懸造」という名称そのものに着目してその発祥を探っていくことにする。懸造については、現在「懸造」の他に「崖造《がけづくり》」「舞台造《ぶたいづくり》」「懸崖造《けんがいづくり》」などさまざまな呼称が使われている。まずは、それらの使用上の史的変遷と意味内容の変化を見てみよう。

なぜなら、区別なく使われているこれらの言葉は、字義からすれば「崖造」は単に崖のところに造った建物、「舞台造」は舞台の用途で造った建物というような、「懸造」とは違った意味を含む可能性が出てくるからである。また、言葉の使われ方の変遷を検証することは、様式の定義自体を明らかにする前提条件であるとともに、各時代の人々の建築観を問ううえでも有力な方法になると思われる。「かけづくり」の初出を探すに当たって、懸造とまぎらわしい「舞台」という言葉に出会い、加えて江戸末には懸造に対して「舞台造」という呼称も現れ、この言葉は学術論文にも散見されるので、最初にこの関係を整理することから始めよう。

現存する懸造の中で、寺院の創建に関して平安以前の記録を持つものは、石山寺、長谷寺、清水寺の本尊を祀る正堂《しょうどう》前に作られた礼堂《らいどう》、さらに礼堂の前面に造られた舞台、東大寺二月堂、京都・醍醐寺（上醍醐）の如意輪堂・清瀧宮拝殿などだが、このうち懸造の舞台をともなうのは清水寺と長谷寺である。この両寺については、既に福山敏男博士による詳しい論考があるが[1]、ここでは、「舞台」という言葉が古くから懸造と同義に使われた可能性があるかどうかという側面から検討する。

清水寺の礼堂は、『更級日記』の長暦三（一〇三九）年の記録から、遅くともこの頃までに造られていたことが知られる。礼堂は儀式や参詣の際の礼拝に使われる建物で、参詣者が参籠にも使用した。「舞台」については、康平六（一〇六三）年八月一八日、寛治五（一〇九一）年三月の二度にわたる火災と、それに伴う再建供養の記録（「清水寺新造堂願文」康平八年八月一一日、『扶桑略記』康平六年八月一八日条、嘉保元年一〇月条）に記載はない。しかし『成通卿口伝日記』（天永・永久・元永〔一一一〇～一一二〇年頃〕）の一節には「舞台の高欄」という記録があり[2]、下って、室町時代の公家中原康富の日記『康富記』宝徳三（一四五一）年一一月二九日条にも「舞台板敷ニ周備了」[3]と「舞台」という言葉が使われている。

これらの記事の書かれた時点で、清水寺の礼堂・舞台ともに今日のように懸造になっていたと考えられているが[4]、これらの文中の「舞台」という言葉は、その文意から、本堂の前面に突出した露天の板敷部分をのみ指す言葉として用いられていると考えられる。これは、寛永六（一六二九）年九月焼失以前に存在した建物の、舞台修理のための材木を指すと考えられる「清水寺舞台之板」（『成就院文書』）という記載[5]、あるいは、寛永一〇（一六三三）年に完成した現存する建物の舞台高欄擬宝珠に刻まれた銘文「清水寺舞台金宝珠　寛永拾［癸酉］歳十一月吉日」（［　］内細書、以下引用文では同様に表記する）の、「舞台」という使われ方も同じである。
次に、長谷寺の礼堂と舞台についても、既に一〇世紀中頃には礼堂が存在していたらしく、また、貞和三（一三四七）年三月には「舞台供養」（『嘉元記』、『大乗院寺社雑事記』[6]）が行われているから、舞台の存在は一四世紀中頃まで遡り得る。[7]
長谷寺の造営を長いあいだ管理していた大乗院の記録『大乗院寺社雑事記』（『尋尊大僧正記』他）には、弘安三（一二八〇）年の火災から永正元（一五〇四）年の「舞台」の作事始めのことまで、長谷寺の建造に関するかなり詳しい記録が残されているが、その中には三度の「舞台供養」（貞和二年［三年か］[8]三月一八日、康正二年四月、文明六年三月）と二度の「堂供養」（貞和二年一〇月二九日、応仁二年）が見出せる。舞台供養、堂供養とは建物が完成した時に行う供養の儀式である。
これらの記録によると、長谷寺の再建、修造では、「舞台」と「堂」の供養が各々別個に実施されており、「堂供養」に先だって「舞台供養」が行われている。これは、文明元年（応仁三［一四六九］年）の火災に、「本堂以下焼亡、於観音堂無為希有事也」[9]とあるにも拘らず文明六年三月には「舞台」の作事が始められ（文明六年三月条）、同一一年四月二八日には「舞台供養」が行われていること（目録、文明一一年条）が示すように、長谷寺における「舞台」という言葉も「観音堂」を含まないもので、清水寺の場合と同じく、観音堂の前面に広がる突出した露天の板敷部分をのみ指す言葉であったことを表している。もちろん、「観音堂」「堂」という言葉は、かなり包括的に使用されており、それは「正堂」と「礼堂」に「舞台」をも含めた全体を指して使われる場合もあったとも考えうるが、少し詳しい記録では、古くから「正堂」と「礼堂」の二つを合わせたものを「観音堂」と呼んでいる。

さらに、既に「懸造」という言葉と構造を熟知していたと考えられる醍醐寺の義演が、慶長六（一六〇一）年、長谷寺へ参詣したときの記録にも「泊瀬寺観音直ニ参詣、小池御ニ罷出了、先年一見ノ時ハ半作ナリ、今度ハ悉周備、舞台如清水[10]」、先年来たときは建物はいまだ完成していなかったが、今

清水寺の舞台

長谷寺の舞台

回の参詣ではすべて完成し、舞台は京都の清水寺のようだと、「懸造」という言葉は使わず、「舞台」が清水のようであったことを記している。

以上のように、清水寺、長谷寺の記録では、ともに「舞台」という言葉は、「観音堂」とは別個の板敷の突出部のみを指して使われているのである。また、同じく礼堂の部分が懸造で、その存在が平安末から鎌倉初期まで遡ると考えられる石山寺、東大寺二月堂などの、「舞台」を持たない建物の記録にも、懸造の部分（礼堂、縁）を指して「舞台」と呼ぶ例は江戸末期まで見出せない。ちなみに、石山寺では単に「礼堂」と呼ばれ（『かげろう日記』天禄三年条、『台記』久安二年九月二七日条裏書など）、二月堂では「礼堂」「内礼堂」「外礼堂」などと古くは呼ばれている。

これらのことから、古くは「舞台」という言葉が、江戸時代末までは、今日「舞台造」というような言い方で使われるように、懸造に相当する意味で使用されたことはなかったと考えられるのである。

それでは、舞台の名称が何故使われるようになったかだが、清水寺の舞台左右には楽屋と呼ぶ翼廊が設けられており、この楽屋は文明一六（一四八四）年再建の建物を描くと考えられる「清水寺参詣曼荼羅」など中世の絵図にもあるので、儀式の際、本尊に舞などを奉納する場所という意味で使われていた可能性が高い。ただ上記の絵図には舞台から景色を見る参詣者も描かれているから、単に舞楽のための場ではなく舞台からの眺望は参詣者にとって特別な意味を持っていたと思われる。

「懸造」の風景——平安末～鎌倉初期

平安時代中期の文献で、懸造の建物を表現したと思われるものに『源氏物語』の第五三巻「手習」の横川僧都《よかわのそうず》の妹尼の住まいに関する例（八八～九一ページの表II、語番1）がある。

そこには「かの、夕霧の宮す所のおはせし山里よりは、今すこし、入りて、山に片懸けたる家なれば……」[11]とあって、平安時代中頃には、懸造の建物を「片懸けたる」という言葉で表現していたらしいことがわかる。[12]この「片懸けたる」という言葉は、「かけづくり」の語源と考えられる「かけつくる」という動詞とは多少異なるが、同じように「懸ける」という語を含み、後に「かけつくる」から「かけづくり」という名詞に固定してゆく前段階のあらわれとして注目される。特にこの言葉で表される建物が、夫を亡くし一人娘をも失って悲嘆に暮れ出家した妹尼の隠遁の住まいで、場所も、夕霧の御息所（落葉宮の母）の居る「山里」よりさらに山奥の「小野」の「山里」であることは重要である。

さて、現存する懸造の最も古い遺構は、鳥取県三朝《みささ》の三仏寺《さんぶつじ》奥院（投入堂《なげいれどう》）であり、平安後期の建物と推定されているが、「かけづくり」に類する言葉も、当時、既に使われていたらしく、『夫木和歌抄《ふぼくわかしょう》』巻二〇に引かれ、後の『類聚名物考』の「かけづくり」の例にも挙げられる鴨長明（一一五三～一二一六年）の歌に、「みのおやま　雲かけつくる　峯の庵は　松のひゞきも　手枕のした」[13]（語番2）がある。この歌には「かけつくる」という動詞が見られるが、これは「雲」と「峯の庵」の双方にかかる掛詞として使われており、鴨長明の真作であるとすれば、「かけづくり」に直接結び付く最古の例になる。

「峯の庵」が具体的にどのような建物だったかは、歌の表現だけからは判らないが、「雲がかかる」ほどの「峯」に、雲がかかったように造ってあり、「松のひびき」が「手枕の下」に聞こえるという内容は、懸造の架構を持つ建物を想起させよう。ここで、「懸つくる」とは建物の床下の一部を長くのばして山や崖に懸け作った建物を指していることがほぼ理解できる。以下の諸例も同様だが、「懸つく」られた建物がどのような場所に造られ、各時代の人々にどのように受け取られていたかを明確にするため関係する諸例を挙げてみよう。

「庵」は僧侶や世捨て人などの住居を意味することが多いが、**箕面山**は『梁塵秘抄』（一一七九年頃成立）に「聖の住所」[14]の一つとして詠まれた、遊行僧が修行する当時の代表的な山であり、治承三（一一七九）年の『箕面寺常行堂供養願文』に「天摂箕面寺者山岳之神秀者也。役優婆塞。酌修行之濫觴……」[15]とあるように、修験の行場としても捉えられていたことに留意しておきたい。

ほぼ同時期の宝治二年五首（藤原信実《のぶざね》）の一首[16]（語番4）にも、同じく「かけつくる」という動詞形の言葉が見られるが、そこでも「かけつく」られる対象は「谷のいほり」で、その軒端《のきば》から五月雨の雫が長く落ちると詠まれている。

「谷のいほり」での修行と危険

このような動詞表現は、建暦二（一二一二）年から建保三（一二一五）年のあいだに成立したと考えられる『古事談』(源顕兼《あきかね》)第三「生命不受人信施事」にも見られる。白河天皇(一〇七二〜一〇八六年)の時代に、「人ノ信施ヲ不レ受トテ、只一人房ニ籠居シテ」いた仙命《せんみよう》上人が、ある女御から奉ぜられた袈裟を「呪願シテ三世諸仏得給トテ。懸作タル房ナレバ。谷底へ投入畢云々」(17)(語番3)というもので、前掲二例が仮名表記であったのに、ここでは「懸作タル」と漢字で記されている。世の人からの布施を受けないことを信条にしていた上人が独居していたのは「懸作」の房であったという。

仙命は『拾遺往生伝』(天永二〔一一一一〕年頃完成か)によれば、嘉保三(一〇九六)年八月一三日に八三歳で往生した比叡山の無動寺に住んだという。その住房は「法花房」と伝えるが(18)、建物の様子はわからない。ただ『古事談』にあるように袈裟を「谷底」へ直接「投入」られる住房だから、断崖に造られたものと考えられよう。仙命のこの説話は、かなり知れわたっていたらしく、『古事談』とほぼ同時期に書かれた『発心集』の第二「仙命上人の事并覚尊上人事」にも前段に同じ話が収録され、その後半部には『古事談』と異なる興味ある話が載っている。

それは仙命が、板敷の板を望む人があったので住房の板を二、三枚剝がして与えたところ、東塔の「覚尊上人とくいにてよるくらき時きたりけるか板しきのいたのなき事を志らすしておち入あひたにあなかなしといひけるをきゝて御房ハふかくの人かな　もしさてやかて志なむこともかたかるへき身かハあなかなしといふおはりのことやハあるへき南無阿弥陀仏とこそ申さめとそいひける」(19)というもので、夜暗いときに仙命を訪ねてきた覚尊上人が、谷底へ落ちたというこの話からすれば、仙命の住房は板敷の穴から足を踏み外せば生命もあぶない建物であったと思われ、先の『古事談』と併せれ

本文
かの、夕霧の宮す所のおはせし山里よりは、今すこし、入りて、山に片懸けたる家なれば、松陰しげく、風の音も、いと、心細きに
みのお山（箕面、摂津）家集 みのおやま　雲かけつくる　峯の庵は　松のひゞきも　手枕のした
御袈裟ノヤレテ候ヘバトテ。上人ニ令レ献ケリ。……（仙命）呪願シテ三世諸仏得給トテ。懸作タル房ナレバ。谷底ヘ投入畢云々。
かけつくる　谷のいほりの　軒端より　しづくも長し　五月雨の頃
(年頃あさからず申かはしたる人。なくなりて。）これにまいりて常に籠りし宿に侍といふ所をみれば。いたう荒れなどはせねど。人なく哀れげなり。かけつくりなるに。しばがきやりみづなどはかなき物から。思ひ入ぬる計にや。
すぎにし比。播磨の書写にまうでて侍し折しも。……ひとり如意輪堂にまうでてはるかに見おろせば。山高くかけつくれるかまへ。天にさしはさみ。
かたしきに　あらぬ軒端の便りにも　かけ作りなる　さゝがにの宿《（いと）》（雑部九）
西坂本に走り下り、松明に火をつけて、軒を並べたる坊々に一々に火をぞ付たりける。谷より峯へぞ焼けて行く。山を切りて懸造にしたる坊なれば、何かは一つも残らず、残るものとては礎のみ残りつゝ、……
山を切りて、かけ作りにしたる楼なれば、山と坊との間一丈余りには過ぎざりけり。
なみだぞ河のうへにながるゝ　をよびなき人にこゝろをかけつくり（貞門俳諧集所収）
【聴クレ鵑ヲ】 信仲　客懐ナニ底事ソ　念フレ京師ヲ　関外ノ招提《セウダイ》山水奇ナリ夜卧セハレ岩房ニ耿《カウ》トシテ無シレ夢一声月白シ杜鵑ノ枝　〇一二ノ句。……コトニ関外ナレトモ。仏寺見コトニシテ。山水モ京ニヲトラヌナリ。コレハ。信仲ノ。鎌倉ノ建長寺ニテ。作タ詩カ。招提ハ。寺ノコト也。〇三四ノ句。カヤウニ。山水モ面白処ナレトモ。別シテ。帰京ノ念ヲ。催スコトアリ。カケヅクリニシタル。山房ニトマル処デ。徒然トシテ。居ルホトニ。
片方はしっかりした所に、片方は低い所とか険阻な所とかに造った建築、たとえば、海とか絶壁とかなどに臨んで造った建築。
蜘の家や　かけ作りする　川柳　（川北平左衛門吉次）
懸作り　九年このかた　住馴て　（玖也追善）
「まづまづ明日、吉野は暇とらせて帰し候。今迄の通に」と御言葉を下られ、庭の花桜も盛なれば、女中方申入度のよし触状つかはされけるに、「何かにくみはふかからず」と、其日乗物ども入て、久しく見捨られし築山の懸作、大書院に並居て、酒も半を見合、

表II 古典・古記録に現れる懸造関連語

語番	出典	作者	成立年代	語句
1	源氏物語 「手習」	紫式部	寛弘3年〈1006〉以前	片懸けたる
2	夫木和歌抄 巻二〇	鴨長明	延慶年間〈1310頃〉	かけつくる
3	古事談 第三「生命不受人信施事」	源顕兼	建暦2～建保3年〈1212～1215〉	懸作タル
4	夫木和歌抄 「宝治二年五首」	藤原信実	宝治2年〈1248〉	かけつくる
5	中務内侍日記	永経女	弘安7年〈1284〉頃	かけつくりなるに
6	野守鏡	源有房	永仁3年〈1295〉	かけつくれる
7	夫木和歌抄 巻二七	藤原信実	延慶年間〈1310頃〉	かけ作りなる
8	義経記 巻第三「書写山炎上の事」	作者不詳	鎌倉末～室町	懸造
9	義経記 巻第五「忠信吉野の合戦」	〃	〃	かけ作り
10	新撰犬筑波集	山崎宗鑑撰	永正11年〈1514〉	かけつくり
11	中華若木詩抄	如月寿印	16世紀前半（室町末）	カケヅクリ
12	日葡辞書	日本イエズス会	慶長8年〈1603〉	Caqezzucuri （かけづくり）
13	鷹筑波集	西武撰	寛永15年〈1638〉	かけ作りする
14	宗因七百韵	西山宗因	延宝4年〈1676〉	懸作り
15	好色一代男 巻五	井原西鶴	天和2年〈1682〉	懸作

当国雲岸寺のおくに、仏頂和尚山居跡あり。　竪横の五尺にたらぬ草の庵むすぶもくやし雨なかりせば　と、松の炭して岩に書付侍りと、いつぞや聞え給ふ。……さて、かの跡はいづくのほどにやと、後の山によぢのぼれば、石上の小菴岩窟にむすびかけたり。妙禅師の死関、法雲法師の石室をみるがごとし。
左の山際に観音堂あり。……奇石さまざまに、古松植ならべて、萱ぶきの小堂、岩の上に造りかけて、殊勝の土地也。
かけつくり　懸造岨作・二の意有るか山のそはかた峯の処に谷へさし出して家を作りこなたハ山の尾に有るをいふ　それハ懸造の意にて物さへさしかけしをいふか腰懸るの意なるへし　又一ハ山のかたはしの岨有る所を俗にかけといへり方言にまゝ又ハはけ又ハはたともいふ　そこへ造りかけたる家なれハがけ作りといふにや　いつれにても有るへし……
六郷は近き世よりの渡にて。……貫き留ぬ玉川の舟を。浮る流より知ぬ心の底深き。津人《わたしもり》の頓兵衛が内とは思ひ桟作《かけづくり》。物好したる亭《ちん》座敷渡世には似ぬ家作りは。馬脳の階　瑠璃の門扉《とばり》　龍宮城の乙姫か夫かあらぬか娘のお舟。
一、材木事　此御堂四面共懸造也。然者下殿大物材木者。
（慶長十一年）十月十六日立柱、……同廿五日八右衛門登山、番匠等材木ハ前日ヨリ運之。十一月二日組立代［カケツクリ也］同廿三日上棟、……
永享六年〔甲寅〕山上清滝拝殿再興造営事。……同記（隆済記）云、寛治以来之拝殿ハ正面ノ方［社頭方也］、母屋日指ノ外ニ号シテ放殿《ハナチテント》有レ之。今度奉行等申云ク、此間〔放殿事也〕当時無益歟、略之シテ今チトモ奥ノ方へ［社頭方也］引入テ造ラハ、前ノ懸作リ、元ヨリモ抜群減少シテ、地盤ニ安座〆、能治モ能ク、又当座作事モタヤスク仍料モ可減少［覚蔵申云、四五百貫ノ公平云々。］
法身院御記云、覚蔵罷下条々申旨、第一、拝殿前広縁無益ト存。仍カケ造以外大儀也。広縁若被略之者、懸造・石蔵等今一重ハ可略之間、莫大可為御公平由申入間即返答、神社ハ有増無減儀也。
多武峯　　一、御「拝殿」京「間拾四間ニ」梁三間、一尺五寸、但掛作
（達谷窟毘沙門堂）堂有り、額に多門天と銘す。（桁行十五間。梁行八間）傍は窟に倚《よせか》けて、桟《かけ》作りなり。

本文［　］内、細書

16	奥の細道 雲巌寺	松尾芭蕉	元禄２年〈1689〉	むすびかけたり
17	奥の細道 那谷	〃	〃	造りかけて
18	類聚名物考 第五、巻二三二	山岡浚明	宝暦３年〈1753〉	かけつくり （懸造、岨作）
19	神霊矢口渡	福内鬼外（平賀源内）	明和７年〈1770〉	桟作
20	山門堂舎記	延暦寺	鎌倉中期 文永８年〈1271〉以降	懸造
21	醍醐寺新要録 巻一、如意輪堂篇	義演編	元和６年〈1620〉頃完成	カケツクリ
22	醍醐寺新要録 巻二、山上清瀧宮篇 隆斎記	〃 隆斎	〃 永享６年〈1434〉	懸作り
23	醍醐寺新要録 巻二、山上清瀧宮篇 満済准后記	〃 満済	〃 永享６年〈1434〉	カケ造、懸造
24	愚子見記	平政隆	天和３年〈1683〉	掛作
25	和漢三才図会	寺島良安編	正徳２年〈1712〉	桟作り

ば、この住房はかなり長い床下の柱を持つ懸造だったと考えられる。[20]

同じく建保年間に栂尾山高山寺《とがのおさんこうざんじ》の明恵《みょうえ》上人の詠んだ歌の詞書にも「カケツクリタル縁ノキハニ……[21]」という表現が見られる。これは、高山寺の後背の峯（楞伽山《りょうがせん》）に作った花宮殿という草庵について書かれたものだが、同詞書に「座禅入観ノヒマニ　カケツクリタル縁ノキハニタチタレハ……地ヨリソラニノホルニ、タリ」とあり、続けて「花宮殿ヲ　ソラニウカヘテノホリケム　ソノイニシヘヲウツシテソミル」と詠むように、この建物も縁の床下部分が長い柱によって高く支え上げられた懸造であったと考えてよかろう。またこの建物は、前詞や上人の門弟高信による『高山寺縁起』（建長五〔一二五三〕年）に「右幽居者……坐禅修練矣、……結二構峯庵室ヲ一、……為防二雑類来集一故也[22]」と記されたように、特に座禅修練のための籠居《ろうきょ》に使われていたが、空に昇る心地にさせるような、言わば花宮殿は「天空の住まい」だったのだろう。

もう一例、源有房の『野守鏡』（永仁三〔一二九五〕年）の序文にも、円教寺（兵庫県姫路市書写）の如意輪堂に関して「ひとり如意輪堂にまうでてはるかに見おろせば。山高くかけつくれるかまへ。天にさしはさみ……[23]」（語番6）と、やはり動詞形の「かけつくれる」が用いられている。円教寺は書写山の山頂近くに位置し、伽藍の創建は天禄元（九七〇）年、性空聖人が如意輪堂を建てたときに始まると伝えられている。[24]

この如意輪堂[25]は、後述するように中世以来懸造であったと考えられ、『一遍上人絵伝（一遍聖絵）』（正安元〔一二九九〕年）では、上人が弘安一〇（一二八七）年に参籠《さんろう》した際の建物を、楼門からかなり急峻な屋根付きの階段「登廊」を上り詰めた所に、床下が長い柱で支えられた懸造として描いている。『野守鏡』と『一遍聖絵』は同じ時期に書かれたものだから、『野守鏡』の「かけつくれる」が懸造の架構を持つ建物に対して使われているのは明らかである。

「籠もる」場としての「懸つくられた」建物

　次に、同じように動詞的用法ではあっても、多少表現のちがう例を探せば、前掲した藤原信実の『夫木和歌抄』巻二七に載せられた歌[26]（語番7）と『中務内侍《なかつかさのないし》日記』弘安七（一二八四）年条[27]（語番5）の二例に見られる、「かけつく（作）りなる」という使い方がある。

　これらは「かけつくり」という体言に「なる」という助動詞連体形が付く形になっているが、この用法は、これまで述べてきた「かけつくる」という動詞表現が、「かけつくり」という普通名詞に名詞化してゆく過程を示す例として注目される。

　また、同時期の前掲『高山寺縁起』（一二五三年）では、明恵上人の花宮殿に関しては「前向テ深谷二懸ケ造レリ之ヲ一」と前半の歌集和歌詞書と同じく動詞形の言葉を用いるが、東谷の滝前面に修行のため造った「三加禅」という禅房について「結二宇庵室一、欲令蟄居、「向谷　懸造」……」と普通名詞として使ったかと考えられる表記も見られ、一三世紀中頃には名詞化が進みつつあったことがわかる。

　ところで、上記の「かけつくりなる」という言葉がどのような建物の意匠に結び付くのかだが、信実の歌で「軒端」に懸けられた蜘蛛の巣が「かけ作り」であると表現されるのは、逆に、蜘蛛の巣のように造られた建物を「かけ作り」として捉えるという当時の通念を推測させるだろう。また『中務内侍日記』の「かけつくり」では、文頭に「遠き所に忍びて。ものに籠り侍るに」とあって、その住居は作者の親しく交わった人が「常に籠りし宿」であったと言うのだから、人里離れた隠栖《いんせい》の場所であったことがわかる。

そして、作者はそれについて「かけつくりなるに。……思ひ入ぬる計にや。みどころある心ちして」と記しているから、「かけつくり」がそのような隠栖のための住居の意匠に適うものとして捉えられていたことも窺えよう。

以上のような、平安末から鎌倉初期にかけての言葉の変遷から、「かけつくり」の直接の語源が「かけつくる」という複合動詞であるのはほぼ確実で、平安末に動詞として使われていたものが、鎌倉時代に入ってしだいに名詞化していったと推定できる。

また、「かけつくり」という言葉は、すでに平安末の「かけつくる」という動詞用法の段階から、修験のための修行地や、練行を行う住房、隠遁のための住居、山岳の寺院など、参籠・籠居という目的を持つ宗教的な性格の建物に対して使われていることが、その使用上の特色として確認できるだろう。

材料と費用——鎌倉中期〜桃山

「かけつくる」という動詞から転じた「かけつくり」という名詞は、すでに述べたとおり、鎌倉初期にその萌芽を見るが、鎌倉中期（文永八〔一二七一〕年以降）に書かれたと推定される(28)比叡山の建物についての記録『山門堂舎記』（延暦寺）には、首楞厳院《しゆりようごんいん》の仁安四（一一六九）年の火災に際する再建の建物に関して、「一、材木事　此御堂四面共懸造也」(29)（語番20）という記録が見える。

これは、円仁が嘉祥元（八四八）年に建立を開始したと伝えられる延暦寺の根本観音堂（『山門堂舎記』）、横川中堂（『山門堂舎記』『叡岳要記』）などと呼ばれる建物についての記録だが、この建物は早くから檜皮葺の七間堂で（『叡岳要記』）前方には孫庇《まごひさし》が付いていたらしく、永仁四（一二九六）年頃完成したと考えられる『天狗草紙絵巻』延暦寺巻（東京国立博物館蔵）では、桁行九間の大規模な懸造として描かれている。

比叡山は大きく「東塔《とうどう》」「西塔《さいとう》」「横川《よかわ》」という区域に分けられるが、その横川にある横川中堂は仁安四年の再建の後、文永四（一二六七）年四月にも火災に遭っているが（『叡岳要記』）、昭和一七年に焼失した天正一二（一五八四）年再興の中堂（桁行は七間で懸造の架構法は異なる）が、『天狗草紙絵巻』中の建物と類似する懸造であったことから考えて、その大まかな意匠は仁安の再建からさほど変わらなかったと思われる。ということは、『天狗草紙絵巻』の根本観音堂（横川中堂）は、仁安四年再建の建物と形式的にほぼ同じだったと考えて良いだろう。

また、先ほどの『山門堂舎記』の記事では、中堂が「懸造」であるために巨大な材木を必要とし、横川以外のものでも寸法に適う木材があれば構わずに使用すると述べているから、この「懸造」という言葉は、特に、床下の架構部分そのものを指すと考えられる。

さらに上醍醐と下醍醐の二つの寺域で構成される醍醐寺の上醍醐に現存する室町時代の懸造、清瀧宮拝殿の永享六（一四三四）年の再興造営に関する記録にも、二ヵ所に「かけづくり」という言葉が使われている。醍醐寺第七三代座主・満済の記した「満済准后日記」の記述も興味深い。「山上清瀧宮大勧進」であった覚蔵が言うところ、まず「第一、拝殿前広縁無益ト存。仍カケ造以外大儀也。広縁若被略之者、懸造・石蔵等今一重ハ可略之間、莫大可為御公平由申入間……」[30]（語番23）とある。拝殿の前面に付く「カケ造」の広縁は必要がなく、「カケ造」を作るのは意外に大変なので、もしも広縁が省略できれば「カケ造」部分も省略でき、費用がかなり削減できるというのである。

また、義演の『醍醐寺新要録』に引かれる『隆斎記』にも、寛治の創建以来、本殿と拝殿のあいだにあった「放殿」という建物が無用のものとなっているから、これを省略して、拝殿を「今チトモ奥ノ方へ［社頭方也］引入テ造ラハ、前ノ懸作リ、元ヨリモ抜群減少シテ、地盤ニ安座〆、能治モ能ク、又当座作時モタヤスク仍料モ可減少……」[31]（語番22）と覚蔵が座主に申し入れたとある。拝殿をもう少し後ろの方に移動して作れば、前面の「懸作リ」部分が元の建物に比べるとずっと少なくなるので、建物が地盤に安定して建ち、建てるのも簡単で費用も少なくて済むという申し出である。

これらの記述は、両者とも「かけづくり」（カケ造、懸造、懸作リ）の部分を削減することによってさまざまな利点が生まれることを示したもので、前者には「懸造・石蔵等今一重ハ可略之間」とあり、後者では「前ノ懸作リ」などとあるから、ここでの「かけづくり」という言葉は、懸造の床下架構部分、あるいは、その構造方式を指して使われていることになる。

前掲『醍醐寺新要録』巻一「如意輪堂篇」には、これも現存する懸造である如意輪堂の、桃山時代の建立に関する記録があるが、その文中にも「組立代［カケツクリ也］」(32)（語番21）という表現が見られる。「組立代」とは「組立（足）代」のことであろうから、この「カケツクリ」も床下の柱を長くのばした架構部分を指すものと思われる。

このように寺社の記録の中では、鎌倉中期には「かけつくり」という言葉が、床下の一部が長い柱で高く支え上げられた特殊な構造や構法を指して用いられており(33)、これは桃山時代まで引き続き見られる。

岩・海・川の聖性と懸造

一方、文学の分野でも、「かけつくる」という動詞用法は鎌倉中期以後「かけつくり」という名詞形で使われたと考えられ、鎌倉末から室町にかけて書かれたと言われる『義経記』には巻第三「書写山炎上の事」(34)（語番8）、巻第五「忠信吉野の合戦」(35)（語番9）の二場面に「かけつくり」が見られる。『義経記』は想像による記述が多く、「懸造」「かけ作り」の建物も事実に即したものとは認め難いが、前掲した円教寺の住房や修験道の本拠地である吉野山に「かけづくり」の建物があると、当時の人々に信じられていたことは注目される。

また一六世紀前半に書かれた、建仁寺一華院の僧・如月寿印の『中華若木詩抄』(36)には、鎌倉・建長寺の僧であった信仲の漢詩［聴ク鵑ヲ］の［山水奇ナリ夜臥レセハ岩房ニ耿トシテ無レシ夢……］（語番11）の部分を解説した中に、信仲の岩房を「カケヅクリニシタル。山房」とする例がある。

この、「岩房」を「カケヅクリ」と解釈していることは重要であり、前掲、明恵上人の花宮殿に関して上人の高弟喜海の著した『高山寺明恵上人行状』（一二三二〜一二五〇年）にも「コトサラニ閑居《かんきょ》ノ禅窟《ぜんくつ》ニトム」という記述がある。同行状によれば、上人は常に石上や石窟で修行を重ねており、上人が栂尾に移る際には神護寺の文覚が「此寺ニ住シナカラ、思給ハム様ニテ住セシメ給へ、磐屋（岩窟）ノムカヒニ大盤石（巨岩）アリ、彼上ニ菴室（粗末な建物）ツクリテ進スヘシ、其ニ過タル閑居ノ地アルヘカラス」（括弧内筆者注記）と進言している。これは、鎌倉初期の修行僧にとって岩や岩窟が重要な意味を持ち、それと懸造が深い関係を持っていたことを示し、寿印の解釈にも通じている。

以上のように、「かけづくり」という言葉は、建物の建造に関係する専門的な分野では遅くとも鎌倉中期までに、また一般的にも鎌倉末頃までには、確実に名詞として使われるに至ったと思われ、その漢字による表記は「懸造（作）」であった。

さて、「かけづくり」という言葉によって表現される建物は、ここまで山岳に関わるものがほとんどであったが、永正一一（一五一四）年ごろ撰集された連歌集『新撰犬筑波集』には「なみだぞ河のうへにながるゝ　をよびなき人にこゝろをかけつくり」[37]（語番10）という例が見られる。この「かけつくり」が具体的な建築物に直接結びつくかどうかについて、短い歌の表現から読み取ることは困難だが、これは、河岸に造りかけた建物に対しても「かけつくり」という呼称が使われていた可能性を示唆するものである。

この一〇〇年近くのちの慶長八（一六〇三）年、日本イエズス会によって刊行された『日葡辞書』には、「Caqezzucuri」（カケヅクリ）として「片方はしっかりした所に、片方は低い所とか険阻な所とかに［かけて］造った建築、たとえば、海とか絶壁とかなどに臨んで造った建築[38]」（語番12）とあり、そこでは、山と海（河川）の双方を含んで説明している。また、時代は下るが、嘉永六（一八五三）年の記録に、建物の前面半分ほどの懸造の架構部分が海中にある観海閣を「海岸の掛造なり」と呼んだ例がある。

この『日葡辞書』の記載は、「かけづくり」という言葉が桃山時代には、山海を問わず単に懸造の特殊な形式を持つ建物に対して、ごく一般的に使われるようになったことを示している。しかし、その指示対象が水辺の建物にまで及んでも、文中には「海とか絶壁とかなどに臨んで造った建築」とあるから、いまだに、かなり険しい場所が念頭に置かれていると言えよう。また、文意からすれば、床下に懸造の架構を持つ建物を「カケヅクリ」と言っていると考えられ、その意味もこれまでの諸例と変わっていない。

参籠・籠居から山間・海川へ

以上のように、「かけづくり（る）」という言葉は平安末まで遡ることができ、江戸時代まで、かなり広汎に用いられることになる言葉であった。その用法上の特色を総括すれば、はじめ平安時代末に「かけつくる」などという動詞形で使われたものが、鎌倉時代に入って、しだいに「かけつくり」という名詞形で使われるようになり、遅くも鎌倉中期までには確実に名詞化されたものと考えられる。

そして、室町時代までの「かけつくり（る）」という言葉で呼ばれた建物は、山間の寺社、あるいは僧房、隠遁のための建物など、そのほとんどが参籠・籠居を目的として造られたという特色が見られた。しかし時代が下って室町末には、河岸に建てられた建築を示唆するかとも思われる例が現れ、桃山時代には、これら山間と海川の双方に関わる建物を包括し、床下の一部が長い柱で支えられた特異な意匠を持つ建物を指して、すべて「かけづくり」と呼ばれるに至る。これを用字の面からみると、桃山時代までの文献では「かけつくり（る）」と仮名表示をするものが多いが、漢字を用いた例では「懸」を使っており、「掛」等の字は見出せない。「かけづくり」の「かけ」の漢字表記は「懸」とするのが古体であると思われる。

そして、意匠的立場から見れば、この言葉の平安末から中世にわたっての用例が、山間に造られる寺社や僧房、隠栖のための建物など、特に宗教的な性格を持つものに対して使われていることが注目される。

これは、当時「かけづくり」という言葉がかなり限定された観念のうちに捉えられており、その建築意匠がある特殊な宗教的意味を持っていたこと、(39)つまり、この言葉は山岳信仰に深くかかわって成立した言葉で、床下の柱を長くのばして支え上げられた建物、構法を指す様式的用語であったことがわかる。また、後述の近世における懸造で取り上げるが、現在でもよく使われる「舞台造」の用例は一例しかなく、明治時代以後に使用され始めた新しい用語である。

『枕草子』（春曙抄）五段には、

増して、験者などの方は、いと苦し気なり。御岳、熊野、掛からぬ山無く、歩く程に、恐ろしき目も見、験有る聞え、出で来ぬれば、此処彼処に呼ばれ、時めくに付けて、安気も無し。

とあり、「かける」は山で修行すること自体を指す言葉で、山伏が山の修行（峰入）を終わって山から出ることを「駆出（懸出）」と言い、このとき最も修験の力（霊力）がみなぎっていると信じられていた。狂言「犬山伏」虎明本（室町末〜近世初）には「是は出羽のはぐろさんの山伏でござる。大みねかづらきを致て、只今かけ出でござる」と見えるし、『玉海集』（明暦二〔一六五六〕年）にも「めでたう嶺を駆出山ふし」とあり、「かけで」という言葉は室町時代から江戸時代まで一般に認知された言葉だった。

また、険しい山道を「かけ路《じ》」と言い、『源氏物語』（一一世紀）には「山のかけ路に思ひ給ふるを……」（「橋姫」巻）と、『今昔物語集』には「えもいはぬ懸け路あり。屛風を立てたるごとくなり」（巻第五第四）などとあって、懸造の「かける」という言葉は平安時代から山での修行という意味を含み込んでいた。

ちなみにここで山岳信仰に関連する言葉を挙げておくと、「修験者」、「山伏」は現在でも使われている言葉で、修験者の「修験」は霊山、霊地で苦行をつみ神仏の験《しるし》を得ること、得た者、あるいはその効験をあらわす、という意味で平安時代初期から使われている。

平安時代の『日本三代実録』（貞観一〇〔八六八〕年七月九日）「少年入山未出。天皇聞有修験……徴道珠」、あるいは『江談抄《ごうだんしょう》』（一一一一年頃）には「語得修験之僧、令修如意輪法」、一四世紀前期成立の『源平盛衰記』には「三井の流れの修験の人」などとある。

「山伏」という言葉は、修験者が山に伏して修行することから使われた言葉と考えられ、これと同じように平安時代に使われた言葉に「験者（げんざ、げんじゃ）」があって、一一世紀中頃（康平年間〔一〇五八〜六五年〕か？）の『新猿楽記』に「大験者二郎」は「山伏修行者」、『源氏物語』「若菜下」巻にも「山伏の聖心」などの使用例がある。

建築形式理解の前提として

さて、次章以降では具体的な懸造の建築を検証していくことになるが、ここではその読み取りの前提として、建築形式について若干の説明を付け加えておきたい。

神社建築は主に屋根の形と平面、入口の形式（平入・妻入）から、伊勢神宮の神明造、出雲大社の大社造、春日大社の春日造、賀茂社に発すると言われる流造などと分類される（三〇ページの図参照）。一般に、建物の表記は、はじめに建物の大きさを「桁行○間・梁間○間」と示し、次いで屋根の形、建物への入り方、屋根の葺材を記す。例えば神明造の建物なら「桁行三間・梁間二間・切妻造・平入・萱葺」と書く。寺院建築の様式は主に構造構法の変化とそれに伴う意匠の変化から分類され、平安時代の建築に特徴的な様式を和様、鎌倉時代の初めに中国南部の建築様式に手を加えて使った大仏様（天竺様）、禅宗の渡来僧たちが中国禅宗寺院の建築様式を持ち込んだ禅宗様の三つに分類している。

加えて、懸造の特徴は信仰対象の岩、岩窟との密接、密着による建築の変形にあり、一般の建物の

母屋と庇

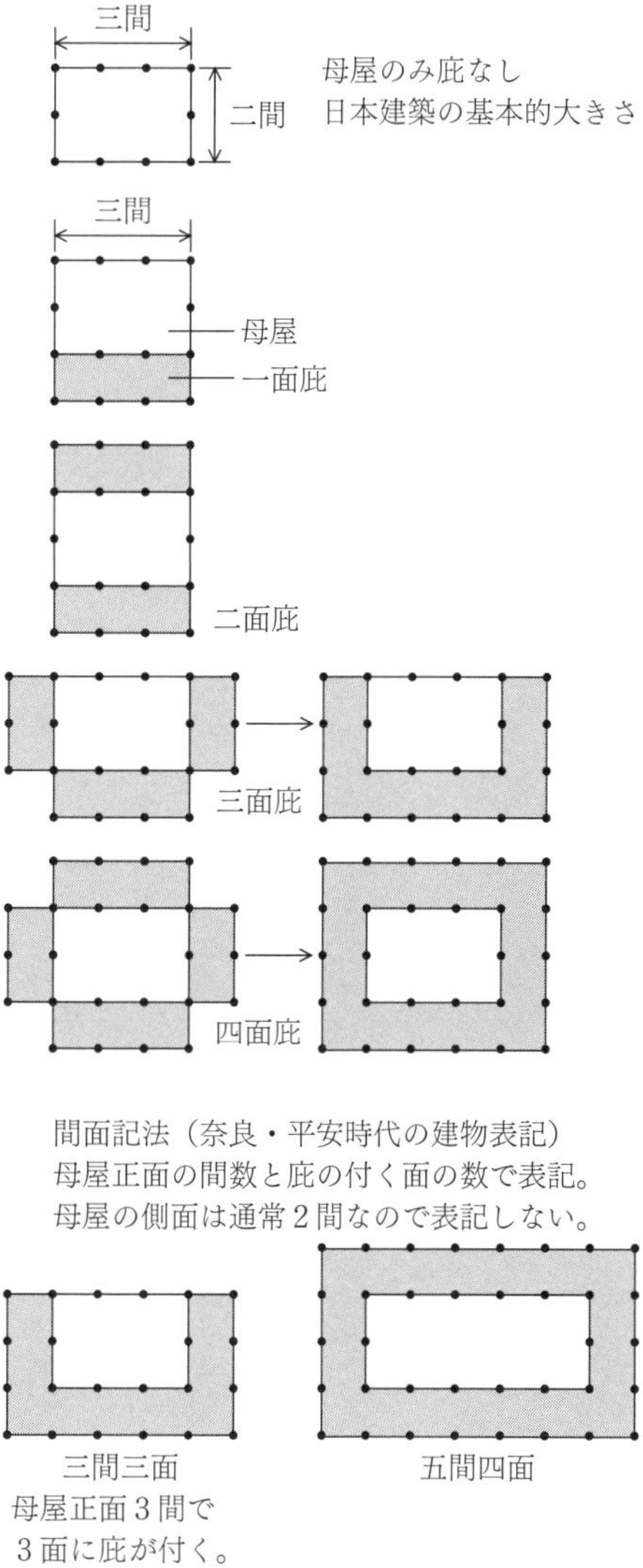

ように建物の正面に入口がなく側面から入る例も少なくないので、平側が正面で妻側から入る場合は「平正面・妻入」などと表示する。また、平安時代から南北朝時代頃までの建築の拡張の方法は、母屋《もや》（身舎）のまわりに庇《ひさし》と呼ぶ付属空間を増築することで行われ、母屋の一面に庇が付く一面庇から四面すべてに付属する四面庇まである。この形式を表現するときに母屋正面の柱間数と何面に庇が付くかを示す間面記法《けんめんきほう》という方法が使われた（前ページ図）。なお、巻末に「主な懸造とその構造」として表を掲げたので参照されたい。

第四章

岩座と湧水信仰の建築

（一）内陣に信仰の岩を包む懸造

平安時代の観音霊場の隆盛

これまで述べてきたように、「懸造」は山での修行に関係が深く、奈良時代の石山寺にその萌芽が見られた。奈良時代に山林修行を行い、浄行（清行）僧などと呼ばれていた山岳での修行者は、平安前期にかなり増加したらしく、天長一〇（八三三）年奏上の僧尼令《そうにりょう》には「禅行修道」における山居者の範例として「金ノ嶺に在る者は、判を吉野郡に下すの類なり」、つまり吉野の金峯山で修行する者は吉野郡に届け出をせよとあり、承和三（八三六）年三月の太政官が出した官符では近江国比叡山、比良山《ひらさん》、美濃国伊吹山、山城国愛護（愛宕《あたご》）山、摂津国神峯山、大和国葛城山、金峯山を、春と秋に勅命により国家鎮護の祈禱、悔過行を行う七高山に定めている（『二中歴』）。この中で懸造は、修験者・験者と呼ばれた高名な山岳修験者の行場に造られ始める。

一方、一〇世紀中頃から一一世紀には都周辺の霊験仏と呼ばれる霊験あらたかな本尊（観世音菩薩像）が有名になり、貴賤の信仰を集めたこの霊験寺院は観音霊場として人々を惹きつけ、大規模な懸造が作られるようになる。その代表例が、懸造と言えば誰もが名前を挙げる京都の清水寺、奈良の長谷寺、滋賀の石山寺である。

石山寺本尊岩座
（左）「諸観音図」。永暦２（1078）年奥書の石山寺本尊（『大正新修大蔵経』より）

懸造になる建物のなかで記録がもっとも古いと考えられるものに、石山寺、長谷寺、清水寺（舞台も含む）、東大寺二月堂の礼堂がある。この四寺はいずれも奈良時代までには創建され、当初は石山寺が正面五間（側面二間）、長谷寺は三間四面（正面五間・側面四間）、清水寺は五間三面（正面七間・側面三間）、二月堂は三間堂と、いずれも現堂の内陣部分にほぼ一致する規模の、切妻造・平入の建物であったと考えられる。[1]

　これらの内陣部分は石山寺では厨子内部に珪灰石《けいかいせき》が隆起して本尊の台座になり、長谷寺の本尊は宝磐石（宝石）と呼ばれる岩上に立つ。[2]清水寺と東大寺二月堂の本尊は、現在では厨子に納められているが、清水寺の厨子を乗せる須弥壇の下には旧本尊を祀った土の壇が認められ、[3]二月堂の本尊十一面観音は現在も岩盤上に直接立っている。[4]つまり、四例とも創建当初の建物は、岩上（清水寺は土壇）の本尊を覆うように建てられたと推定でき、本尊の立つ岩と建物が密接な関係を持っていたことがわかる。

　この創建当初の建物に相当する内陣部分は現在も懸造ではなく、天平宝字に建物の四周に庇と呼ばれる空間を回らす「四面庇」の増築をした石山寺では、背後の崖を削るなどして堂の敷地を拡げている。(5) また清水寺の場合も平安中期はじめ頃の縁起には「嶮岨崖嵬……終夜平竣嶮、微明帰去、土木功成、梁柱構調……」とあり、険阻な敷地を平らにする土木工事を行って柱梁の構えを整えたのであるから、これも仏堂を建てるため整地したことを思わせる。長谷寺、東大寺二月堂については、地盤を整地したという記録はないが、その建物はいずれも石山寺と同じような発展過程をたどっているから、これらの二例も礼堂が増設される以前の規模（現在本尊を祀っている正堂と呼ばれる部分の規模）までは懸造の建物ではなかったと考えられる。

このような創建建物（正堂）の前面に、石山寺、長谷寺では一〇世紀後半までに、清水寺では一一世紀初頭以前に、東大寺二月堂でも平安時代のそう遅くない時期までに、切妻ないし入母屋造・平入でかなりの規模の懸造礼堂が建立されたと推定されている。(6)

これら四寺のうち、清水寺、長谷寺、石山寺は、九世紀中葉以降、霊験寺院とか霊場などと呼ばれて摂関期の貴族が盛んに参詣・参籠《さんろう》するようになった寺である。

たとえば、長谷寺は「霊験之蘭若《らんじゃく》（最初）」（『続日本紀』承和一四〔八四七〕年一二月条）とか、「霊場殊験（特に優れている）」（『日本三代実録』貞観一八〔八七六〕年五月二八日条）、「大和国霊験山寺」（同、仁和元〔八八五〕年一〇月三日条）などと喧伝され、永延元（九八七）年、花山《かざん》院が笠置《かさぎ》寺《でら》、南都七大寺（奈良の七つの大寺すなわち以下の名が挙げられる。東大寺、興福寺、元興寺《がんごうじ》、大安寺《だいあんじ》、西大寺または川原寺、薬師寺、法隆寺または唐招提寺）とともに参詣、つづいて正暦二（九九一）年、東三条院が

長谷寺舞台床下

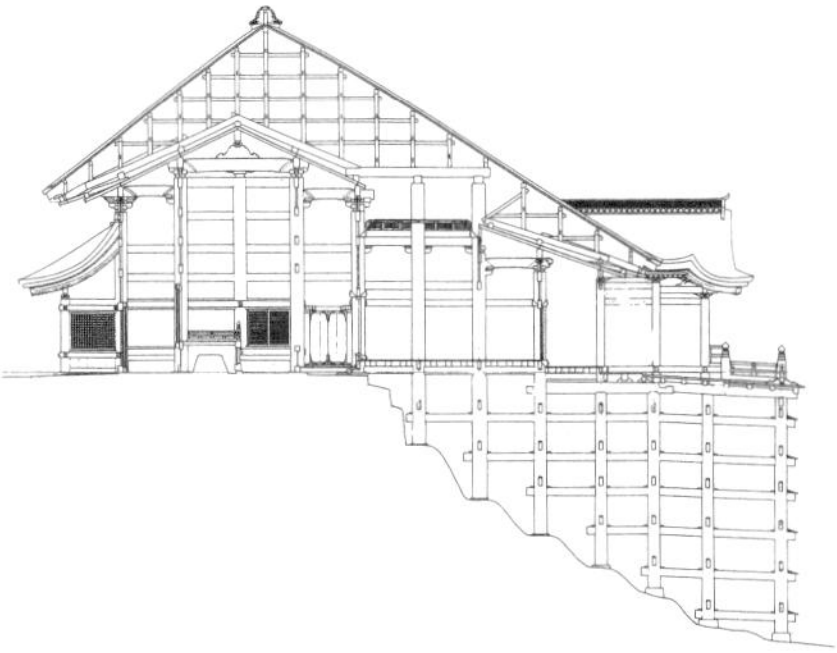

清水寺断面図

参詣した前後から貴族の参詣が活発になる。[7] また石山寺、清水寺も同様で、『かげろう日記』には天禄元（九七〇）年の石山参詣の模様が克明に記され、『枕草子』や『更級日記』にも霊験あらたかな寺院として両寺の名前が挙げられている。

　つまり前記の懸造礼堂の建立は、観音霊場に対する九世紀中葉に始まる信仰の高まり、特に摂関貴族の頻繁な参詣・参籠の時期と重なっているのである。

霊験の顕れ方

　この九世紀中葉に始まる観音霊場の隆盛は、寺の建立の由来や本尊などに付せられた霊験への期待によるが、中でも石山寺や長谷寺では「其所有二大巌石一。是則大聖垂跡多利衆生所也」（『南都七大寺巡礼記』保延六（一一四〇）年）と、大巌石が大聖の垂り立ったところであり衆生を利するものであることが謳われたり、「宝盤石守護密迹神也……（則誓日）令祈二冥加一者保福慶……」（「長谷寺縁起文」平安末〜鎌倉初期）と、宝盤石は神であり祈ることによって福に恵まれるなど、功徳が顕著な仏すなわち「験仏《げんぶつ》」の岩座《いわくら》の利益《りやく》が記され、二月堂や清水寺の場合は「（閼伽井水）飲者除レ患身心無レ悩。猶如二無熱池八功徳水一矣」、つまり井戸の水は無間地獄の八功《はつく》徳水《どくすい》のように飲む者の心身の疾患を除く（『東大寺要録』平安初期）とか、「抑滝水正具二八功徳用一矣」、つまり滝の水は八つの優れた特徴を持つ（『清水寺縁起』平安初期）と仏堂建立にまつわる湧水の利益が述べられていることは重要である。

　この岩座と湧水に対する信仰が創建後創出されたとは考えにくく、むしろ自然の岩を仏座とする本尊のあり方から見て、仏堂はこれらをもとに建立されたと考えられる。つまりこれらの礼堂は、仏座が信仰上重要な自然の岩であったため、参詣人の増加にともなう礼堂増設の際に正堂部分の移動ができず、懸造で建立されたと考えられるのである。

　貴族の女房たちの日記が示すように、このうち清水、石山、長谷寺には多くの人々が参詣・参籠していた。『枕草子』の「さわがしきもの」では、清水寺の様子を「十八日に、清水にこもりあひたる」と、騒然とした場の例として記している。暗くなってまだ火をともさないうちに、よそから人が来合わせたりしたときや、まして遠い国から家の主が上京したときはひどく騒がしいというのである。それは貴族の女房たちばかりではなく、『かげろう日記』「初瀬詣で」に見える「乞食《かたゐ》ども、坏《つき》、鍋など据ゑてをる」や「目も見えぬ者の……思ひけることどもを……ののしり申す」のように、さまざまな階層の人々でもあった。それぞれは参籠によって観音に願いを懸け、夢告（夢のなかのお告げ）をもらった。また自身で参籠できないときには行者たちに代参させて仏の声を聴いた。

『更級日記』「鏡のかげ」には娘を長谷参りに出すことを不安に思う母が僧に代参させる場面がある。母は一尺の鏡を作らせ、僧を使者に立ててその鏡を持たせる。僧に告げて言うには「三日さぶらひて、この人のあべからむさま、夢に見せ給へ（三日間お籠もりをして娘の将来について観音の夢告をもらってきて下さい）」と言って詣でさせ、一方で母はそのあいだ娘には精進をさせた。そうしてこの僧は代参して、帰ってくると報告した。「夢を見ないで罷り来るのは本意ではありません。帰ってどのようにお伝えすべきかと、一心に額《ぬか》ずいて寝ましたところ、御帳《みちょう》の方から気高く清らかできちんと装束をつけた女性（観音）が出てきて『この鏡には願文が添えてありましたか』と聞くので『願文はありませんでした』と答えました。すると女性は『おかしなことです。願文を添えるべきなのに』と仰いました」と。僧が見た夢の中の鏡には二つの影（像）が映っていたという。一つは「ふしまろび泣き嘆く影」、もう一つは「御簾ども青やかに、几帳おし出でたる下より、いろいろの衣《きぬ》こぼれ出で、梅桜さきたるに、鶯木づたひに鳴きたる」風景であった。

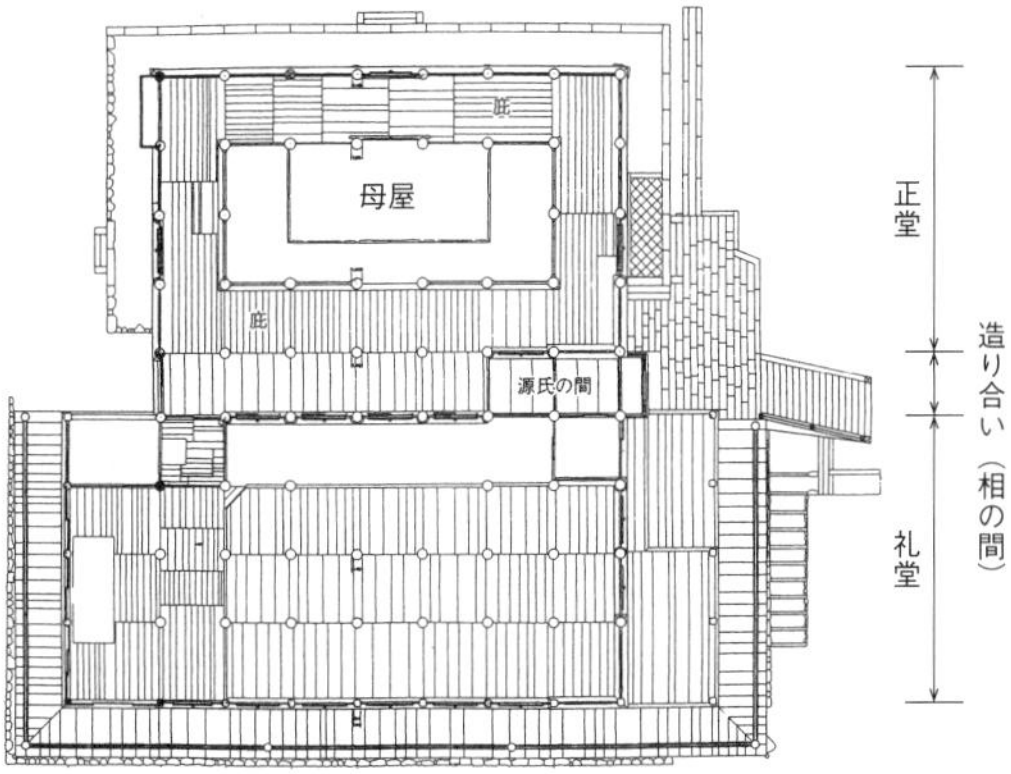

石山寺本堂の平面図

泣き嘆く暗い姿か、色鮮やかな春の景色か、娘のその後がどちらになったのか、『更級日記』には語られていないが、参籠することの目的は、霊験仏である観音のお告げを聞き霊験に与ることであって、修験者の験力《げんりき》ではない。そのため懸造の礼堂以外に局《つぼね》と呼ばれる参籠用の空間が本尊の立つ正堂の周りに設けられ、これが建築的な特徴の一つになる。

清水寺の場合は、正堂部分を見ると正面五間、奥行四間の母屋《もや》の周り三面に庇が増築されたいわゆる五間三面になっているが、庇の付き方が前面と両側面に付く一般的な形ではなく、背面と両側面に付く特異な形式になっている。福山敏男はこの五間三面について、礼堂を作るためではなかったかと指摘している。延暦一七（七九八）年、伽藍建立時の清水寺本堂は支援者であった坂上田村麻呂夫人の住宅一棟が寄進されたと伝えられ（『扶桑略記』延暦一七年伽藍建立「五間三面、檜皮葺寝屋以堂舎」）、正堂部分が住宅建築の移築であれば、本来寺院の建築ではないので、この特異な形式は理解ができる。しかしここで指摘しておきたいのは、寛治八（一〇九四）年再建建物では正堂の三面庇に曹司（局）があり参籠ができたことである（『中右記《ちゅうゆうき》』天永三〔一一一二〕年）。つまり、礼堂での参籠よりもさらに本尊に近づいて観音の霊験を得ようとするための常設の空間が重要で、そのために異例の三面庇になった可能性を考えたいのである。

石山寺では、正堂と礼堂をつなぐ「相の間」東側に紫式部が参籠して『源氏物語』の構想を得たと伝えられる「源氏の間」があるが、藤原頼長の日記『台記』康治二（一一四三）年にこの二間を局として使っていた記述があるから、一一四三年以前に局はできあがっていた。そしておそらく、礼堂の床の上に上れないような身分の低い者たちもできるかぎり本尊に近づくため、本尊が祀られた正堂の周りか、懸造の床下部分に参籠していた可能性が考えられるのである。

貴族以外の参詣・参籠者の霊験については、平安時代後期成立の『今昔物語集』に多くの霊験譚が載せられている。その中でも巻第一九第四〇「検非違使忠明、清水にして敵にあひて命を存したる話」、第四一の「清水にまゐれる女の子、前の谷に落ち入りて死なざりし話」は、舞台から前の谷に「踊り落つる」「幼き子を……取り落し」たときに、「観音助けたまへ」と祈った結果は観音の験で死ななかったことを述べる。これは江戸時代の「清水の舞台から飛び降りる」という言葉の起源を思わせる。

ついでに述べておくと、続く第四二、長谷寺奥ノ院滝蔵神社の拝殿についての「滝蔵《たきのくら》の礼堂倒れてあまたの人死に、命を存したる人の話」は平安時代の人々の信仰心と懸造建物で祈ることの意味がよく表現されているので全文を挙げておく。

今は昔、長谷の奥に滝蔵と申す神存《おわ》します。その社の前に、檐《のき》合はせに、三間の檜皮葺の屋あり。社の方は山なれば高き所に立てて、前の方は谷に柱を長く継ぎて立てたり。その谷遥かに深くして、見下せば目くるめく。

しかるに、正月に人多くまゐり集りて、七八十人ばかりその前の屋にありて、或は経を読み礼拝し、おのおの行ひ合ひたるほどに、やうやく夜半ばかりになりぬ。その時にひと多くゐて屋重りにければ、谷の方の柱、谷ざまに傾きけるに、柱□て礎より落ちにけり。それに引かれて、他の柱どもも礎よりみな離れぬ。さればこの屋、谷の方ざまに投げられてくづれ入る。その時に、このゐたる者ども、しばらく地震《なゐ》かなど思ひけるに、谷の方ざまに俄かにくづれ入りければ、ある限りの人、みな或は屋を離れて谷に落ち入るもあり、或は柱、桁、梁《うつばり》に打たれて摧《くだ》くるもあり、或は子を抱きたる女の、母の頭と子の頭と板敷のはざまに切られて身柄は谷に落ち入るもあり、或は身体別々になりてみな摧けたるもあり。そのなかに女一人、男三人、小童《こわらは》二人ぞ、谷の底に落ち入りたりけれども、つゆの疵もなくて生きたりける。これを思ふに、この生きたる者ども、前世の宿業強かりけるに合せて、神の助け、観音の護りこそはありけめ。実にこれ希有のことなりとなむ、語り伝へたるとや。

験者・聖と懸造

これまでの諸例が奈良時代以来の旧観音霊場であったのに対し、平安中期以後には天台・真言両密教系の寺院や新興の観音霊場にも懸造が造られるようになる。

観音信仰の中で懸造の造形に広く影響を与えたのは、おそらく延暦寺の横川中堂（正式名称は首楞《しゆりよう》厳院《ごんいん》、根本観音堂とも言う）である。比叡山延暦寺は、三塔と呼ばれる三つの地域（東塔・西塔・横川）で構成されている。奈良時代から比叡山には山林修行の修行者たちが少なからずいたはずで、中国天台山から天台宗を持ち帰り、延暦寺を開いた最澄は近江国分寺で行表に従って出家得度した後、延暦四（七八五）年、比叡山に登り草庵を結んで一九歳の時から一二年間、現在の東塔地区根本中堂付近で修行している。その後、桓武天皇の信認を得て正式な寺院になることが認められ、延暦寺の歴史が始まる。

最澄は護国のため、比叡山の東西と上野、筑前、豊前、下野の国の全国六ヵ所に法華経一〇〇〇巻を納めた塔を建てることを考えていた。いま東塔《とうどう》と呼んでいる地域は比叡山の東、滋賀県側に塔を建てる地域、西塔《さいとう》と呼んでいる地域は西側に塔を建てようとしたためその名がある。東塔は最澄が自分で彫った薬師如来を本尊とする草庵、一乗止観院（後の根本中堂）を中心に発展し、西塔は最澄の付託を受けて承和元（八三四）年、二代目の座主・円澄が建てた釈迦堂（転法輪堂とも西塔中堂ともいう）を中心に発展する。

これに対して横川《よかわ》の地域は、三代座主になる円仁《えんにん》が入唐以前、病気で死にそうになり、比叡山の最北奥の山中に入って修行したときの住房にはじまる。その中心である聖観音《しょうかんのん》を祀った観音堂（横川中堂）は嘉祥元（八四八）年に勅願で建立される。円仁は帰国後常行三昧堂と総持院を建立したことで知られるが、この横川中堂の観音信仰は後の山林修行者たちにとって大変重要なものになった可能性がある。この円仁の横川中堂を康保三（九六六）年の火災後に、摂関家の力を借りて再建拡張して大規模な懸造にしたのが良源《りょうげん》で、その弟子に懸造の建物を造った円教寺の性空《しょうくう》、談山神社（多武峯）の増賀《ぞうが》などがいるのである。

さて、この横川中堂と真言宗の聖宝《しょうぼう》が創建した醍醐寺の上醍醐にある如意輪堂の懸造について見てみよう。如意輪堂は元慶元（八七七）年に創建され、(8)『醍醐雑事記』（平安末頃）に「如意輪堂一宇

比叡山延暦寺の建築

宗祖　最澄（767～822）　東塔　一乗止観院　⇒根本中堂
↓
1世　義真
↓
2世　円澄　西塔釈迦堂
↓
3世　円仁（794～864）　横川中堂（首楞厳院、根本観音堂、848）
↓　↘
（中略）　相応（建立大師、831～918）　一二年籠山行、無動寺創建（865）、比叡山回峰行の祖、東塔常行堂修復、日吉社造営
↓
18世　良源（慈恵大師、元三大師、912～985）　966年焼失の諸堂伽藍再興（横川中堂）
↓　↘
↓　源信（942～1017）『往生要集』　⇔　性空（910～1007）書写山円教寺　増賀（917～1003）多武峯
↓
19世　尋禅（943～990）　右大臣藤原師輔の十男　不動真言を唱える尋禅の傍らに制多迦童子が守護と伝わる
↓
（中略）
↓
44世　行尊（1055～1135）　2代熊野三山検校、『観音霊所三十三所巡礼記』
↓
（中略）
↓
62世　慈円（1155～1225）65，69，71世　摂政関白太政大臣藤原忠通の子、九条兼実の弟、『愚管抄』
↓
63世　承仁法親王（1169～1197）　後白河天皇皇子（これ以後、法親王が多く座主となる）
↓
（以下省略）

三間四面　檜皮葺　尊師建立」とある。横川中堂の創建建物については記録がないが、『山門堂舎記』（鎌倉中期頃）や『阿娑縛抄《あさばしょう》　諸寺略記』（弘安二〔一二七九〕年）には、「葺檜皮七間堂一宇。前有孫庇」とあって、天延三（九七五）年、良源によって再建改造された中堂の基本的な形式は踏襲されたらしい。

鎌倉末頃描かれた『天狗草紙絵巻』（延暦寺巻）には、正面が九間ではあるが、天正一二（一五八四）年再建の建物（昭和一七年焼失）と同じ懸造の中堂が描かれている。(9)『天狗草紙絵巻』の中堂は横川山中の小高い尾根に建ち、建物の前後二方が大規模な懸造になっているが、『山槐記』安元元（一一七五）年九月一八日条に「或山僧云……向在三尾、彼中尾上有龍穴、彼穴上被建立横河之中堂、謂之三鈷峯」とあり、また『山門堂舎記』所収の仁安四（一一六九）年の火災についての奏状に「占二三古之中尾一。点二龍衆之口上一。建二立精舎一安二置観音一也」とあるように、占いによって「三鈷峯」の

延暦寺横川中堂

醍醐寺上醍醐如意輪堂

醍醐寺上醍醐如意輪堂の床下石壇

上、龍の住む龍穴（霊窟）上に観音を祀り建物を建てたと信じられていた。

醍醐寺如意輪堂は発掘調査で、仏壇床下に四方を長方形の縁石（葛石《かずらいし》）で囲った盛土と、盛土中央の地盤下高さに中央を示す真石らしいものが発見され、かつて建物の建立に際して地鎮のために設けられた鎮壇か祭祀跡と推定されている。[10] これについて寺記には、「（如意輪観音）自登東峯御座于石山之間……有金剛宝石」と如意輪観音が自ら東峰に登り金剛宝石の岩座に座った（『醍醐寺縁起』正安元〔一二九九〕年書写）とか「此嶺大石アリ、其上ニ南ニ向テ坐玉フ」（『醍醐寺新要録』）、あるいは「今ノ堂内ノ岩上ニ座シ玉ヘリ此所ハ即……」、つまりいまも堂内（床下）にある岩の上に座った[11]（『醍醐寺寺領堂舎目録案』正保三〔一六四六〕年）とあり、創建当初の本尊は自然石の上に据えられる形式であったことを示唆している。

要するに、仏壇床下の鎮壇らしいものは本尊の位置を示すと考えられ、平安末頃の三間四面の仏堂も現在とほとんど同じ場所にあって、建物の一部は懸造だった可能性がある。

姫路北方の書写山円教寺にある如意輪堂（観音堂）について見てみると、『円教寺旧記』所収の『延照記』（承久二〔一二二〇〕年以前）や『性空上人伝記遺続集』（正安二〔一三〇〇〕年撰）には、天禄元（九七〇）年、性空により創建され、初めは五間四面（『遺続集』では三間四面）で、弘安三（一二八〇）年に衆徒の増加で礼堂内陣が狭くなったため正面九間（七間四面）の建物に造替されたとある。久安六（一一五〇）年、長谷僧正の『三十三所参詣之次第』にも「如意輪寺書写山ト云五間四面ノ堂ト云也」[12]とあり、弘安三年の造替についても内容がかなり詳細だから、この記録は事実と考えられる。

また正安元（一二九九）年の『一遍聖絵』には、正堂の一部と礼堂全体が大規模な懸造の如意輪堂が描かれているが、『遺続集』の弘安三年造替の記録には、同寺の若王法師が「自正面ノ足代之上堕地畢ヌ、上下ノ間十丈許也、然与不死無一分ノ疵、」とあり、すでにこのときの建物は正面床下の高さが一〇丈ほどもある懸造だったことがわかる。

ところで『一遍聖絵』の詞書には、内陣に本尊と「香水の巌崛」があったと記されており、『捃拾集』（明徳三（一三九二）年頃）にも後醍醐天皇みずから内陣に入り香水を汲んだとある。(13) これについて寛永二〇（一六四三）年の『新略記』には、秀吉の焼打のとき「生木御本尊不能奉伐取焼失畢、雖爾桜根本如若木、閼伽水似瑠璃灰中潔(14)」だったとあって、桜の生木に彫られた本尊は取り出すことができずに焼け、仏に捧げる水は灰にまみれてしまったとあるので、本尊は湧水のある自然の岩の上に祀られていたことがわかる。

京都の北方鞍馬の奥にある峰定寺《ぶじょうじ》も、縁起（久寿三（一一五六）年）や『伊呂波字類抄』（鎌倉初期か）、『阿娑縛抄　諸寺略記』には、「久寿元年二月、建立三間堂一宇、奉安置白檀二尺千手観世音菩薩像一軀、仏座下有石宝、水滴宛如担溜、以之供閼伽」とあるから、創建当初の三間堂は円教寺如意輪堂と同じく湧水のある岩上に建てられていたと推定できる。閼伽《あか》（梵語 argha の音写）とは功徳の水という意味で仏に手向ける水のことを言う。山中で修行する行者には自分のための生活水と仏に捧げるこの閼伽が必須であった。

円教寺如意輪堂床下の湧水囲い

円教寺如意輪堂

峰定寺本堂

峰定寺本堂床下構造

峰定寺閼伽井屋

峰定寺の現本堂は貞和六（一三五〇）年頃の再建で、湧水も向かって右奥の供水所中にあるが、供水所は本堂と近接しているので、創建建物は現堂とほぼ同じ位置にあったと考えてよいだろう。峰定寺は、本堂創建と同時に熊野三所権現、金峯山金剛蔵王を祀るなど平安時代以来修験の盛んな場所で[15]、本堂の建物はその修験行場中心の岩壁にある。そして、その床下の状態を見ると、平安中期までに創建されている前記の三例とは異なり、背面の柱通りのみが崖に接するだけで内陣部分を含めてすべてが懸造になっている。ちなみに、権現とは仏菩薩の化身として現れた日本の神という意味で、平安時代の本地垂迹説《ほんじすいじゃく》による。金剛蔵王権現はその中の代表的な存在で吉野、金峯山、熊野を中心に修験者たちに信仰された。ただし蔵王権現になるのは西暦一〇〇〇年頃でそれ以前は蔵王神、蔵王菩薩と呼ばれている。

以上の四例は観音を祀り、横川中堂では建物のある岩山直下に閼伽井屋《あかいや》が認められ（『天狗草紙絵巻』）、円教寺如意輪堂や創建当初の峰定寺本堂では湧水のある岩を内陣あるいは内陣床下に取り込んだ構成になるなど、湧水をともなう岩がその成立に深くかかわっていたことがわかる。また、醍醐寺上醍醐の如意輪堂の場合、湧水は見られないが須弥壇直下に鎮壇らしきものが認められ、その建立も岩山に由来すると考えられる。

ところで、先に触れた円教寺如意輪堂に関する『一遍聖絵』の詞書によると、一遍が内陣への参拝を所望したとき、寺僧は「苦修練行《くしゆうれんぎよう》」の常住僧しか参拝が許されないという理由で一度は断ったものの、その後の評定により特別入陣を許している。これは、当時の如意輪堂が住僧の久修練行の場として使われていたことを示していよう。横川中堂（根本観音堂）も、そこで三ヵ年の苦修練行を行った円仁の行場に建立されたと言われ、上醍醐如意輪堂や円教寺如意輪堂は、聖宝、性空が山岳の行場に如意輪観音を祀り小庵を建立したことに始まると伝えられる。また、横川中堂では東塔の根本中堂、上醍醐では薬師堂、さらには下醍醐の諸堂、円教寺では性空が修行した如意輪堂のある東谷（前区）に対して寺院全体の中心である西谷（奥区）の講堂と、ほかに一山の中心となる建物が存在することも共通しており、懸造の仏堂はこれら一山の中心伽藍に対し、奥まった場所でのきびしい初期練行を示す建物として記録されている。(16)

これらの建物を建立した人々のうち円教寺の性空や峰定寺の西念は、諸国の行場を巡って修行する聖《ひじり》や上人《しょうにん》と呼ばれた天台系の行者であり、その中でも「近代無双行者」(17)（西念）などと言われた摂関後期、院政期における代表的人物である。このような人々の験力に対する貴族社会の関心は、九世紀後葉から一〇世紀に至ってにわかに高まり、(18)上醍醐如意輪堂を創建した聖宝や横川中堂を懸造に改造したと見られる良源も、特異な験力を持つ「験者《げんざ》」と呼ばれていた。(19)

ここで懸造の立地を見ると、円教寺如意輪堂を除けばすべて平安京の周辺にあることに気付く。また、円教寺如意輪堂は位置的には都から離れているが、西の比叡と呼ばれたほどの諸伽藍を備えた天台の古刹で、中央とのつながりは一一世紀頃から始まり、ほかの三寺同様早くから官寺に列せられるなど、これも中央とのつながりが深い。

そして横川中堂を創建した円仁は、中堂創建のころ藤原良房の援助によって国家安泰を祈る熾盛光法を行う惣持院を建立しており[20]、天延三（九七五）年、中堂を改造した良源も、天暦八（九五四）年、右大臣・九条師輔の発願[21]（『阿娑縛抄　諸寺略記』）によって、講堂など堂三宇から成る楞厳三昧院を横川に建立している。また、醍醐寺も醍醐天皇の帰依をうけ御願寺となってから諸堂が建立整備され、峰定寺や円教寺の場合も中央貴族の帰依をもとに諸建築が建立されたと考えられる。ちなみに、峰定寺本堂は平清盛と藤原信西《しんぜい》の発願によって建立され[22]、円教寺の場合その造営には地理的条件から播磨の国司たちの助力が加わるが、花山法皇や藤原道長など多くの中央貴族が寄進を行っている[23]。

つまりここまで取り上げてきた懸造は、摂関院政期の験者や聖と呼ばれた人々に対する中央貴族の帰依をもとに、建立整備されたと考えられるのである。

竹生島と信貴山

琵琶湖の竹生《ちくぶ》島《しま》、生駒山地の信貴山《しぎさん》は平安後期には「聖の住所」と呼ばれ、聖たちの修行する行場であった[24]。竹生島には大岩上に懸造の観音堂（宝厳寺）があり、延長八（九三〇）年、醍醐天皇を加持したことで有名な聖、信貴山命蓮《みょうれん》の住房は、平安末期の『信貴山縁起絵巻』に懸造で描かれている。宝厳寺《ほうごんじ》観音堂は、『護国寺本　諸寺縁起集』（康永四〔一三四五〕年）所収の『竹生島縁起』（承平元〔九三一〕年撰。以下、これを『古縁起』といい、応永二二〔一四一五〕年成立の『群書類従』所収縁起を『新縁起』という）には、天平勝宝四（七五二）年、前年三間に造替した仏殿に観音像を祀り、昌泰三（九〇〇）年、宇多法皇行幸のとき、七間の仏殿に改築されたとある。この昌泰三年改築については他に記録がないが、長谷僧正の『三十三所参詣之次第』（久安六〔一一五〇〕年）に「昔ハ三間四面今ハ五間四面ノ堂」とあり、『覚忠巡礼記』（応保元〔一一六一〕年）には「御堂五間南向」とあって、少なくとも一〇世紀から一一世紀頃に正面五間ないし七間の建物があったことがわかる。

現観音堂（慶長八〔一六〇三〕年再建）は、正中三（一三二六）年再建以前の諸堂社を描いた『菅浦与大浦下庄堺絵図』（乾元元〔一三〇二〕年）や室町末頃の『竹生島祭礼図』に描かれた観音堂同様、隣接する都久夫須麻《つくぶすま》神社本殿横の大岩上に建ち、本尊直下には特異な形をした宝石らしい自然石があるから、この建物の位置は創建以来変わらないと考えられる。

現建物の床下を見ると、梁間四間のうち後方二間はほぼ平坦で、前方の二間通りがかなりの高さの懸造になっている。この立地から考えれば、前掲『古縁起』の天平勝宝三（七五一）年建立の三間堂程度であれば懸造でなくても建てることが可能だから、観音堂が現在のような懸造になるのは、昌泰三年の五間堂あるいは七間堂への拡張による可能性が高い。また、『古縁起』および『新縁起』、さらに正中三年の『竹生島勧進状』[25]でも、観音堂を「験堂」（勧進状では顕堂）と呼んでおり、この建物が修験に係わり深い建物であったこともわかる。

『信貴山縁起絵巻』の命蓮の住房は、平安末頃の信貴山本堂（後の朝護孫子寺本堂）を描いたと考えられ[26]、これについて承平七（九三七）年の『信貴山資財宝物帳』には「延喜年中奉ㇾ造二九尺間三間檜皮葺四面庇御堂一、延長年中本御堂改奉ㇾ造二……」とあり、『阿娑縛抄　諸寺略記』には「天平勝宝以前、建立之道場歟。両拝殿狭小。行者難宿。爰明蓮欲加堂舎装之間。有地形之窪窿……」つまり天平勝宝以前に建立された建物は拝殿が狭く行者たちが宿泊できないので命蓮は増築したいと思った（傍点筆者）とある。また『菅家本諸寺縁起集』（一五世紀中頃）や『大和志料』が引く『法隆寺旧記』には、信仰対象の岩（石櫃）上に毘沙門堂が建てられたとも記されている。

すなわち、宝厳寺観音堂や信貴山本堂も前掲四例の懸造と同じ時期に、同じような理由で建立されたと考えられるのである。

以上述べてきた懸造のうち、関連の人物で重要なのが真言宗の聖宝、天台宗の良源である。開祖空海、最澄のほぼ孫弟子にあたるこの二人は、後世、両宗で中興の祖と仰がれるようになった行者（験者）で、聖宝は弟子観賢が「先師は昔飛錫《ひしやく》を振い遍く名山に遊ぶ」と書き、金峯山に「居高六尺金色如意輪観音、彩色一丈多聞天王、金剛蔵王菩薩」像を建立している。

良源は比叡山延暦寺の最奥、円仁が修行の地として開いた横川に住んだ僧で、康保四（九六七）年、冷泉天皇乱心治療、寛仁二（一〇一八）年、藤原道長除霊のため加持祈禱を行い、「御修法之験《みずほうのげん》力《りき》」で村上天皇の不予を回復させた験者である（『日本紀略』天元四（九八一）年八月一九日勅）。前述したように横川中堂は良源の再建によって大規模な懸造になった可能性が高いが、長元四（一〇三一）年の『如法堂霊験記』には横川中堂でのさまざまな霊異が書き残されている。良源の弟子浄蔵は一〇世紀半ばの『大和物語』に「浄蔵大徳を験者にしけるほどに」とあり、『大法師浄蔵伝』には那智、葛川、稲荷山、熊野、松尾、白山、竹生島、金峯山などの諸山を遊歴修行し、横川中堂に籠り、毎日法華六部誦読、毎夜六〇〇〇反礼拝修行し、加持の名手として国家祈禱から貴人の病気治療まで多くの霊験を現している。

他に、良源の弟子には『往生要集』を著した源信、大規模な懸造礼堂、拝殿のある円教寺、多武峰《とうのみね》にある談山神社を創建した、性空と増賀がいる。周知の通り、源信は都に繊細優美な阿弥陀堂が造られる論理的基盤を用意したが、増賀や性空は、藤原氏の力を背景に堂舎の復興を行い、藤原師輔の子・尋禅を優遇して天台座主にした良源を批判して比叡山を去り、諸国で修行してその験力を謳われた修行者である。これら良源の弟子たちは横川で修行し、懸造の横川中堂を見ていたはずで、増賀、性空の懸造は横川中堂を手本にしたものかも知れない（一一六ページ表参照）。

ところで、一一世紀中頃の藤原明衡《あきひら》によって当時の世相などが描かれている『新猿楽記』では、「一生不犯の大験者次郎」が「久修練行」（苦修練行か）した場所として大峰、葛城、辺地《へち》修行（海岸線での修行、後の四国八十八ヵ所か）、熊野、金峰、越中立山、伊豆走湯、比叡山根本中堂、伯耆大山、富士山、越前白山、紀伊高野、粉河寺、摂津箕面、近江葛川を挙げる。この時期多くの修行者が全国の霊場（行場）を巡っていたと考えられるが、三十三観音巡礼（後に西国三十三観音巡礼）の札所も同時期に成立する。

巡礼の札所は験者たちが修行していた行場のうち京都に近い三三ヵ所を選び、つないだものと考えられている。史料上の初出は園城寺《おんじょうじ》僧の伝記『寺門高僧伝』中の「行尊伝」「観音霊場三十三所巡礼記」で、続いて「覚忠伝」の「応保元年正月三十三所巡礼則記文」（一一六一年）である。行尊の巡礼は史実かどうか疑われ、覚忠の巡礼は事実と考えられている。

これについては立ち入らないが、行尊は『小倉百人一首』に「もろともに　あはれと思へ　山桜花よりほかに知る人もなし」の歌があることで高名で、この歌は詞書に「大峰にて思ひもかけず桜の花の咲きたりけるを見てよめる」とあるように、大峰山での修行中に詠まれたものである。行尊は大峰山最高の霊所（行場）「笙ノ窟」での修行など実際に山岳修行を行い、『金葉集』五三三に「大峰の生の岩屋にてよめる　草の庵　なに露けしと思ひけむ　漏らぬ岩屋も　袖はぬれけり」、『新古今和歌集』一八一三に「熊野へ参りて大峰へ入らんとて、年頃やしなひたてて侍りける乳母の許に遣はしける　あはれとて　はぐくみたてし古へは　世をそむけとも思はざりけん」の歌がある。行尊は鳥羽天皇の護持僧を務めた修験者だが、三条天皇の曾孫で、覚忠も九条兼実と天台座主・慈円を兄に持つ貴種であり、諸国の霊山における懸造建立の多くは、天皇、上皇、権力を持つ貴族の参詣・参籠を画期に実現したことは指摘しておかなければならない。

（二）観音信仰を考える

修験の空間に重なる観音信仰

さて、懸造建物の本尊として祀られるのは観世音菩薩が多く、その安置には岩座と湧水が多く関わっていた。その理由はどこにあるのだろうか。奈良時代の仏教がどちらかと言えば鎮護国家を祈る現世的な傾向が強かったのに対して、『法華経』の浸透とともに、民衆を救うとされる観世音菩薩にすがり来世を頼む信仰が盛り上がりを見せる。そうした観音への帰依の心性は個人的な現世利益を求めるものへと転じ、平安時代の霊験仏や法華経を持って修行する法華の持経者・験者・聖を生む。

観世音菩薩（観自在菩薩、光世音菩薩とも言う）の信仰が成立した年代は確実ではないが、成立が最も早いのは『法華経』の第二五番目に当たる「妙法蓮華教観世音菩薩普門品第二十五」（以下、『観音経』と言う）で法華経は三世紀頃に漢訳されている。漢訳とは漢字に訳すことで、インドで成立しサンスクリット語で書かれた経典を中国僧が自国に導入するときに漢訳し、それが日本に入ってくるのである。

観音経の重要な点は「一心に名を称うれば、観世音菩薩は即座にその音声を観じて皆解脱することを得しめん」、つまり一心に称名すれば、あらゆる危難、苦悩から解脱できると説いていることである。また観音は「三十三身十九説法」といって仏身から執金剛身《しゅこんごうしん》に至る三十三身に姿を変えて救ってくれる、救済と現世利益の仏である。法華経は天台宗の根本経典で、九世紀前半には法華経を持って諸国の山林で修行する法華の持経者たちが現れる（『法華験記』『日本霊異記』などに多出）。

この観音の力を得るため、観音の持つ密呪《みつじゅ》や陀羅尼《だらに》が重視され密教的な受容がなされる。ここで日本にもたらされた観音に関する経典の中国での漢訳年代を示すと、五世紀頃に漢訳され中国で流行した「請観世音菩薩消伏毒害陀羅尼呪経」。もう一種類、五世紀の初めに、観音が登場する「大方広仏華厳経」（以下「華厳経」という）が漢訳される。次に容姿を変えた、はじめての変化観音である十一面観音を説く「十一面観音別呪経」が漢訳される。その内容は無病から始まる十種勝利と極楽へ行く四種果報である。

そして西暦五八七年に漢訳された「不空羂索呪経」により不空羂索が現れる。その功徳は二十種功徳、八種福相で十一面観音の二倍の利益があると説く。さらに七世紀の前半「千眼千臂観世音菩薩陀羅尼神呪経」が訳出され、不空羂索観音を越える最大の威徳を持つという千手観音が現れる。最後に八世紀頃「如意輪陀羅尼経」「観世音菩薩如意摩尼輪陀羅尼念誦法」が漢訳され、如意宝珠の功徳と輪宝の威力で一切衆生の世間財と出世間財を満足させる如意輪観音が現れ信仰を集める。

これら中国で訳出され信仰を集めた変化観音は順次日本にもたらされたのではなく、日本での写経年代の初出を見ると華厳経が天平八（七三六）年、十一面が天平一〇（七三八）年、不空羂索が天平九（七三七）年、千眼千手が同じく天平九年、如意輪が天平九〜一〇年と八世紀前半聖武天皇の時代に集中している。

この中で山岳信仰に関連して重要なのは華厳経と不空羂索呪経である。華厳経で観音は、善財童子が五三人の「善知識」を尋ね教えを乞う場面の二七人目に登場し、「善男子。於此　南方有山。名曰光明。彼有菩薩。名観世音。汝詣彼問。云何菩薩学菩薩行修菩薩道」と、「南方」にある「光明山」あるいは「補怛洛迦」という山に住むとある。また、観音関連の経典の中では、不空羂索呪経ではじめて観音が南方の補陀落山《ふだらくさん》に住むことが明示される。不空羂索観音の姿はさまざまに説かれるが、いずれも多臂（多くの腕）を持ち、シカの毛皮を身に纏うのが特徴である。この「野獣の毛皮を纏う」

という点で山岳神と関係があるという指摘もある。

不空羂索観音を祀る建物はあまり多くなかったようだが、良弁の修行した建物にはじまる東大寺法華堂では不空羂索観音を祀り、弟子・実忠の二月堂は岩盤上に十一面観音を祀っている。これはおそらく良弁が本来は山で修行する浄行僧だったため、山と関連の深い経典と尊像を採用した可能性が高い。良弁は不空羂索観音以前に執金剛神を本尊に修行をしていたと伝えられ、この執金剛神像は現在の法華堂本尊・不空羂索観音の背後の厨子に納められているが、良弁が造らせた石山寺では如意輪観音が岩に坐し脇侍に執金剛神と蔵王神が祀られている。

石山寺の本尊は創建当初如意輪観音ではなかったらしく、真言密教が入ってから変えられたと見られる。真言宗では聖宝が上醍醐に如意輪観音を祀った例が早く、聖宝は東大寺に入って修行して後に東大寺東南院を建立し、前述したように金峯山に堂を建立し如意輪観音、多聞天王、金剛蔵王菩薩像を安置したとされる（「醍醐寺根本僧正略伝」）。これらのことから一〇世紀初頭以後修験道の主尊とされる金剛蔵王権現の、片手を振り上げ、片足立ちする尊様は東大寺法華堂の執金剛神に由来するのではないかという説がある。観音の自然石の岩座《いわくら》も良弁・聖法の系譜を持つ可能性は高く、それは山岳修行に関係が深いと考えられる。

また懸造建物に祀られる変化観音を見ると、石山寺の二臂如意輪観音（本来は六臂）、長谷寺の錫《しゃく》杖《じょう》を持つ巨大な観音（二丈六尺）、清水寺の仏手を頭上で合わせその上に化仏を載せる千手観音など特別な形の観音像が多い。これは、聖宝が上醍醐に、三十三観音札所では唯一である極めて珍しい准《じゅん》胝《てい》観音を祀ったのが、求児法を修して醍醐天皇の皇子誕生を祈り、朱雀、村上帝を得るためだったことに示されるように、各々の時代で唯一最高の験力を得るための工夫だったと考えられよう。

九世紀中葉の霊験寺院が、本尊の特徴、立地条件などにおいて霊験ありとされたことも、一〇世紀摂関政治下で個人が有験と思われる寺院や本尊を求めたときも、院政期に山岳の行者や聖の験力が特に期待されたときも、どの時代も懸造の寺社に観音信仰が多いのは、以上のような理由に根差し、その上に懸造の造形が創り出されたためと考えられる。

（二）岩窟、巨岩の上面・側面に懸ける建物

蔵王権現と湧水信仰の形——平安末〜鎌倉初期

現存する懸造の最古の遺構は鳥取県三朝の三仏寺奥院投入堂で、三徳山《みとくさん》の山頂近くの岩窟に建てられている。投入堂は、大きな一間社流造《ながれづくり》（正面柱間が一間の流造、背面は二間）の正面と側面に庇をつけた形式と見ることもでき、本尊の造立された平安末頃にいまの形式になったと考えられている。(27)

三仏寺は慶雲三（七〇六）年、役小角《えんのおづぬ》によって開かれ、後に円仁によって建物が整備されたと伝えられるが、(28)これらに関する記録はいずれも時代の下る資料で確証はない。しかし、投入堂の本尊に一二世紀中葉の蔵王権現を祀っていることから、遅くともこの頃までには三仏寺が修験の行場として開

かれていたことは明らかで、[29]鎌倉時代の『金峰山雑記[30]』や室町末の『役行者本記[31]』には役小角の修行地として挙げられているから、中世の三徳山も修験の行場として知られていたことがわかる。また円仁の再興はともかく、中世の三仏寺は天台系の修験行場だったらしく、『忌部総社神宮寺縁起[32]』（永禄九（一五六六）年頃）に、円仁五七歳のとき「始給レ現二伯州三徳山中修験場一……」と、円仁が修験行場を開いたことが記され、応永五（一三九八）年頃の成立と考えられる『大山寺縁起』（洞明院本）には「彼の三徳山は当寺の末寺として此の山に随うべき由……[33]」とある。

さて、投入堂の本尊である蔵王権現は中国大陸には見られない日本独自の尊像で、山岳修験の主尊である。その名称については奈良時代造立の石山寺本尊脇侍の「金剛蔵王」が古く、平安時代に入ると「蔵王菩薩」と呼ばれるようになり、一〇世紀から一一世紀初頭に神仏混淆の影響を受けて「蔵王権現」と呼ばれるようになる。投入堂では母屋部分に本尊ほか六軀の蔵王権現立像（いずれも平安時代）が納められ、柱だけが立っていて壁のない「吹放ち」の庇部分（縁部分）が礼拝に使われている。この形式は他にも島根県の鰐淵寺《がくえんじ》蔵王堂があり、堂内部には岩が露出して床板はなく、縁部分だけが礼拝の場所に使われている。鰐淵寺蔵王堂は、蔵王宝窟と呼ばれる滝裏の岩窟に建てられた片流《かたながれ》屋根（千鳥破風付）・正面三間の懸造で、その存在は中世までしか遡りえない。[34]ここで片流屋根とは一方向だけに傾斜する屋根形式のことで、千鳥破風は屋根の斜面に設けた三角形の屋根を言う。

この蔵王宝窟と呼ばれる岩窟そのものに対する信仰は古く、寺蔵石製経筒《きょうづつ》や中国宋代に浙江省湖州を中心に作られた鏡、湖州鏡には「蔵王宝窟」に奉入したとあり、[35]三仏寺投入堂の本尊が造立された仁安三（一一六八）年頃には、三仏寺の場合と同様に岩窟内に蔵王権現を祀る形式が盛んであったことがわかる。投入堂も役小角が神窟を開いたことに始まるといわれ[36]、建物側面庇後部の板壁には窟へ出入するための板戸が設けられているから、岩窟に対する信仰から特異な場所に建てられ、その結果懸造になったものと考えられる。

　鰐淵寺は、『梁塵秘抄』（平安末頃）に「聖の住所」として挙げられ、一三世紀初期に成立した『宇治拾遺物語』にも、「けいたう房」という山伏が熊野、白山などとともに修行した場所として記された。平安後期から鎌倉にかけての著名な修験霊地で[37]、蔵王堂の建つ宝窟はその修験行場の中心にある。

三仏寺投入堂立面図

　大分県の龍岩寺奥院礼堂も山頂付近の岩窟に安置される平安末様式の三体の仏像（阿弥陀、薬師、不動の丈六木造座像）前面に造られた懸造で、須弥壇上の三体の仏像（平安末）に屋根はかけず、前面の礼堂部分（正面桁行三間、梁間二間）だけに片流の屋根を設けている。この奥院に関する記録は、享保二（一七一七）年の木版縁起を残すのみで詳しい創建の過程は不明だが、棟木《むなぎ》下端の「奉修造岩屋堂一宇……弘安九年　二月廿二日」[38]という墨書から弘安九（一二八六）年に修造され、当時、岩屋堂と呼ばれていたことがわかる。

この建物は懸造の遺構中三仏寺投入堂についで古く、木版縁起によると天平一八年、僧行基が諸国修行の途中宇佐神宮に参籠したとき、龍女に導かれ大門村仙人窟に至り、一木三体の仏像を彫刻建立したことに始まると伝えられている。[39]もちろん行基創建は後世の附会であろうが、岩窟内には三ヵ所

龍岩寺奥院礼堂

龍岩寺奥院の本尊

龍岩寺奥院礼堂

写真上と下は角度を変えて眺望した龍岩寺奥院礼堂、中は奥院の本尊

の湧水が認められ、現在もこれらの湧水は信仰の対象になっているから、この礼堂も岩窟に対する信仰から建立されたと推定できる。(40)

参籠修行のための建物

ここで少し視点を移して絵画資料を見てみると、京都神護寺の『神護寺寺領牓示《ぼうじ》絵図』(寛喜二〔一二三〇〕年)に描かれた巌堂《いわやどう》や『一遍聖絵』の菅生寺(現、愛媛県の岩屋寺)仙人堂が、岩窟に造られた片流屋根を持つ懸造に描かれている。神護寺巌堂は清滝川から金堂や講堂のある高台へ登る途中の岩窟にあり、『神護寺寺領牓示絵図』では、床下前面の柱が他の建築と同程度の長さで、懸造には見えないが、『高雄山神護寺伽藍之図』(室町時代)には同位置に正面三間の懸造で描かれており、現存の窟の形状から見ても『神護寺寺領牓示絵図』に描かれた建物は既に懸造であったと考えられる。

愛媛県の岩屋寺には現在も、『一遍聖絵』に描かれた特異な切り立った岩山、その頂上に祀られる小社などが同じ姿で残り、仙人堂の描かれた岩窟も現存している。現在窟中に建物はないが、絵巻同様、不動堂脇から急勾配の梯子《はしご》がかかっており、近世の絵図(41)には窟中に方一間の仙人堂が描かれているから、『一遍聖絵』の仙人堂は実在したものと思われる。仙人堂は詞書によると、文永一〇(一二七三)年七月に一遍が参籠した所で、「斗藪《とそう》の行者霊験」(衣食住の欲望を捨てて修行する行者がもたらす霊験)を祈る三十三所の霊窟の一つだったという。(42)一遍は聖絵に描かれたように諸国を修行する遊行聖の一人であるが、仙人堂はそのような修行者たちの参籠修行する建物であったと推測される。

岩屋寺仙人堂跡

神護寺の巌堂については、神護寺に関する最も古い史料である承平二（九三二）年、実録帳の抄録を含む『神護寺最畧記・承平実録帳』や『嘉禄二年神護寺供養願文』（神護寺諸堂記〔一二二六年〕）に記述はないが、『神護寺畧記』（正和四〔一三一五〕年頃）には「一、巌窟堂［奉安置不動明王。大師経行霊窟地也。］」とあり、『高雄山神護寺規模殊勝之条々』（応永九〔一四〇二〕年）にも「巌窟堂　大師練行之霊窟也云々[43]」と記されている。『神護寺寺領牓示絵図』は、文覚《もんがく》が再興した堂宇を描いたものだが、岩窟が、『神護寺畧記』にあるように神護寺を真言宗の寺として再興した空海の経行、練行の場であったかどうかは不明である。しかし、絵図には金堂、講堂、宝塔、護摩堂など重要な建物と並んで巌堂が描かれているから、寛喜二年当時、巌堂が神護寺の諸建築の中で重要な位置を占めていたことは間違いない。鎌倉時代においては巌堂が空海練行の霊窟と考えられ、その岩窟信仰をもとに巌堂が重要視されていたことも明らかであろう。文覚は『平家物語』（承久二〔一二二〇〕年頃までには成立）や『元亨釈書《げんこうしゃくしょ》』（鎌倉末）では那智の滝で苦行した修験僧として語られており[44]、岩窟や岩上での修行をきわめて重視していた修行僧であった（『高山寺明恵上人行状』）。

以上のように、岩窟に造られた懸造は平安後期から鎌倉初期にかけて現れ、切妻造あるいは片流屋根の平入建物で、正面三間以下の小規模なものであることが共通している[45]。またこれらは、すべて険しい行場に建つ修行（修験）のための建物であり、神護寺巌堂を除けば、山陰、四国、九州などの地方にあるのも特徴である。

日吉八王子神社と三宮神社――巨岩に懸けられた参籠空間

滋賀県大津市坂本にある日吉《ひよし》大社は、もともと『古事記』に大山咋神《おおやまくいのかみ》が坐すとされる日枝《ひえ》の山（八王子山）を信仰対象に始まったと考えられ、山の麓に社殿が造られたのは崇神天皇の時代と伝える。社域は広大で、二つの本宮すなわち東本宮と西本宮にそれぞれ地元の神・大山咋神、大和から勧請《かんじょう》された大己貴神《おおなむちのかみ》が祀られ、さらに山王権現の元来の座としての奥宮（金大巌《こがねのおおいわ》という磐座）が祀られている。比叡山延暦寺ができると日吉大社は延暦寺の鎮守になるが、延暦寺の記録によれば社殿の整備は円仁の弟子で千日回峰行《かいほうぎょう》を始めたと伝えられる相応（八三一～九一八年）が行ったとする。境内には数多くの摂社・末社があり、それらは上七社、二一社などのまとまりで位置づけられている。その摂社のなかでも重要な上七社に入る摂社八王子神社（牛尾神社とも言う。古くは八王子社と言った）と摂社三宮神社（三宮社）は奥宮である八王子山頂上付近の金大巌の前面に建てられている。

八王子神社・三宮神社は、金大巌[46]と呼ばれる信仰対象（歓喜天とする史料もある）の大岩側面に建てられたため、本殿・拝殿のほぼ全体が懸造になり、三宮の拝殿内には岩の一部が露出している。建物は両社とも、三間社流造（正面柱間三間の流造）の本殿前面部だけが入母屋造・妻正面拝殿内に取り込まれた姿で、その形状から創建当初は本殿だけが建てられ、後に拝殿部分が増設されたと考えられる。

両社の創建については明らかでないが、延喜一五（九一五）年の『相応和尚七社検封記』[47]に、寛平二（八九〇）年、比叡山の僧・相応が両社の神像と社殿を建立したとある記録がもっとも古い。『天台座主記』には、その後元久元（一二〇四）年四月、前年に焼けた両社殿が新造され、嘉禄元（一二二五）年神像造立、乾元二（一三〇三）年二月二三日再び焼失したという記録がある。

これらの記録には拝殿に関する記述はないが、『平家物語』（鎌倉初期）や『日吉山王利生記』（文暦年間〔一二三四～三五〕詞書）の嘉保二（一〇九五）年の出来事を書いた部分に、「日吉社に御参籠あって……八王子の御社にいくらもありけるまいりうど共のなかに」（『平家物語』）とか、山門（比叡山延暦寺）の訴えを受け入れなかった関白・師忠を呪詛するために「禰宜《ねぎ》をば八王子の拝殿に入て」（『利生記』）という記載があるから、既に一一世紀末頃には両社の拝殿はあったらしい。

このころの拝殿の形式については不明だが、徳治二（一三〇七）年頃成立の『法然上人絵伝』には両拝殿の床下懸造部分が描かれ[48]、文安四（一四四七）年以前完成の『日吉山王社頭絵図』や室町中期の『日吉山王参社次第』にも現在とよく似た社殿が描かれているので、遅くとも鎌倉時代には現形式の建物が建てられていたことがわかる。[49]

階段の先にある金大巌

八王子山（中央）

日吉大社の摂社、八王子神社と三宮神社

八王子、三宮社は『梁塵秘抄』にも挙げられた平安後期の霊験所の一つで、[50]長暦三（一〇三九）年、日吉大社が官幣社《かんぺいしゃ》に列せられた頃から貴族の参詣・参籠がきわめて盛んになる。また鎌倉時代初頭には、病人や最下級の僧侶が参籠（宮籠）する下殿が存在したことも知られており、[51]『元徳二年三月日吉社並叡山行幸記』（一三三〇年）には「三宮の宝前の雑人の中に」とか、「八王子神殿に馬のいななく声おほきに聞えけり、通夜の貴賤おとろき聞ければ[52]」とあるから、両拝殿は平安末期から中世を通じて霊験を得るため貴賤集って参籠修行する建物だったようである。

このうち八王子社の拝殿について、『日吉社神道秘密記』（天正一〇〔一五八二〕年）掲載の社殿図には、拝殿と記された部分とは別の一画に「夏堂供奉《ぐぶ》」と書かれた場所がある。同書には「八王子ノ夏堂、供華三院行者、衆徒祈念ノ処[53]」とあって、八王子社の拝殿が延暦寺の行者や衆徒の修験のための参籠所として使われていたことを示している。また前掲『元徳二年三月日吉社並叡山行幸記』には、延暦寺の兵部阿《ひょうぶあ》闍梨《じゃり》・円恵が山王門跡の任命に係わる争議に際して、永仁五（一二九七）年の秋頃より八王子社にたてこもり閉籠に及んだという話が記載されており、鎌倉期には八王子社が延暦寺の中でいかに重要な位置を占めていたかがわかる。これは、八王子・三宮社の社殿を建立した相応が、延暦寺の修験行である回峰行の創始者であることが示すように、両社がその創建当初から山門系の修験と関係が深かったことを窺わせる。

修験道場としての三仏寺、松苧神社

ここで再び三仏寺に戻ると、文殊堂・地蔵堂が、いずれも前節で述べた奥院投入堂へむかう行場途中の大岩上に懸造で建てられている。これらの建物は、両堂とも入母屋造・妻入（梁間三間・桁行四間）で厨子部分床下最後部だけが岩に接し、堂全体が懸造である。両堂は、古くは勝手殿（文殊堂）・子守殿（地蔵堂）と呼ばれており[54]、『大山寺《だいせんじ》縁起』（応永五〔一三九八〕年頃）に「美徳山の子守、勝手、蔵王堂、大堂、講堂、清涼院残り無くこそ焼き払ひけれ」とあり、三徳山納経堂に納められた永徳三（一三八三）年の小写経には「右於大日本国南胆部州仙陰道、伯耆国河村郡三徳山、禅定子守殿道場令書写畢」とあることから、遅くとも中世後半にはその存在が確認できる。なかでも「禅定　子守殿道場令書写」とあるように、両堂は修験の道場として使われていたようで、実際に文殊堂内外陣境の長押《なげし》には「一国六部与別智則　文禄三年七月廿七日[55]」という廻国修験者の落書も残っている。

　この文殊堂と地蔵堂の創建に関する資料はないが、『大山寺縁起』の記録は仁安三（一一六八）年の山内院房の権力争いである大山騒動に関するもので、文殊堂は天井の構成などから、方三間の正面

三仏寺地蔵堂

地蔵堂を見上げる

地蔵堂内部

に一間の庇を付けた形式をもとに建てられ、平安以来の形式を踏襲しながら発展したという見方もある[56]。また、両堂とも内陣奥の中央一間を家型厨子風に造っているが、前面に縁を廻らし木階を設け、屋根を天井から突出したその姿は、日吉大社の八王子、三宮社に見られる流造の本殿前面に拝殿がそのまま接合された形式を彷彿させ、八王子、三宮の両社殿同様、平安末頃に修験のための礼拝空間として成立したことを考えさせる。

新潟県松苧《まつお》山山頂付近に建つ**松苧神社本殿**（明応六〔一四九七〕年）も形式としては同じように正面梁間三間、妻入形式の建物で、現在は懸造ではないが西側柱根には貫穴《ぬきあな》位置で切断された柱があり、天正一八（一五九〇）年、現在地に移築されたという記録もあって、当初は懸造形式であったと推定できる[57]。

この建物は、移築以前は現在地の東南約二〇〇メートル下の元権現と呼ばれるところの岩上に建っていた。もとは林蔵寺の奥院（『松苧大権現社畧縁起扣』寛文四〔一六六四〕年）で、その平面は、正面三間側面七間の前面一間通りを広縁、次の三間を外陣、後方を脇陣を持つ内陣にしており、神社本殿にもかかわらず仏堂と類似した形式を持つ。社殿の建立については慶長四（一五九九）年の『由緒御神号書上帳』[58]に、文治年中（一一八五～九〇）大和国長谷寺の泰山が参籠し一宇を建立したという記録が最も古い。この建物は、近世まで松苧大権現と呼ばれ、松野山郷六六ヵ村の総鎮守として祀られていた上信越地方の中世における数少ない修験（修験道）の遺構である。

以上本節の懸造はいずれも早ければ平安末、遅くも鎌倉時代には建立されたと考えられ、独立する巨岩の上・側面に妻入（妻正面）・梁間三間の姿で建てられている。また、これらの懸造もすべて修験に深く関わる行場の建物であることが共通している。

（四）四方の霊験所での修行

断崖からの捨身行

山で修行する修験道の最高の行は捨身行である。「捨身」とは、字義通り断崖絶壁から身を捨てて死ぬことである。

奈良時代に僧や優婆塞《うばそく》が山に入って修行した山林修行から、平安時代の修験の行を経て、もっぱら山に入り起き伏し修行する行者を山伏と呼び、その教義は中世に整えられて、修験道と呼ばれるようになるわけだが、奈良時代の浄行僧における悔過《けかぎょう》行の行道、五体投地《ごたいとうち》から、山中の聖地を一〇〇〇日間回峰する千日回峰行も、その修行の根幹はすべて「苦行」であった。すでに述べたように『新猿楽記』の次郎は諸国の山を巡り、苦行することで「大験者」になり、『枕草子』の言う出家者もその苦行のために修行の道に入ることの辛さを述べるのである。

鎌倉時代に入ると苦行には意味づけがなされ、修験者は母なる山の胎内に入り、地獄界から人間界までの十界の難行苦行を行って生まれ変わり、特別な力を身に付けると言われるようになる。ただ、

大峰山覗きの行

その修行は「擬死再生」と言われるように、本当に死ぬことはない。それまでの自分の業《ごう》の重さを量るために、大きな天秤の片方に足首を縛って逆さまに吊り下げられる「業のはかり」や、縄の先端を二股の輪に作り、それを両肩に通し、両足首だけを持たれて、断崖絶壁から逆さまに吊り下げられる大峰山で今も続く「覗きの行」のように、死に近づく苦行をすることによって、神仏の特別な力、すなわち験力を得ることが儀礼化、制度化され修行体系の一つとされたものである。

ただし、一方で修行の果てに生きとし生けるものすべての安寧を願って行場に身を投じる捨身行は奈良時代から明治時代まで実際に行われていた。

熊野修験の本拠地である那智と熊野新宮での実例を挙げると、奈良時代の山林修行僧・神叡が熊野で修行していたとき、先に山中に入った修行僧の遺体が両足首を縄で縛って岩からぶら下がり、その舌は腐らずになお法華経を唱えていたという『法華験記《ほっけげんき》』の話は、最古の山中苦行の記録として有名である。この修行は覗きの行へと続く捨身行の原形と考えられている。熊野三山の中で最も古い信仰対象で、新宮速玉大社の元宮と考えられる巨大な磐座《いわくら》（ゴトビキ岩）のある神倉山では実際に行場の断崖で捨身行が行われていた。

熊野修験に関する記録である『熊野年代記』や『妙心寺文書』によれば室町時代の応永五（一三九八）年に勢州大杉谷の山伏が「大行捨身の法」を行い崖から身を投げたが死なかったとある。山伏は大法の前に神倉の建物で酒盛りをしており、捨身行の断崖とはゴトビキ岩直下の断崖を指すと考えられるが、このゴトビキ岩の前には、明治一三（一八八〇）年の大風で倒壊するまで巨大な懸造の建物「神倉社拝殿」があり、捨身行を行う行者はこの建物で前行を行い、おそらくこの拝殿から捨身した。これについて、神倉社（現神倉神社）を運営していた熊野速玉大社社僧の下役人（残位坊《にょらいぼう》）の一つ西家が編纂したらしい『神倉旧記録』（幕末〜明治二年編）にはその内容が詳しく書かれている。行者の名前は宝寿で、二四歳から二七歳まで飛鳥寺（新宮の阿須賀神社か？）で七日間六時の垢離行《こりぎょう》、神詣の修行を三年一〇〇〇日行い、神倉では初度七日間の夜断食、二度目禁食、三度目は七日間の勤行を行い、口伝伝授、秘密の部屋を拝する秘間拝壇の後、捨身行を行っている(59)。

また、大峰山笙《しょう》ノ窟《いわや》、継ノ窟などに籠って修行し、南奥駆道の整備にも力を注いだ修験者・林実利《じつかが》は、明治一七（一八八四）年、落差一三三メートルの那智の滝の上から、結跏趺坐《けっかふざ》のまま滑るように滝に入り、捨身によって命を絶った。那智には「滝の本衆」と呼ばれた修験者たちがいて四十八滝と呼ばれる那智の滝を中心に修行していたが、その修行堂である滝本の拝殿は生きた杉の木（生貫杉《おいぬきすぎ》）が建物の屋根を貫くように造られた懸造の建物で、苦行の行場と懸造の造形は一体のものとしてあったと考えてよいだろう。断崖に身を投じる捨身行ではないが、昭和に至っても伊富喜秀明行者は一九九五年夏、深仙ノ宿で六〇日間の断食修行中五三日目に亡くなっている。

最古の懸造・三仏寺の世界

これまで繰り返し言及してきた三朝《みささ》の三仏寺は平安時代の修験行場とそこに建てられた建物の最も古い形を残す修験の寺である。ここでその行場の実際の道筋を辿ってみよう。

川沿いを山中に入り、左右に院坊の建築を見ながら長い石段を登り、本堂へと至る。行場は本堂裏の発心門をくぐって始まる。宿入橋《しゆくにゆうばし》を渡ってこの世に別れを告げ、かずらの根につかまりながら蔓《かずら》坂《ざか》を這い上がり、垂直な岩壁を鎖にすがりつきよじ登って懸造の文殊堂に着く。さらに両側が断崖の幅一尺ほどの岩上の道（牛の背）を通って同形同大で同じく懸造の地蔵堂に至る。さらに細い崖沿いの道を息を切らして登っていくと、右手の岩の裂け目に納経堂を見て、観音堂裏の胎内をくぐり、巨岩を廻る崖道に行き着く。

狭く危うい岩の道を足元を確かめながら進むと、回りこんだその先の断崖絶壁に奥院・投入堂が姿を現す。投入堂は懸造の最古の遺構で、堂内に安置されていた本尊・蔵王権現の胎内文書の年記には仁安三（一一六八）年とあるが、垂木《たるき》や破風《はふ》、縁板など部材の年輪による用材伐採の推定年代から一一世紀後半から一二世紀の初めごろまでに建立されたと考えてよい。

一一世紀初頭の都では、藤原道長が修験の中心、大峰山に登って、「願与神力蔵王菩薩……」と刻まれた経筒を埋納し、宮中匠寮《たくみりよう》により蔵王権現の描かれた銅鏡が制作されたが、それは現存最古か

納経堂と観音堂へ

牛の背

行場への入口宿入橋

投入堂柱につかまり断崖へ

堂下の断崖を経て格子手前から堂へ

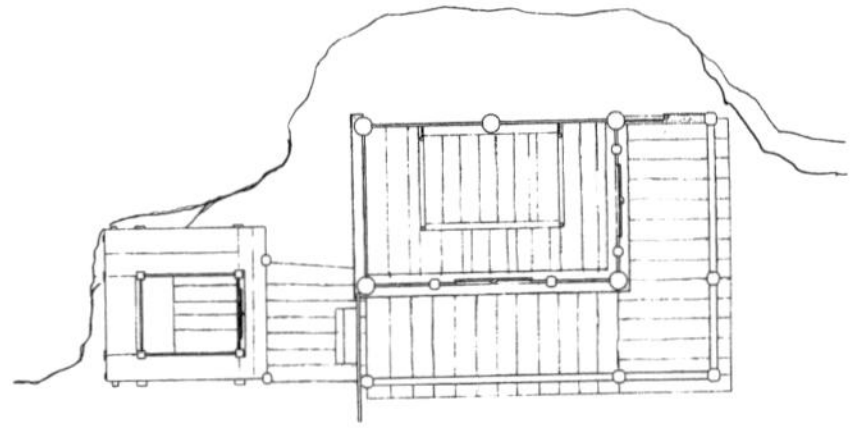

投入堂平面図

つ最も優れたものである。このように修験に対する信仰は大きなうねりとなって広まり、地方へと伝わっていった。三仏寺蔵の長徳三（九九七）年銘銅鏡の寄進者「女弟子平山」は円融天皇の皇后で、現本尊の胎内文書（仁安三〔一一六八〕年）にある「かうけい院つくりて候」を運慶の父・康慶とする説があり[60]、都の人たちの地方行場へのあつい信仰を思わせる。

　投入堂は太い柱を細く優美に見せる柱の大きな面取、ゆるやかな曲線の檜皮葺《ひわだぶき》の屋根、母屋《もや》と呼ばれる中心部の周りに庇を廻らして平面を構成する方法など、どれも平安時代の最高の技術と材料を使った建物である。さらにこの建物は左右対称を基調とした古代建築の中にあって、北向き建物中心部の母屋の周りには北と西の二方にしか庇を廻らしておらず、東には愛染堂の小さな建物を造り込んで、左右非対称になっている。しかも、岩壁と建物が大きく接するのは後方の土台桁だけで、軒先や床が岩とぶつかる所では岩を削ることはなく建物の部材を欠いて岩に合わせ、柱の立つ部分「柱当り」だけを平らにして立つ。長短一六本の柱とともに、その全体はみごとな統一と均衡を持ち、その複雑さから増築説もあるが、現建物の一体としての建築は揺るがない。

　堂内に入るには、建物直下にある高さ数百メートルの岩壁のふくらみを、岩にしがみついて右回りに行道し、愛染堂とのあいだから建物裏の窟を通って後ろから庇部分の縁に出る。前方に広がる展望に息を呑み、宙に浮かぶような、縁から覗く目も眩むような直下の深い谷は死を感じさせずにはおかない。投入堂の呼び名は、修験道の開祖とされる役行者が空を飛びながら材料を投入れて懸造の建物を造ったことによると伝えられるが、投入れるのは材料ではなく、行者自身そのものであり、捨身行を体感するためではなかったかとも思わせる。

数百メートルの高低差の中に長大な修行の過程を体感させ、見え隠れする景観の巧みな構成、建物の非対称の均衡と統一、自然に溶け込むように見せながら埋没せずに屹立する懸造の意匠、すべての構想が驚くべき精度で完成されている。三仏寺投入堂は山岳信仰建築の白眉であるのみならず、日本文化が創り出した最高の意匠と言えよう。

各地霊験所の信仰圏

三仏寺は平安時代に大山《だいせん》にあった三つの信仰勢力、大日如来を祀る中門院、釈迦信仰の南光院、阿弥陀如来を本尊とする西明院と競合、離反しながら信仰圏を維持していた修験寺院であるが、平安時代末、後白河上皇の編集によると考えられる『梁塵秘抄』の今様には、

四方の霊験所は、伊豆の走井、信濃の戸隠、駿河の戸隠、駿河の富士の山、伯耆の大山、丹後の
成相とか　土佐の室生戸、讃岐の志度の道場とこそ聞け

とあって、四方つまり地方の霊験所の一つ伯耆大山の信仰圏に含まれていたと考えられる。また『梁塵秘抄』の僧歌とある今様には、

聖の住所は何処何処ぞ、箕面よ勝尾よ播磨なる書写の山、出雲の鰐淵や日御崎、南は熊野の那智とかや

聖の住所は何処何処ぞ、大峰、葛城、石の槌、箕面よ勝尾よ、播磨なる書写の山、南は熊野の那智新宮

とある。「聖の住所」とは全国を修行して巡る聖（修験者）たちの寄る、修行する場所、表題に霊験所歌とあるから修行のための霊験所である。ここに挙げられていた霊験所の大峰山、葛城、石鎚は個別の寺社を指すと言うよりは霊場、修行行場全体を指していると考えられるが、他の七例のうち箕面（滝安寺）、書写山（円教寺）、出雲（鰐淵寺）、熊野那智（青岸渡寺）、那智新宮（神倉社）には懸造の建物が認められる。

地方の霊験所に修行の厳しさ、修験者の霊験を強調するような懸造が建てられる一方、都周辺の霊験所にも多くの懸造は建てられた。その代表的な遺構が前述した京都の北、鞍馬の奥にある峰定寺本堂と比叡山延暦寺の鎮守、日吉大社の摂社八王子と三宮の建物である。『梁塵秘抄』は、

東の山王恐ろしや
二宮　客人の行事の高の王子
十禅師　山長　石動の三宮
峯には　八王子ぞ恐ろしき

と書く。山王とは比叡山の東、日吉大社（山王権現）をさし、大宮（西本宮）、二宮（東本宮）、八王子、三宮、十禅師（樹下宮）、聖真子（宇佐宮）、客人（白山宮）などの七社あるいは二一社の全山をさしていう。

比叡山延暦寺の下級僧である堂衆たちは、鎮守神であるこの山王権現の神輿（七社分七基ある）を奉じて、たびたび都へ強訴に押しかけた。『平家物語』には、嘉保二（一〇九五）年、訴訟に来た延暦寺の役人を殺傷した関白・藤原師通が呪詛され、八王子の社殿から一本の鏑矢《かぶらや》が飛ぶ音がして、翌朝、関白の御所の蔀戸《しとみど》をあげると、そこには山から取ってきたばかりのように露にぬれた樒《しきみ》の枝一本が立っており、師通は重病に倒れたという話が載せられている。その中で、息子の命を助けようとした師通の母は、卑しい下層の者に身をやつして八王子の社殿に七日七夜参籠して三つの願を立て、さまざまの芸能、仏像の奉納を誓う。すると満願の七日目の夜、参籠していた多くの人々の中にいた童神人に山王が降りて託宣をし、寿命を全うさせることはできないが三年の延命を許され、一時病気は回復するが託宣の通り三年後には死んでしまうという話である。これは物語としてではあるが、懸造建物と、そこで行われた祈願の呪力を詳細に記述している点で貴重である。

修験者たちの苦行

『梁塵秘抄』の四句神歌は、「聖の住所」と言われた山岳で厳しい修行をし、神仏の験《しるし》を得る修験者の行場を詠ったものだが、八王子、三宮は『平家物語』には「権現」とある。「権現」とは神仏混淆（習合）による呼び名だが、この神仏混淆による山岳信仰の画期は九世紀から一〇世紀である。日吉大社の建築にも九世紀の延暦寺僧・相応が深く関わっていた。

ふり返ってこの相応が始めたという比叡山の千日回峰行は、今も続けられる山岳修行の中で最も過酷なものである。初めの七〇〇日は比叡山の山上山下を一日に約三〇キロ歩き、その後、不眠不臥断食で一滴の水も飲まず、行の後半には体から死臭が漂い瞳孔が開いたままになってしまうほどの、壮絶な九日間の堂入行を行う。残りの三〇〇日は京都の市街を回ることも含めて、一日八四キロ歩く京都大回りと続き、地球一周とほぼ同じ距離を全行程で歩くことになる。

千日回峰行を達成した大阿闍梨の後をついて回峰行の基本的経路を歩く三塔巡拝に筆者が同行を許されたときの始まりは午前一二時。比叡山無動寺を、漆黒の闇に吸い込まれるように出て行く行者の後ろについて出発すると、足元のわずかな光を頼りに、東塔の根本中堂から西塔の中堂、横川中堂と、蛇を踏むような道を進み、夜明けの雲を抜けて八王子の金大巌を拝し、麓の坂本日吉大社へと下る。そこから無動寺まで帰る登りの二十数キロは、足元の確かになった山道を一気に駈け上がり、七時頃一日の行が終わる。千日回峰行の場合は、この後日常の生活を営み、数時間の睡眠をとって、また回峰行に出発するのである。

ここで懸造に直接は関わらない、いわゆる真言、天台密教建築も含めてその修行方法をまとめると次ページの表のようになる。ここで明確になるのは行者や参籠者が信仰対象の岩や岩窟に密接した本尊にできるだけ接近する形で修行を行っていることである。

懸造の造形を見ると峰定寺《ぶじょうじ》本堂が懸造になった過程は観空という効験の高い修験僧が京都の北の山中で修行しており、その話を聞いた白河上皇が加持祈禱を行わせその効験の褒美として本堂を寄進している。これは貴族の参詣による増築によって懸造が創り出された石山寺、清水寺、長谷寺等と同じだが、奈良時代以来の双堂の形式によって建物を拡張し大規模な懸造になる石山、清水、長谷寺とは違って湧水の近傍に造られた修行のための三間に二間ほどの初期建物はほとんどが懸造だった可能性が高く、その小堂に庇、礼堂空間を拡張する形で大規模な懸造になっている。この点で奈良時代・平安初期の懸造とは異なり、厳しい修行と懸造の意匠がぴったりと一致しているのである。

このような修行のための懸造は鎌倉時代以後も造り続けられるが、信仰対象と建物の関係、建築の形式が変化していく。

表Ⅲ　山岳信仰建築と修行（鎌倉時代まで）

時代	場所	特徴	実例	修行方法
奈良時代	山林浄所	仮設あるいは3間2間小堂、懸造ではない	比蘇寺・神叡	虚空蔵求聞持法、白絹布に満月（円）の中に虚空蔵菩薩の像を描き、山頂や樹下など清浄な場所に西向に安置し、香木で壇を作り、その前で礼拝、陀羅尼を、1日に1万回、100日間あるいは1日に2万回、50日間で100万回唱え、壇に浄水を振りかけ虚空蔵菩薩を招きよせる
			東大寺二月堂・実忠	観音悔過、1日6回14日間、読経、五体投地（悔過板に膝を打付ける）、行道（本尊の周りを右回りに力尽きるまで走る）
平安時代初期	山寺	天台3間3間、5間5間の小堂、真言6間4間堂、懸造ではない	比叡山寺法華堂、常行堂・最澄、円仁	四種三昧行・現状90日間食事と用便を除いて座り読経を続ける（常座）、本尊阿弥陀如来の周りを念仏を唱えながら歩き続ける（常行）、定座常行を半分ずつ（半行半座）、修行の段階に応じた分量の修行（随時意三昧）
			比叡山寺明王堂・相応（現在の形になるのは鎌倉時代以後）	千日回峰行、千日間比叡山中の礼拝対象260を拝しながら歩き続ける。7年間、1～3年目1日約30km毎年100日、4～5年目同じ行程を毎年200日間、「堂入」9日間断食、断水、不眠、不臥で不動真言を唱え続け、1日に1回本尊の周りを行道する。6年目比叡北方赤山禅院往復も加えて1日約60km100日、7年目同じ行程を200日、前半100日は京都市内も巡り1日84km、後半100日比叡山中約30km
			高雄山寺根本真言堂・空海	三密行、印を結び真言を唱え本尊を観ずる
平安時代中・後期	霊験所・霊験寺院	正堂前面に礼堂が増築された双堂形式、正面5～7間程度、 礼堂部分懸造	石山寺、長谷寺、清水寺・僧侶と貴族、貴族女房、庶民	僧侶・参籠読経、五体投地（額ずき） 貴族・師の僧への連絡、参詣、寺院到着、湯屋で身を清め上堂、祈願を書いた鏡寄進、参籠1日間、夢告、帰京、夢告の内容解説 僧の代参の例あり
	修験者が修行する行場（社寺）	信仰対象に密接密着した様々な規模形式 寺院では全体、神社では拝殿部分懸造	円教寺如意輪堂、峰定寺本堂、三仏寺奥院蔵王堂、日吉大社摂社八王子、三宮社・主に修験者、特別な祈願者	僧侶・読経、五体投地、写経（三仏寺文殊堂には血で書いた室町時代の写経あり）、礼拝対象を巡る回峰。 祈願者・参籠（日吉大社八王子、三宮には本殿床下の参籠空間あり）、読経、写経
鎌倉時代	各宗修行道場	自宗の世界観への懸造の造形的な利用	高山寺華宮殿・明恵	禅定、夢告

（五）鎌倉・室町時代の懸造——全国への広まり

岩窟に造られる懸造

鳥取県不動院岩屋堂・大分県鷹栖観音堂・青森県見入山観音堂の三例は、岩窟に入母屋造（見入山観音堂を除いて背面は切妻）・方三間の建物が妻側を正面にして造り込まれている。これらはいずれも川岸の大岩側面の岩窟に造り込まれ、建物のほぼ全体が懸造である。

不動院岩屋堂（室町前期頃）は、江戸末期および明治年間の書上帳によると、大同元（八〇六）年、三間四方の堂舎を新築、のち真言宗の修験僧・神光によって弘仁一〇（八一九）年、堂宇が再興されたという。(61)

不動院岩屋堂

鷹栖観音堂の現建物は江戸後期の再建だが、天保一一年中津藩に届け出た『鷹栖山縁起並ニ復興趣意書』には、大友家の乱で堂宇が焼亡するまで座主坊ほか六坊があったと記されており、これは正和二（一三一三）年六月「鎮西下知状」（宇佐神宮蔵文書）の神領売買の内容等からも確かめられるので、(62)観音堂は一四世紀初頭までには建立されていた可能性が高い。また、元亀三（一五七二）年、彦山の大先達宗賢坊祇暁によって書写された『鎮西彦山縁起』には、「桓武帝延暦年中有レ勅建二造セシム豊前山本郷鷹栖山観音一。詔レ蓮為二開山第一祖一、寺ノ東ニ有二礼拝石一、伝テ言ク八幡大神来二降シ其上一日礼シタマウ二法蓮一」(63)とあり、鷹栖観音堂は元亀三年頃には彦山修験に関係する建物であったことがわかる。

青森県見入山観音堂も現在の建物は大正一一年焼失後の再建だが、古棟札《むなふだ》によると康永三（一三四四）年、藤原氏家の創建で、鷹栖観音堂同様一四世紀前半頃には、その存在が確認できる。この建物は中世末から近世にわたって、本寺の深浦円覚寺に属する山伏の修行道場に使われており、明和八（一七七一）年、円覚寺によって一度再建されている。(64)

このほか、以上の三例と同じく岩窟内に入母屋造・梁間三間の妻を正面に見せて建つ懸造に、長野県布引山山頂付近の**釈尊寺観音堂**がある。この観音堂は岩窟を利用した三間四方の内陣に宮殿（正嘉二〔一二五八〕年）を納めた建物で、前面に梁間三間・桁行二間の礼堂（外陣）が設けられ、その礼堂部分の前面一間通りだけが、長さ一〇メートルほどの八本の床下束柱で支えられた特異な形式の懸造である。(65)現堂は明治三三年の再建だが、永正元（一五〇四）年の修理棟札に「奉建立八本柱同修覆」(66)とあり、永正元年以前にも現建物と同形式の懸造が存在したと見られる。

この建物の特色は、内陣が岩窟内にあるため、これまでの諸例とは異なり、前方の礼堂後部が岩と接続するように造られ、屋根の後部も岩に直接突付《つきつけ》にされていることである。釈尊寺は天台宗の寺で、正嘉二年の宮殿建立の棟札には大行事・熊野権現とあり、(67)観音堂付近の岩場には護摩堂、山王、阿弥陀堂、薬師堂などの小堂が岩窟内や懸崖に造られ、険阻な岩場を鎖によって登る箇所もあるなど、境内は行場の様相を呈している。

大分県国東半島中央の、両子《ふたご》山山腹の岩窟に建つ**両子寺奥院本堂**（弘化三〔一八四六〕年再建）は入母屋造・平入で、棟を含めた前面だけ屋根を造る、近世によく見られる形式の懸造である。しかし、現堂の屋根横の岩壁には棟木や母屋桁受のほぞ穴らしいもののほか、二、三回にわたる屋根面の取付のためと見られる欠込《かきこみ》（溝）の痕跡があり、その形状からもとは切妻造ないし入母屋造・妻入の形式であったと考えられる。岩壁に残る棟木受ほぞ穴と見られるものの一つに「建保三年歳次乙（亥）九月十三日　願主良厳」[68]（一二一五）の銘があり、また安貞二（一二二八）年の『六郷山諸勤行注進目録』（『太宰管内志』所収）には「本尊薬師如来同仙室千手観音年中勤修正月会……千手供初後入堂……」[69]という記述があるから、すでに鎌倉初期には、釈尊寺観音堂と同じく窟入口の岩壁に屋根が接続された妻側を正面とする形式の懸造があったと推定できる。

釈尊寺観音堂

建物の屋根背面が岩に接続された懸造の存在を示す史料としては、この両子寺奥院本堂棟木受ほぞ穴の建保三（一二一五）年銘がもっとも古い。両子寺の東側文殊山山腹の岩窟に造られた**文殊仙寺本堂**も、両子寺の旧堂と同じく屋根（入母屋造）後方が切妻の形でそのまま岩壁に接続された懸造で、現堂は江戸後期の再建だが、寺蔵棟札写[70]に天文七（一五三八）年「宝殿堂壱宇」を再興したという記録が残っており、既に室町時代には懸造の建物があったらしい。

　両子寺は国東半島を中心に組織された六郷満山と呼ばれる天台系の修験寺院の一つで、仁安三（一一六八）年の『六郷山二十八本寺目録』（太宰管内志）に中山分本寺十ヵ寺の一つに数えられ、室町時代の『六郷山定額院主目録』（太宰管内志）にも「両子寺院主惣寺院徒呂十二房中山ノ其一」とある、特に峰入などの修行道場の役に当たっていたと考えられる中山の中心的寺院であった。また文殊仙寺は、『六郷山二十八本寺目録』（仁安三年）では末山本寺十ヵ寺の一つに挙げられ、行場の役を担う中山には含まれないが、前掲『鎮西彦山縁起』（一五七二年書写）には「一夕小角所レ養白犬頻吠不レ止、出而見レ之大士来応シタマフ。即建二一字一名二蛾嵋山文殊仙寺一。時嵯峨帝弘仁十二辛丑歳也」とあり、室町時代には彦山との関係を持つ修験の寺であったことがわかる。以上、妻側を正面とし屋根後部が岩窟入口の岩壁に接続された懸造の特徴は、岩壁に溝を掘り、棟木を挿入する穴をあけるなど、信仰対象の岩に手を加えていることである。これまでの懸造では、岩を加工するのは土台や柱当りなど考え得る最低限の部分だけで、大幅に岩を傷つけることはなかった。

巨岩の上部、巨岩側面の岩窟に造られる懸造

鎌倉中期以後にも、前掲の三仏寺文殊堂・地蔵堂同様、巨岩の上に建てられた懸造が見られる。千葉県の**笠森寺観音堂**（桁行五間・梁間四間・寄棟造平入）は、巨大な岩山の真上に建つ四方懸造の建物で、現堂は解体修理のさい発見された墨書銘から天正七（一五七九）年から慶長二（一五九七）年の間の再建と認められるが、本尊および磐に応永三三（一四二六）年、鰐口に応永三四年の銘があり、この頃には既に懸造の建物が造立されていたと推定できる。[71]現在の建物は、大岩の頂上部分が本尊直下の床面に接するように造られており、観音が岩上に鎮座する当初の状態を現したとも考えられる。[72]

広島県鞆《とも》の浦《うら》に面した阿伏兎《あぶと》岬《みさき》突端の巨岩上にある**磐台寺観音堂**（元亀年間〔一五七〇〜七三〕創建）は、現在石垣上に建っているが、「山陽奇勝」（寛政一一〔一七九九〕年）や『六十余州名所図会』（江戸末）では懸造に描かれていて、近世末まで懸造であったことがわかる。この磐台寺は大分県の羅漢寺地蔵堂（万延元〔一八六〇〕年）とともに数少ない禅宗系の懸造である。

福島県会津の**円蔵寺虚空蔵堂**（柳津虚空蔵堂、文政一二〔一八二九〕年再建）は川岸の大岩上に造られた懸造で、桃山頃と推定される絵図には享禄四（一五三一）年再建の建物かと思われる虚空蔵堂が描かれている。[73]絵図中の建物は、楽屋らしい翼廊を備えた露天の懸造「舞台」を持つ。[74]

以上の懸造は鎌倉・室町時代に多い妻正面の形式ではなく、すべて平正面形式（平入）で、笠森寺観音堂、円蔵寺虚空蔵堂は平安時代に創建された円教寺如意輪堂などの懸造同様、正面五間以上の規模を持ち、岩の上に建つことも変わらないが、平安時代創建の懸造とは床下の岩が視覚的に見通せて際立つという点で著しく異なっている。

笠森寺観音堂

笠森寺観音堂の床下に見える大岩

滋賀県の**不動寺本堂**（室町前期）は、大岩西面の方一間ほどの広さの岩窟に不動明王を祀る厨子を納め、その前面に寄棟造・妻正面で三間四方の懸造礼堂（室町前期）が建つ。現在は、さらにこの前面に礼堂を建て加えているが、これは近世の増築で、一〇メートルほどの高さを持つ床下の架構も両礼堂それぞれ独立している。室町時代に造られた三間四方の部分は、前述の釈尊寺観音堂同様、屋根の後部全体が岩に接続した形式である。[75]

不動寺の創建について寺記には、貞観元（八五九）年に智証大師円珍が開創し、のち建久四（一一九三）年、本堂を建立、つづいて鐘楼その他の堂宇を整備したとある。しかし、これらの記録については確証がなく、むしろ不動寺は中世に延暦寺系の不動信仰の道場として確立されたと見られており[76]、延暦寺の回峰行の行場を挙げた『北嶺回峰次第』（寛文八（一六六八）年）に、無動寺や伊崎寺の不動とともに挙げられていることから、比叡山延暦寺系の修験道場であったと考えられる。

信濃の修験道場として名高い長野県小菅神社奥社本殿も不動寺本堂同様背面が直接岩壁に接続した懸造で、正面には入母屋造屋根の妻を見せる。現社殿は、天文年間（一五三二〜五五）の再建だが、堂内に永正五（一五〇八）年造立の宮殿二基が安置されていることから、『信濃国高井郡小菅山、八所権現並元隆寺来由記』（天文一一（一五四二）年）にある応安元（一三六八）年竣工の建物は恐らく現本殿と同形式の建物であったと考えられる。[77] この建物は永禄四（一五六一）年に武田軍が侵攻するまでは元隆寺の奥院であり、前述の松苧神社本殿と同じく仏堂風の平面を持つ。また、建物後方には御魂代と呼ばれる神格化された湧水（甘露池）があって、建物はこの湧水のある岩窟をもとに建てられたと見られる。

内部に岩が突出する建築

京都府の笠置寺は、『一代峯縁起』（鎌倉初期以前）に「其中有禅僧数五百余人、……役優婆塞金剛山行者、去以白鳳十二年……始挙登此峯修行[78]」とあるように、平安期には五〇〇人余りの私度僧が山林修行を行っていたといわれる場所だが、笠置寺の中世以前の諸堂を描いた『笠置曼荼羅図』（一三世紀後半。大和文華館蔵）には、本尊線刻磨崖仏（奈良末期）に向かって左、十三重塔と並んで懸造の建物がある。建物は正面三間で、薬師岩と呼ばれる大岩南面に取り付くように建ち、屋根は軒先だけが岩に接して造られている。

この建物は『笠置寺絵縁起』（笠置寺蔵、室町初期か）にも正面三間の懸造で描かれ、また正面向か

西光院本堂と背後の岩

って左端の柱跡と見られる自然石上の掘削跡も現存する。『笠置曼荼羅図』『笠置寺絵縁起』中の建物は、正面のほか一部が描かれているだけで詳細は分からないが、現在の薬師岩には画中建物の上屋部分と同じ高さに舌状の突出部があり、この部分が建物後部に取り込まれるように造られて、その上に本尊を祀っていたかとも考えられる。

　このように、建物内に岩が突出する形式には、ほかに茨城の**西光院本堂**があり、西光院本堂の場合は、巨岩の表面に彫り出された巨大な磨崖仏の上半身をおおうように建てられている。西光院本堂は信仰対象の大岩（磨崖仏）最上部にあるため全体が懸造で、立地条件、床下架構の規模など前掲不動寺本堂に類似している。

　現堂は江戸末期の再建だが[79]、床下の架構は中世以前の遺構や絵巻物に見られる方法を用いており、『笠置曼荼羅図』や『融通念仏縁起絵』（永徳二〔一三八二〕年）中の懸造（良忍の住房）同様、縁床下を筋違で支える、他の遺構には見られない貴重な形式を残している。これについては次章で再び述べるが、これらの方法は近世に創建された懸造には見られないから、再建前の方法を踏襲したものと考えられ、その創建は室町時代まで遡る可能性が高い。この二例のように巨大な岩を建物が包み込むような形式の懸造は、平安時代には見られなかったもので、信仰対象の岩と建物の両方がその存在を主張するような形式になっている。

以上述べてきたように、岩壁にみぞや穴を掘って屋根後部と直接岩に接続させたり、平面が岩窟を含んで凹凸のある不整形になるなど、懸造の上屋部分がこれまでの諸例には見られない特異な形式を持つ例は、中世以後数多く見られるようになる。その遺構では滋賀県の不動寺本堂が最も古い。

ところで、本節で述べた諸例のほとんども修験に深く関わっているが、本節の全一三例中一〇例は室町時代に建立され、うち二例は室町時代の創建であることが注目される。室町時代には、中期に園城寺系の聖護院を中心とする本山派が成立し、遅くとも後期には醍醐寺三宝院を本拠とする当山派が確立されるなど、修験者の組織化が進み修験が目覚ましい隆盛を迎えている[80]。つまり、本節の諸例のように建物後部が直接岩に接続するなど、岩や岩窟ときわめて密着した懸造は、この室町時代の修験の隆盛に伴って建立されたと考えられるのである。

修験道の教団化

平安時代、都の修験者は吉野の金峯山や熊野を拠点として、大峰山に入って修行することが多かったが、鎌倉時代に入ると、熊野を中心に活動していた修験者たちは、天台系、真言系の宗派（本山派、当山派）を作り始め、羽黒山、英彦山《ひこさん》など諸国の山岳にもそれぞれ独立の宗派が形成され、これらの宗派は、それぞれに儀礼や教義を整え独自の組織を作りあげて、政治的、軍事的にも大きな力を持つようになる。室町時代には天台宗修験道の山伏全体を統轄するようになる京都・聖護院の門跡・道興は、文明一八（一四八六）年から一九年にかけて東国の聖護院末寺をめぐり『廻国雑記』を著しているが、この修験道の教団化によって多くの行場が再興、開発された可能性があり、鎌倉時代以後、特に室町時代に多くの懸造が全国的に確認されるのはこの動きに重なっている。

第五章 仏堂と社殿の重層空間

——神仏混淆の中の懸造

（一）岩の霊験を求めて

懸造・廻廊の出現——拝殿として、法会の拡張として

これまで信仰対象の岩や岩窟に接して建つ懸造について述べてきたが、懸造にはここから述べる諸例のように、岩の前方に廻廊状に建てられたものや、岩とは直接関わらない懸造もある。

笠置《かさぎ》寺礼堂《でらいどう》は、前掲『笠置曼荼羅図』（一三世紀）の本尊磨崖仏前方に、正面十数間の廻廊状の姿で描かれている。この礼堂については、『吾妻鏡』の元久元（一二〇四）年四月一〇日条・一一月七日条にその存在を示す記述があり、建仁三（一二〇三）年の『笠置寺住僧申状案』には、天仁年中（一一〇八〜一〇）磨崖仏前に建立された「数間之礼堂」を一丈あまり本尊から離し「一十余間」に改築するとある。[1] 画中建物のおおよその規模形状はこれと一致するから、一三世紀初頭に再建された礼堂は懸造であったらしい。

この礼堂は、室町前期の『笠置寺絵縁起』の同位置に正面桁行四間の懸造で描かれ、『笠置山之城元弘戦全図』（笠置寺蔵、応永一四（一四〇七）年）中にも同じ懸造の礼堂が認められる。現在の礼堂（正月堂）も懸造で、その懸造部分（梁間方向）は『申状案』に言う規模（一丈）とほぼ一致している。現堂は、明治時代および昭和三二年の解体修理により平面などさまざまの点が変更されているが、上屋の柱および懸造部分は慶長一一（一六〇六）年再建の前身建物のものをそのまま利用している。

奈良県談山神社拝殿は現存する懸造の中で唯一廻廊状の姿を残しており、現建物は元和五（一六一九）年に再建されたものだが、『多《と》武峯《うのみね》略記』（建久八（一一九七）年編）にある保元二（一一五七）年、南面廊を「六尺五寸曳出」し、その後仁安四（一一六九）年に再建、さらに承安年間に焼失した廻廊が治承五（一一八一）年に完成したという記載から、既に平安時代に廻廊があったことがわかる。

談山神社拝殿

また、同『略記』にある「四面廻廊［檜皮葺廿九間］[2]」の記述は、治承五年の再建廻廊を指すと考えられ、二九間という規模は現在の拝殿、楼門、東西透廊の外回り柱間寸法に近いから、平安末期には現在と同じような規模の廻廊が存在したと見られる。室町中期頃の制作と考えられる『多武峯縁起』（談山神社蔵）には、現社殿と同じく正面一一間の懸造の廻廊が見られ、画中には永承元（一〇四六）年、天下に異変が生じるときに起こるという神像破裂により周防前司頼祐が幣使として下向し、神前で告文を読む場面が描かれている。

同縁起絵図の廻廊には神社に仕える僧侶である社僧等が控えており、また、治承五年造営の廻廊（御廊）も建久七（一一九六）年の「聖霊院御装束幷霊物」（『多武峯略記』）の明細などから既に拝殿として使われていたことは明らかで、先の笠置寺における廻廊状の建物が礼堂と呼ばれていたことも含めて、これら廻廊状の懸造が平安末頃には礼拝のための空間として使われていたことがわかる。

『笠置寺住僧申状案』では、礼堂改造の理由として磨崖仏と旧礼堂が近接するため磨崖仏の全体が拝めないこと、また法会に際し多くの参詣人を収容しきれないという二点を挙げているから、笠置寺の礼堂は礼拝空間の拡張の必要性から懸造になったと推定できる。しかし、これらの懸造の場合その建造の理由は礼拝空間の拡張のためだけではなく、本尊、本殿の前で行われる法会の形式にも深く関わっている。

笠置寺では、建久五（一一九四）年の『笠置寺住侶作善願文』に「春之仲月。月之吉曜。於二霊像之前一。整二供養之儀一」、つまり春仲月の吉日、霊像（磨崖仏）の前で供養の儀式を整え行う[3]とあるように、霊像の前で法会がたびたび行われており、『笠置寺住僧申状案』には法会のために「継南軒廊以楽所、分北母屋以為経蔵舞曲之台、聴法之座」、つまり南軒廊の部分を楽所とし、建物の母屋（身舎）の部分を経蔵舞曲の舞台と聴聞の座に分けて使ったとある。また前掲『多武峯略記』巻下には「右回廊造営時代未詳。保元二年二月廿七日。依二御殿前庭狭一。南面廊六尺五寸曳出了。［大工観念］。検校覧仁之沙汰也」とあり、談山神社では保元二（一一五七）年、検校《けんぎょう》覧仁の沙汰により、御殿前の庭が狭いという理由から南面廊を六尺五寸南側に曳き出している。

この六尺五寸という寸法は現拝殿の懸造部分の約三分の二を占めているから、拝殿はこのときの改造で懸造になった可能性が高い。この改造の理由については、御殿前の庭が狭いとあるだけで詳しい記述がないが、談山神社では永承元（一〇四六）年の神像破裂から六〇日間の仁王経講が始められており（『多武峯略記』）、また前庭に一般の参詣人が入ったとは考えにくいから、法会の拡大にともない前庭を拡張する必要が生まれ、そのために大規模な懸造が造られたと推定できるだろう。

以上のように談山神社拝殿は、保元二年の改造で懸造になり、笠置寺礼堂は鎌倉時代のはじめごろ懸造に改造されたらしいが、神像破裂によって談山神社の霊験が知られるようになるのは、摂関期以後であり、また笠置寺が磨崖仏の霊験で貴族の信仰を集めるのも、藤原宗忠が参詣した元永元（一一一八）年以後の院政期である。つまり両例とも、前章で述べた成立期の懸造同様、霊像である磨崖仏の霊験に対する中央貴族の信仰に対応して、摂関院政期に懸造の礼拝殿が建立されたと考えられるのである。

寺地内に建つ鎮守社——湧水がある立地

岩や岩窟に直に接しない懸造のうち記録上もっとも古いのは、琵琶湖竹生島の宝厳寺観音堂と隣りあって建つ都久夫須麻《つくぶすま》神社の拝殿で、同地には現在も大正三年再建の懸造拝殿がある。都久夫須麻神社は『延喜式神名帳』にも載せられた古社で、前掲『古縁起』[4]（承平元〔九三一〕年）には、天平勝宝二（七五〇）年、元興寺僧・泰平、東大寺僧・賢円の二人によって神殿（本殿）が造られ、貞観二（八六〇）年、天台僧・真静により改造、仁和三（八八七）年、天台僧・尋明、慶詮、雲晴等によってさらに改造され、延長元（九二三）年には五間の神殿に改築されたとある。

拝殿については、同縁起に寛平二（八九〇）年、天台僧・清源、道塵、理聖によって中門および登橋《とうしょう》が造立されたという記事が見られ、沙門素達の『竹生島勧進状』（正中三〔一三二六〕年）には「中門廊七間　即拝殿也」とある。創建当初の中門廊と表現された拝殿が懸造であったかどうかはわからないが、琵琶湖の湖北、竹生島の対岸に突き出た半島にある菅浦・大浦の領域を描いた『菅浦与大浦下庄堺絵図』（乾元元〔一三〇二〕年）や『竹生島祭礼図』（室町末）には懸造の拝殿が描かれており、遅くとも鎌倉時代には懸造の拝殿が建てられていたと考えられる。

都久夫須麻神社拝殿

岩や岩窟に直接接しない懸造の最古の遺構は、醍醐寺・上醍醐の鎮守社清瀧宮《せいりゅうぐう》の拝殿（永享六〔一四三四〕年再建）で、前掲『醍醐雑事記』（平安末頃）には、寛治三（一〇八九）年、三宝院勝覚によって勧請され、その規模は「三間三面（檜皮葺）」とある。また前述したように『隆済記』には、現建物の再建について「寛治以来之拝殿ハ正面ノ方［社頭方也］、母屋目指ノ外ニ号㆓シテ放殿㆒有之。今度奉行等申云ク、此間［放殿事也］当時無益歟、略之シテ今チトモ奥ノ方へ［社頭方也］引入テ造ラハ、前ノ懸作リ、元ヨリモ抜群減少シテ」[5]とあるから、拝殿は現在と同様の懸造であったろう。

この拝殿は岩とは直接接していないが、上醍醐の湧水・醍醐水横の尾根上にある本殿二宇の間には岩頭が露出している。これについて『醍醐雑事記』には、清滝権現が本宮の岩上に顕現したとあり、また「清浄心抄」（『醍醐寺新要録』所収）には、「上醍醐本宮ノ大磐石ノ上、如法最少ナル池アリ、旱ニテモ其水不減。是則清滝影向池也」とあって、本殿の岩が信仰の対象だったことがわかる。ちなみに、承徳元（一〇九七）年、下醍醐に清瀧宮の社殿が建立されたときには、御正躰の鏡とともに上醍醐清瀧宮の石片が納められている。(6)

上醍醐清瀧宮本殿横の岩座

兵庫県**円教寺護法堂拝殿**も、鎮守社護法堂二宇（乙天社・若天社、永禄二〈一五五九〉年再建）の前方に造られた懸造で、天正一八（一五九〇）年再建の建物が現存する。護法堂の創建は性空の弟子延照の時代といわれ（『捃拾集』）、前出『遺続集』（正安二〈一三〇〇〉年）には、僧・慈勝が乙天社の拝殿を勧進し、弘安九（一二八六）年、宝殿とともに焼失、翌一〇年に再建したとある。護法堂は御廟堂（開山堂）とともに奥院の一画を形成するが、本殿二宇は奥院湧水のわきに建っており、上醍醐清瀧宮に似た立地条件である。

京都府の**由岐神社拝殿**、滋賀県石山寺蓮如堂(7)の二例は慶長一五（一六一〇）年の再建で、由岐神社は鞍馬寺の鎮守社であり、蓮如堂も元来は石山寺の鎮守三十八所権現の拝殿として建てられたものである。

由岐神社拝殿は、入母屋造、桁行六間、梁間二間の懸造で、中央向かって右寄りの一間に階段の馬道を設けた全面吹放ちの割拝殿（中央部に土間の通路を設けた拝殿）である。石山寺蓮如堂は、石山寺本堂の側面へと至る参道を挟んで右手岩上に一間社流造の本殿があり、その左手岩の裾に建てられている。現建物（入母屋造・妻入平正面・桁行五間・梁間四間）は、慶長の再建後、仏堂として使用するため西側奥の中央一間に仏壇が設けられるなど改築されているが、再建当初は上醍醐清瀧宮拝殿と同じく、内部に間仕切がまったくない形式だったと考えられる[8]。

由岐神社拝殿

このほか絵画資料では、神戸市北区丹生山上に明治まであった明要寺の『参詣曼荼羅図』（室町末）に、鎮守社山王宮の懸造拝殿が描かれ、また近世のものではあるが、寛永一五（一六三八）年の『長谷寺境内図』にも懸造の鎮守社（滝蔵・石蔵・新宮権現）拝殿が描かれている。前者は、文亀三（一五〇三）年沙門・祐賢が諸堂を再建した状況を描いたものと考えられるが、詳細は不明である。長谷寺の鎮守社拝殿については『長谷寺霊験記』（永享七〔一四三五〕年奥書）の天慶九（九四六）年の出来事のなかに拝殿のことが記され[9]、『大和志料』が引く「長谷寺秘記」にも「弘安三年［庚辰］三月十五日［丙辰］寅半時出火、始自鎮守之拝殿、次社壇三所……」

とあるから、遅くとも中世前半には存在していたらしい。

以上、ここであげた七例の懸造のうち六例は寺地内に建つ鎮守社の拝殿であり、うち五例ではさまざまな権現を祀っている。上醍醐清瀧宮は平安時代には祈雨の霊験あらたかな権現として知られていたし、また長谷寺の鎮守社に関する『長谷寺霊験記』天慶九年の出来事は「威験殊勝」「有験ノ者」といわれた「神殿ノ大夫武麿」が天皇の御悩を祈禱するため拝殿に参籠した話であった。そうした事情が示すように、これらの拝殿は霊験を得るために参詣・参籠し、神前で法会が営まれる建物だったらしい。

ちなみに都久夫須麻神社の拝殿を造立したのは天台系の修験僧たちであり、円教寺の護法堂拝殿を勧進した慈勝は「大真言師有験富祐人也」(『遺続集』)といわれていた。また、明要寺は明治に退転するまでは真言系の修験道場として知られており、由岐神社拝殿は山麓鞍馬村の修験組織によって行われる火祭の舞台になる。

本殿と拝殿の関係

ところで、本節の諸例でもその本殿は信仰対象の岩上に建てられる場合があり、岩の裾には湧水が認められるなど、懸造成立の条件は基本的にこれまで述べてきた例と変わらないこともあった。

これに関して、上醍醐清瀧宮や円教寺護法堂は史料には仏堂の創建後に社殿が建立されたとあるが、鎮守神が土着の固有信仰を象徴することは多く、たとえば都久夫須麻神社、石山寺、長谷寺の拝殿三例は懸造の仏堂に接するように建てられていることが注目される。これは、東大寺二月堂における本堂（観音堂）と仏に供える閼伽（水）を汲む井戸のある閼伽井屋上方、観音堂下にある興成社との関係や、清水寺本堂が地主神、地主《じしゅ》権現本殿前方にあたかも拝殿のように建てられていることをも思い起こさせ、鎮守社と仏堂の関係、換言すれば先行する土着的信仰と後に重層される信仰（仏教）との関係を考えさせる。

兵庫の一乗寺本堂は白雉元（六五〇）年創建、道慈によって供養されたと伝える天台宗の古刹で、覚忠の『三十三所巡礼記』（一一六一年）には第一四番霊場「御堂九間[10]」、長谷僧正の『参詣次第』（久安六（一一五〇）年）には「法華寺……五間四面ノ堂也[11]」とあり、既に平安末期には正面七間あるいは九間の観音堂が建てられていたことがわかる。寛永五（一六二八）年再建と考えられる現本堂[12]は、前方と両側面の二間幅が懸造で、寺地を移したという記録は見られないから平安末期の建物も懸造であった可能性が高い。この本堂の背後にも堂と接するように高さ約一〇メートルの岩山があり、岩上には一間社春日造の護法堂（室町前期再建）が建ち、本堂との間には閼伽水に使われる湧水がある。護法堂は孝謙天皇（在位七四九～七五八年）の御願による創建と伝えられ、護法神の前方に本堂が拝殿のように建つ構成は清水寺と非常によく似ている。

もちろん、清水寺、一乗寺ともに内陣には観音を安置し、前面に外陣（礼堂）を備えた独立した仏堂だが、一乗寺の裏山一帯は草創期には修験の行場であったといわれており、現在のような天台寺院としての形態を整える以前は聖の起居する山房や山寺であったらしい[13]。また、清水寺の礼堂も内部の間仕切がまったくないなど、修験場でいう長床の形式と似ており、両寺とも修験に関わりのある点は見逃せない(14)。

（二）重なっていく礼拝空間

延暦寺の鎮守としての日吉大社

比叡山延暦寺横川中堂の項で述べた円仁の弟子相応は修行中欠かさず中堂に花を供えていたのを円仁が認め、仏に仕えるに相応しいと相応の名を与え得度受戒させたという。相応は比叡山で一二年籠山の修行後、葛川、吉野金峯山で修行し、貞観七（八六五）年比叡山内に無動寺を作って後に千日回峰行、天台修験の開祖とされる。その効験も高名で、文徳天皇女御・幾子の病治癒、皇后・明子の怨霊調伏《ちょうぶく》、宇多天皇の加持の功で内供奉《ないぐぶ》となっている。

すでに日吉大社本殿の日吉造については拝殿からの転用説に関して述べたが、日吉大社の社殿を整備したのはこの相応で、八八七年、東本宮を造立し、八九〇年に西本宮を同形に改造したと伝える（「天台南山無動寺建立和尚伝」）。この日吉大社の信仰は大きく三つに分けることができる。まず、はじめに八王子山（標高三七八メートル）という神の宿る山に対する信仰で、『古事記』には「大山咋神《おおやまくいのかみ》、またの名は山末之大主神、この神は近淡海国の日枝の山に坐し……」とある。八王子山の麓には山を囲むように古墳が発見されており、年代的には古墳時代（三世紀後半〜七世紀半ば）後期だが、遅くとも古墳時代には山に対する信仰があったことがわかる。

この古墳時代の祭祀と建築については不明とせざるを得ないが、山頂付近懸造の摂社・八王子（牛尾）と摂社・三宮の二社の奥にある金大巌と呼ばれる岩座《いわくら》が「歓喜天霊石八王子権現、此の大岩へ天降り玉ふ、水徳の神にてましますす。故に相生の理を以て金の大岩と名く」（『日吉神社秘密社参要録』）などとあって、信仰対象と言われる。ここが地主神である大山咋神の宿る場所とされ、山の麓の湧水がある地域に位置する東本宮（旧二宮）本殿が和魂を祀る。この湧水の一つが現在の樹下《じゅげ》神社（旧十禅師社）の床下にある霊泉・亀井で、この地は山の東麓にあるので東本宮地域と言っている。東本宮本殿、拝殿、舞殿、楼門、樹下神社本殿が残っている。

これに対して近江宮遷都（六六七年）に際して天智天皇が外来の大和三輪山の神・大己貴神（大物主大神）を祀ったのが西本宮（旧大宮）で、山麓西側にある本殿、拝殿、舞殿、楼門を西本宮地域と言っている。東西本宮に挟まれた部分に摂社・宇佐、白山社があり、山上の八王子、三宮、山下の東西本宮、宇佐、白山神社が主要な七社となっている。

つまり日吉大社ははじめに八王子山の山上山下の岩座、湧水の信仰があり、次に東本宮、そして中央との関係から西本宮の順で構成されていったらしい。日吉大社という呼び方は明治時代の神仏分離令以降の名称で、古くは日枝社、比叡社と言い、比叡山の大比叡に対して小比叡などと呼ばれていた。最澄はこの付近の出身で、最澄が延暦寺を開いてからは日吉大社が鎮守とされて山王権現と呼ばれ、天台宗の僧侶たちが神前で読経する神仏混淆の社になる。前述相応の社殿整備が山上の八王子（牛尾）社まで及んだかどうかは記述がないが、八王子、三宮の懸造の形式と前述の八王子に関わる『平家物語』の霊験譚に、その建築的変遷が現れているように思われる。

八王子、三宮の懸造は最後部、金大巌に最も近い位置に流造の神社本殿を造り、その前面に大規模な懸造拝殿を接合して、本殿の前面のみが拝殿の中に取り込まれる形式になっていた。この形式はかなり特殊だが、はじめにごく小規模な本殿の建築が信仰対象の金大巌に接して建てられ、金大巌に信仰が集まって本殿の規模が大きくなり、さらに拝殿が増築されたという変遷が考えられる。この形式は建物全体を見ると不整形で、入口も正面ではなく側面に付くが、それは信仰対象の岩などの自然物を壊さずそれにできるだけ近づいて祈りたいという心性の表現であり、都の一般的増築法であった多くが左右対称になる庇や双堂の使用による懸造の創出ではなく、不整形になっても急峻狭小な自然地形に合わせ造る懸造の典型的な形と言ってよいだろう。

このような懸造拝殿が『平家物語』に帰結して物語化される時期はやはり院政期らしく、日吉大社が有名になるのは後三条天皇の行幸（一〇七一年）をはじめとする一一世紀末からの天皇、上皇の参詣（一〇九一年白河法皇参籠、一一六〇年後白河法皇御幸）による。

熊野・大峰の懸造

修験の本拠地である熊野・大峰にも古くから懸造があったことは既に述べたが、『一遍聖絵』（正安元（一二九九）年）の那智大社（古くは那智社）と新宮速玉大社（古くは新宮社）の場面には四棟の懸造が描かれている。那智社の二棟の懸造建物のうちの一棟は『中右記』天仁二（一一〇九）年一〇月二七日条に、「此堂如意輪験所也、暫行礼拝、小念誦了帰房、［此如意輪大験仏也。其根源住僧所談也］」とある。すなわち、この堂は那智社の本地仏如意輪観音を祀る本地堂で、観音の御利益のある験所なので参拝して経を唱え宿坊に帰った。住僧はこの如意輪観音が大験仏である由緒を語ったというのである。この建物は聖絵では那智社の前に拝殿と連結して描かれているが、後に独立して**青岸渡《せいがんと》寺《じ》本堂**になる。

また、新宮社の社殿群左手に描かれた切妻造・梁間二間（桁行方向は描かれず）の懸造は前出の神倉権現社拝殿で、**神倉山**山腹のゴトビキ岩と呼ばれる巨岩の南面に造られていた。**神倉社**の社殿は、享保一七（一七三二）年再建の建物が明治初年に倒壊し、現在は春日造一間社の本殿が再建されているだけだが、『熊野伝記鏡谷之響』（承保二〔一〇七五〕年奥書）[15]に「神蔵堂［高倉下尊　天照大神］」、神倉堂には高倉下尊と天照大神が祀られていると記載され、『吾妻鏡』建長三（一二五一）年三月七日条には火災の記述があって、その存在は平安末から鎌倉初期頃まで遡ることができる。

鎌倉時代の『熊野宮曼陀羅』（クリーブランド美術館蔵）にも両拝殿ともに懸造で描かれている。

さて、古代・中古に長床とよばれた修験の建物は、内部に間仕切がほとんどなく、梁間三〜四間、桁行九間程度の規模であることが多いが、[16]『一遍聖絵』に描かれた那智社礼殿は梁間三間・桁行一〇間という大規模なもので、神倉権現社拝殿も享禄頃に再建された建物は梁間六間・桁行一一間あった。このほか大峰修験の本拠地、吉野山にある吉野水分《みくまり》神社拝殿（慶長九〔一六〇四〕年再建）も梁間四間・桁行一〇間の懸造で、背面側（本殿と反対方向）一間通りは引違の戸襖で間仕切られるが、残りの正面側（本殿側）はすべて吹放ちになっている。

同じ大峰修験行場の一つである弥山《みせん》山麓の天河大辨財天社は、岩山頂部の井戸を信仰対象にし、寛政一一年の本殿再建まではその真上に建っていた。鎌倉時代成立の『金峰山秘密伝』(17)や『渓嵐拾葉集』（鎌倉末〜南北朝頃）の記載から、同社には、既に鎌倉時代にいくつかの社殿があったと見られ(18)、興福寺の支配を受けた室町時代には、寛正元（一四六〇）年に勧進聖《かんじんひじり》・秀海が造替を行い、同二年の造営落成には大乗院の尋尊が参詣している(19)。本殿の特異な立地条件を考えると、天河大辨財天社拝殿は中世以来懸造であったと考えられるが、この拝殿も享保六（一七二一）年の明細帳風の記録(20)によると、天正一四（一五八六）年焼失後の再建建物は梁間六間・桁行一二間という大規模なものであった。

これら熊野・大峰修験関係の礼拝殿と前掲の清水寺や一乗寺の礼堂部分を比較すると、いずれも同じような規模で、信仰対象の岩山前面に建ち、内部の間仕切がほとんどないなど、基本的な構成は同じであることに気づく(21)。つまり清水寺や一乗寺は、修験にかかわる礼拝空間は、寺院・神社を問わず同じような形式で造られているのである。

そしてその信仰対象の根底には、岩や湧水などの自然物がある。

この点に関してこれまでの諸例をふりかえると、前掲神倉権現社拝殿のあるゴトビキ岩は、祭祀遺跡が発見された古代の岩座であり、前章までの懸造の中にも、日吉三宮・牛尾神社や不動寺本堂など懸造の造られた岩が古代の岩座と推定されているものが少なくない。すなわち懸造は、岩や岩窟を信仰対象にした古来の信仰の上に神道や仏教が重層して成立したため、建築の形式に差異がないとも考えられる。ところで、熊野那智大社の懸造は本来神社建築だから「拝殿」と呼ばれるべきなのだが、記録にはほとんど「礼殿」とある。礼殿とは、寺院建築の礼堂と神社建築の拝殿を合わせたような言葉で現在は使われていないが、実は一一世紀以後にしか見られない「拝殿」という言葉よりも古く、九世紀半ばに現れる。しかも礼殿があった寺社ではいずれも礼殿で仏教の法会を行っている。[22] これまで述べてきたように、本殿・正殿の前に独立して建つ懸造の礼拝殿でも多くが法会を行っており、礼殿の誕生ひいては拝殿の成立を再考する場合は、山岳信仰の建築、とりわけ懸造の礼拝殿を見直してみる必要があろう。

これは懸造という造形が、日本の山岳における宗教建築の成立と展開にきわめて深く関わるとともに、その土着的な側面と重層性を体現する造形であることを示していると思われる。

この他、神社の礼・拝殿ではないが、兵庫県の如意寺文殊楼も室内に二列の柱列を配し内部間仕切がまったくない長床に似た平面の懸造で、室町中期（明徳四〔一三九三〕年あるいは享徳二〔一四五三〕年）に再建された現堂は最奥の東端に西面する須弥壇があり、宮殿内には僧形の文殊像が安置されている。

また、これまで述べてきた懸造の類型に含まれないものに、奈良県の吉水神社書院（室町時代、一部桃山）、奈良県十津川の玉置神社社務所（文化元〔一八〇四〕年）の二例がある。吉水神社はもと金峯山寺の一院で明治維新まで吉水院と呼ばれ、玉置神社は吉野水分神社同様、奥駈七十五靡《なびき》の第十番にあげられる行場で、両社とも熊野大峰修験関係の建物である。これらはそれぞれ吉水院、高牟婁院という一院内にあり、後に豊臣秀吉の花見（永禄三年）や聖護院門跡の参詣などに使われているが、玉置神社社務所地階の床下懸造部分が周囲を囲って行者の参籠所に使われていたように、本来は社僧や修験僧が居住する建物であったと思われる。

第六章 祀り拝む場のしつらえ

（一）懸造建築への入り方

修験の行場

これまでは、岩や岩窟の聖性とそれに密接・密着する懸造の変遷、そしてそれに伴う日本人の信仰の形について考えてきた。これをまとめると、以下のようになる。

まずは、懸造という形式は、単に傾斜地や山上に建てられるという物理的理由から現れるのではなく、信仰対象の岩や岩窟などを破壊せず、それを祀りそれに密接しようとする思いから造り出されたものであろうこと。したがってまた懸造は、岩や岩窟に行場を求めた「修験」という行為と観念に深くかかわり、岩や岩窟に直接接しない例でも修験関係の建物がほとんどを占めること。

歴史的に眺めれば、懸造の成立とその形式の変遷については、奈良時代以来の観音霊場で九世紀中葉に広く信仰を集めた石山、長谷、清水寺の礼堂・舞台が最も早く、平安時代の前半頃と考えられる。

続いて、九世紀後半から、都周辺の天台・真言系寺院の修行地や、平安後期の「聖の住所」として急速に発展した新興霊場に、懸造が見られるようになる。これら平安期の懸造では、岩などの信仰対象を内陣部分あるいは内陣床下に包摂する形式をとり、創建当初は平入（平正面）であったと考えられる。

平安期の諸例が京畿周辺の建物であったのに対し、時代を下ると、平安後期の三仏寺投入堂を初めとして鎌倉初期にかけては、地方も含めて岩窟内や屹立する大岩の上・側面に、岩に取り付くように建てられた懸造が現れる。これらはほとんど正面三間程度の小規模な建物で、平安前期のものと同じく平入(平正面)である。この、岩窟内や屹立する大岩上部など行場の険しい場所に建てられた懸造は、引き続き中世末まで数多く認められ、遺構の総数から見て鎌倉・室町時代がその盛期であった。

鎌倉中期以後の懸造は平安期の諸例とちがって、妻入(妻正面)形式が圧倒的に多く、立地条件に応じて正面三間ほどの建物が建てられる場合が多い。特に不動寺本堂などに見られる、屋根が岩壁に直接接続するなど、大岩や岩窟に密着・密接した形式は、鎌倉中期以後に認められる。

このような古代・中世における懸造の意匠的特質を総括すると、まず最も古い懸造である石山、長谷、清水寺などの礼堂や舞台は、正堂が自然の岩を仏座にする本尊を覆うように建てられていたため懸造になり、増築の結果生まれたその意匠は平地の諸建築と比べれば垂直性が強いが、まだそれほど際だった垂直性を感じさせるものではなかったと考えられる。

これに対して、平安時代の中ごろから天台・真言系寺院の行場や「聖の住所」と呼ばれた新興霊場に造られた懸造は、行場の岩や岩窟とあいまって強い垂直性を持つようになる。特に、平安末から鎌倉初期に聖と呼ばれる行者が難険な行場に造ったものは、床下の柱も長大で力強く、きわめて垂直性が強い。この険しい行場の修行を象徴するような意匠は、平地における摂関期浄土教の俗化や、それに伴う美的享楽主義に反発して山岳に入った験者や聖の信仰的態度と対応しており、山岳の修行者に対する摂関院政期の人々の期待から造り出されたと考えられるだろう。

また、信仰対象の岩や岩窟とさらに密着して造られた鎌倉・室町時代の懸造にも、引き続き強い垂直性が認められ、その造形には自然との一体化や捨身苦行を理想とした修験的な宗教観が色濃く反映していたと見られる。

岩場の意匠

懸造の意匠ということでは、これまで明らかにしてきた信仰対象の岩や岩窟との関係や、床下架構などのさまざまな特色が見られるが、建物へのアプローチや上屋に至るために設けられた梯子《はしご》や階段、登廊もその一つと言える。

室町時代までの懸造は行場に造られることが多かったが、行場の岩や岩窟に密接密着して造られた懸造では、岩壁をよじ登らなければ上屋に到達することのできない例がある。

たとえば三仏寺奥院投入堂（平安後期）では、堂直下の絶壁を一度横切り、そこから愛染堂との境にある板敷部分へよじ登るのであり、同じ三仏寺内の文殊堂や地蔵堂では、建物の立つ大岩をよじ登って堂側面の縁に達する。文殊堂では、岩崖がほぼ垂直なため岩を登るための太い鎖がしつらえられ、そこは鎖坂の行場と呼ばれている。また、滝裏にある鰐淵寺蔵王堂では、岩崖づたいに滝裏に回り込み、岩壁をよじ登って高欄のない正面中央柱間から縁へ這い上がる。

龍岩寺奥院礼堂（弘安九〔一二八六〕年）に入るためには、現在では岩壁を削り取って作った小道を通って堂側面にいたるが、礼堂の前面には一本の丸太から削り出された長大な木階があって、かつてはこの木階を使って礼堂に上ったと思われる。さらに、この木階の頂部付近の岩壁には、現在はほとんど使われていない登攀用の鎖が垂れており、古くはこれをよじ登って礼堂に上り着く方法もあったらしい。

このように、鎖にしがみつき、あるいは素手で岩壁をよじ登って建物にいたる方法は、建物への入り方などを考えること以前に、まず信仰対象の岩や岩窟に建物を懸け造らねばならなかったことを示している。中世において建物の背面が岩に直接接続された懸造が造り出されたように、そうした岩や岩窟との関係は、懸造のきわだった意匠的特質であり、岩や岩窟に密接密着した懸造では、すべて縁

鰐淵寺蔵王堂

龍岩寺奥院礼堂と木階

や軒先は岩壁に応じて切り落とされ、岩や岩窟を破壊せず、それらと一体になるように建物が造られている。

一方、上述したようなアプローチの方法では、必ずいったん建物下の岩場を通る構成になっているため、参詣者は岩と建物との一体感を実感するとともに、垂直に屹立する床下柱や高く支え上げられた上屋を下から見上げることになる。

梯子・階段・登廊

龍岩寺奥院礼堂の前面にある一木造の木階は、平入で建物の大棟方向と平行に掛けられているが、『一遍聖絵』に描かれた岩屋寺仙人堂では、長大な梯子が堂の正面に掛けられている。梯子は、吹放ちの板敷部分の端へ直接掛けてあるかに見えるが、板敷の中央には四角い穴が穿たれ、僧のような人物の上半身だけが描かれているから、実際の梯子は板敷の穴に掛けられ、修行者は床下からこの穴をくぐり抜けて仙人堂に入ったらしい。

この仙人堂のように床に穿たれた穴をくぐり抜けて建物に入るのではないが、床下を通る例はほかにもあって、不動院岩屋堂（室町前期）では、正面床下柱の間から入って床下を通り抜け、建物側面の木階を上って上屋の縁に出る。岩屋寺仙人堂が「斗藪《とそう》の行者」が霊験を祈る場所であったように、これらの諸堂は僧や行者の道場だったと考えられるが、このような一木から削り出した木製の階段や長大な梯子、あるいはいったん床下を通り抜けて木階にたどり着く構成は、いずれも険難な行場を実感させるもので、行場の険しさを象徴するような造形である。

　不動院岩屋堂にあるような懸造の上屋に上る階段は、それぞれ地形に応じて造られている。懸造建物の正面は断崖の高みになるため側面に設けられることが多く、たとえば『天狗草紙絵巻』の横川中堂には、不動院岩屋堂同様建物側面に接した登廊（不動院では木階）が描かれている。また『一遍聖絵』に描かれた円教寺如意輪堂[1]（弘安三〔一二八〇〕年再建建物か）や西光寺毘沙門堂（慶長二〇〔一六一五〕年再建の形式）では、建物側面に対して直角に、長い登廊が設けられ[2]、四方懸造の笠森寺観音堂（天正七年～文禄六年）には、蓮華廊（翠巌梯）と呼ばれる長大なかね折れの登廊がある。木階ではなく石の階段だが、東大寺二月堂や長谷寺本堂にも建物の側面にいたる長大な登廊が設けられており、東大寺二月堂では参籠所中央の土間の通路（馬道）から登廊[3]がまっすぐに伸びて堂の側面につながり、長谷寺本堂では山門から二重に曲がった登廊[4]が建物の側面へ至っている。

岩屋寺仙人堂

　このほか神社の拝殿では、由岐神社拝殿のように割拝殿の形式で、中央部（桁行六間のため片方が一間多い）の馬道に石段を設けたものや、中世の都久夫須麻神

社拝殿のように拝殿正面中央にいたる木階を造った例もある。(5)

懸造の建物に付属して設けられたこれらの階段や登廊は、建物と一体になって全体の意匠を構成するが、中にはそれが全体の特徴的な意匠的要素になっている場合もある。たとえば笠森寺観音堂の蓮華廊は、建物の側面（東側）にあるが、参道の正面にそびえ立ち、きわめて強い印象を与える。近世の資料ではあるが、『上総笠森寺岩作り観音』の図（『諸国名所百景』所収・安政二〔一八五五〕年）では、建物の高さはかなり誇張され、蓮華廊はほとんど垂直に近く描かれている。

このような描写上の特色は、これまで掲げてきた絵画資料に共通して見られるが、それは建物の高さとその垂直性を際立たせて見せる画法上の誇張だけではなかったように思われる。すなわち、長い床下柱で高く支え上げられた上屋とそこへつながり伸びる急勾配の登廊は、高層の建物に接することのほとんどなかった往時の人々に、実際以上に「高み」を実感させ、強い垂直性による憧憬の念を抱かせたのではなかろうか。

笠森寺観音堂の蓮華廊が実際は七三級の階段であるにもかかわらず、『三十三所坂東観音霊場記』（明和八〔一七七一〕年）には、「この堂の規製大いに別なり。宝形の山へ造り掛けにして、四辺板敷の下の高さ、凡そ六七丈ばかり。宝前まで登ること一百余段……」（傍点筆者）とあり、また室町時代の西光寺毘沙門堂を描いた『平泉古図』には、笠森寺同様建物の側面だけが描かれ、そこには高欄のない縁から下を覗き込む参詣人と、長い木階をのぼる参詣人の二人が描き込まれていることもこれを示唆している。

この西光寺毘沙門堂や長い登廊のあった円教寺如意輪堂について、「いといと高き窟の内に堂を作り掛たり」（『菅江真澄遊覧記』天明四〔一七八四〕年）とか、「山高くかけつくれるかまへ、天にさしはさみ」（『野守鏡』永仁三〔一二九五〕年）という記録があることを考えれば、懸造に付属する急勾配の梯子や階段、登廊に対するそうした感受性は、近世以前には一般的であったと思われ、それは長い床下柱や行場の切り立った岩壁とともに、懸造の垂直性を強調する一つの要因になっていたと言えるであろう。

（二）床下架構の垂直性

古代の通し柱

平安時代を含めて古代の遺構は平安後期建立の三仏寺奥院投入堂だけで、ほかに古代の懸造の姿を伝える資料は、平安末頃の信貴山本堂（命蓮の住房）を描いたと考えられる『信貴山縁起絵巻』しかない。この二例に共通するのは床下架構に柱に穴を開けて横架材を貫く「貫《ぬき》」を使っていないことで、三仏寺投入堂では桁行中央の二本の束柱《つかばしら》を除くすべてを通し柱とし、柱間を梁間・桁行とも筋違《すじかい》（釘止め）だけで固めている。また命蓮の住房では、角材の束柱・梁・桁を一点で組み、下段の桁は長押《なげし》状に横架材を柱の両側から抱き合わせたかに見える。

懸造の遺構で投入堂についで古い龍岩寺奥院礼堂でも貫は使われず、鎌倉前期（嘉禎三〔一二三七〕年）の『法然上人伝法絵』（以下『上人伝法絵』と略記）や一三世紀後期の『笠置曼荼羅図』など、中世前半の絵画資料に描かれた懸造にも貫はない（表Ⅳ）。ちなみに、龍岩寺奥院礼堂は土台桁の両端を岩盤に挿入しその中間を束柱で支えるだけで、柱間には貫も筋違もない。『上人伝法絵』の清水寺舞台は多くの斜めに入れた材料（筋違）で束柱を固め、『笠置曼荼羅図』の薬師堂は長押状の横架材を釘止めに、礼堂では束柱と桁・梁を縄か金物で接合したように描かれている。『上人伝法絵』は描写が稚拙で、当時の建物を実写したとは考えにくいが、一四世紀初頭に制作された『法然上人絵伝』以後のすべての絵画資料が、幾段もの貫を入れた清水寺の床下架構を描くのに対して特に注目される。

三仏寺投入堂床下の筋違

このほかにも、慶長七（一六〇二）年再建の石山寺の現礼堂は、『法然上人絵伝』の清水寺同様貫が多用されているが、正中年間（一三二四～二六）に描かれた『石山寺縁起』巻三では、貫ではなく床下柱と梁・桁を組んで、文明年間（一四六九～八七）の補筆である巻四では釘止めの長押状の横架材で床下柱を固めているかに見え、中世前半には貫以外の方法が使われていたことを考えさせて興味深い。

貫が現れる鎌倉時代

懸造の床下架構に貫が使われる例は、遺構では峰定寺本堂（貞和六〔一三五〇〕年）が最も古く、絵画資料では寛喜二（一二三〇）年の『神護寺寺領牓示絵図』（以下『神護寺絵図』と略記）に描かれた高山寺本堂に二段の貫のような横架材がある。

高山寺本堂は承久元（一二一九）年に創建されているから、『神護寺絵図』の横架材が貫だとすれば、既に鎌倉初頭には貫が使用されていたことになるが、同じ寛喜二年の『高山寺絵図』の高山寺本堂には、前面の縁を支える束柱がかなり長いにもかかわらず貫は描かれていない。両絵図を比較すると、神護寺を中心に描いた『神護寺絵図』より『高山寺絵図』の本堂の方が、縁束柱《えんづかばしら》の背後に石垣を描くなど描写が細密で写実的と考えられ、『神護寺絵図』の高山寺本堂は想像をまじえて描かれた疑いがある。

さらに比較してみると、鎌倉前半に描かれた『上人伝法絵』や『笠置曼荼羅図』の懸造に貫がなく、峰定寺本堂の床下架構には貫と筋違が併用されている。貫と筋違を併用する構法は、峰定寺本堂再建と同時期の『法然上人絵伝』の顕真の住房や『春日権現験記絵』（延慶二〔一三〇九〕年）の教円の住房、『稚児観音縁起絵図』（一四世紀初頭）の長谷寺本堂など、一四世紀初頭の絵画資料（表Ⅳ）に集中して見られるから、『神護寺絵図』の高山寺本堂床下の横架材が貫だとしてもそれは特殊な例で、鎌倉前期に貫は一般的ではなく、中世の中頃になって筋違から貫へ推移していったと考えられ

合　S：床下下部構造体から半間ほど離して床を張る

件名	床下構造形式					
	基礎	床下柱間	貫	筋違	石垣	型
命蓮の住房（朝護孫子寺本堂）	岩直接	桁3間以上・梁2間以上	無	無	無	C
根本観音堂（横川中堂）	不描	桁5間・梁2間以上	1～2	無	無	D
菅生の岩屋仙人堂（岩屋寺仙人堂）	岩直接	桁7間・梁2間	3	無	無	D
那智大社礼殿	岩直接	桁11間・梁2間	1	無	無	D
那智大社礼殿（那智如意輪堂・青岸渡寺）	岩直接	桁2間・梁3間	1	無	無	D
神倉権現社拝殿	岩直接	桁2間以上・梁2間	2	無	無	E
円教寺如意輪堂	岩直接	桁3間以上・梁2間以上	1	無	無	D
比叡山　教円（天台座主）の住房	不描	桁1間・梁3間	2	有	無	D
高野山　惟範阿闍梨の住房	岩直接	桁2間以上・梁3間	2	無	無	E
比叡山　持宝房源光の住房	不描	3間以上・1間	2	無	無	E
比叡山　皇円阿闍梨の住房	岩直接	3間・1間以上	1	無	無	E
比叡山黒谷　慈眼房叡空の住房	岩直接	桁3間・梁2間以上	1	無	無	D
比叡山　宝地房証真の住房	岩直接	桁1間・梁4間	1	無	無	E
清水寺舞台	不描	桁5間以上・梁3間	3以上	無	無	E
比叡山東塔　円融房顕真の住房	岩直接	2間・3間＋桁4間	1	有	無	AE
日吉八王子の社壇（牛尾・三宮神社拝殿）	不描	八正面4間・三2間以上	3以上	無	無	E
西山　実信房蓮生の住房	岩直接	桁不描・梁3間	3前1	有	無	AE
筑後山本善導寺(光明寺)　鎮西上人の住房	岩直接	桁5間以上・梁不描	1	無	無	E
比叡山東塔　良忍の修行房	不描	2間以上・2間以上	1以上	有縁	無	ES
嵯峨野　良忍の住房	岩	同上	1	無	無	ES
石山寺本堂	不描	桁8間以上・梁2間以上	無	無	無	C
弘法大師の修行房	不描	3間・2間以上	2	無	無	E
神護寺巌堂	岩直接	桁4間・梁2間	懸造に描かれず			
高山寺本堂	岩直接	桁1間・梁5間	2	無	無	E
神護寺巌堂	岩直接		2以上	無	無	E
高山寺本堂	礎石	桁1間・梁5間	無	無	有	B
東大寺二月堂	不描	桁3間以上・梁2間以上	2	無	無	E
東大寺二月堂	不描	桁9間・梁不描	2	無		ES
東大寺二月堂	不描	桁7間以上・梁3間以上	1	無		E
清水寺本堂・舞台	不描	舞台側面3間以上	無	有	不描	A
同上	岩直接	舞台正面4間・側面2間	1以上	無	無	D
同上	不描	舞台11間・6間以上	5以上	有	不描	AE
都久夫須麻神社拝殿	岩直接	桁3間・梁1間	1	無	無	F
宝厳寺観音堂	岩直接	桁5間・梁1間以上	1	無	無	F

表Ⅳ

※　桁行・梁間を桁・梁と略記する。型記号はA：筋違のみ　B：柱のみ　C：長押・縄・金物止め　D：1～2間ごとの貫　E：全面等間隔の通し貫　F：床下柱上部あるいは中ほどに1～2段だけの貫　AE：貫・筋違

名称	時代	所在・該当箇所
信貴山縁起絵巻	平安後期	3巻
天狗草紙	永仁4年（1296）	延暦寺巻
一遍上人絵伝	正安元年（1299）	2巻1段
	同上	3巻2段
	同上	3巻2段
	同上	3巻2段
	同上	9巻4段
春日権現験記絵	延慶2年（1309）	10巻
	同上	10巻
法然上人絵伝	徳治2年（1307）頃	3巻
	同上	3巻
	同上	3巻
	同上	5巻
	同上	13巻
	同上	14巻
	同上	26巻
	同上	26巻
	同上	26巻
融通念仏縁起絵巻	正和3年（1314）頃	上巻1段
	同上	下段3段
石山寺縁起絵	南北朝時代（14世紀）	4巻5段
弘法大師行状絵詞	康暦元年（1379）	12巻
		以下所蔵者名
神護寺寺領牓示絵図	寛喜2年（1230）	神護寺蔵
	同上	
神護寺伽藍之図	桃山時代以前	同上
高山寺寺領牓示絵図	寛喜2年（1230）	神護寺蔵
東大寺縁起図	鎌倉後期	東大寺蔵
二月堂曼陀羅	室町時代	同上
二月堂縁起絵図	天文14年（1545）	同上
本朝祖師絵伝	嘉禎3年（1237）の写し	善導寺蔵
拾遺古徳伝	元亨3年（1323）	常福寺蔵
清水寺絵縁起	永正14年（1517）頃	東京国立博物館蔵
菅浦与大浦下庄堺絵図	乾元元年（1302）	菅浦区蔵
	同上	

都久夫須麻神社拝殿	岩直接	桁6間以上・梁不描	3	無	無	E
宝厳寺観音堂	岩直接	桁3間・不描	2	無	無	E
日吉八王子（牛尾）神社拝殿	岩直接	桁4間・梁2間以上	2か	無	無	F
三宮神社拝殿	岩直接	不明			無	F
日吉八王子（牛尾）・三宮神社拝殿	岩直接	両堂桁4間・梁4間	4	無	無	E
日吉八王子（牛尾）・三宮神社拝殿	岩直接	牛4間5間三4間4間	2	無	無	F
葛川明王院栃生堂（不動堂）前面舞台	不描	桁6間・梁2間	3	無	不描	E
多武峯神社拝殿	岩直接	桁13間・梁1間	無	無	無	B
笠置寺礼堂（廻廊）	岩直接	桁13間以上・梁3間か	無	有	無	C
薬師堂	岩直接	桁3間・梁1間以上	無	無	無	C
笠置寺礼堂	不描	不描				
薬師堂	岩直接	正面3間・側面1間以上	1～2	有	無	F
笠置寺千手堂	不描	カンティレバー3段				
笠置寺本堂・拝殿	不描	桁6間・梁4間か	1	無	無	
長谷寺本堂	岩直接	桁3間以上・梁4間	3	有	無	AE
明要寺鎮守山王社拝殿	岩直接	桁6間・梁3間	2	無	無	F
明要寺食堂	岩直接	桁6間・梁2間	2	無	無	F
那智宮礼殿	岩直接	正面6間以上・側面7間	2	無	無	F
那智宮如意輪堂（青岸渡寺本堂）	岩直接	桁4間以上・梁不描	1	無	無	F
神倉権現社拝殿	岩直接	桁7間以上・梁不描	2	無	無	F
那智宮礼殿	岩直接	桁9間・梁2間以上	3	無	無	E
那智宮如意輪堂（青岸渡寺本堂）	岩直接	桁2間・梁3間	3	無	無	E
神倉権現社拝殿	岩直接	桁5間・梁3間以上	3	無	無	E
那智宮礼殿	岩直接	桁6間・梁2間以上	2	無	無	E
青岸渡寺本堂	岩直接	桁4間・梁2間以上	2	無	無	E
飯縄権現社拝殿か	不描	桁2間以上・梁不描	2	無	無	F
瀧安寺本堂礼殿	礎石	桁1間・梁3間	3	無	無	E
住房	礎石	桁3間・梁1間	2	無	無	F
清水寺本堂・舞台	岩直接	正面5間・側面3間以上	4	無	無	E
石不動（鹿苑寺内）	不描	正面5間以上・側面不描	3以上	無	無	E
護法拝殿	礎石	桁9間・梁1間	無	無	有	B

竹生島祭礼図	室町末期	東京国立博物館蔵
	同上	
日吉山王宮曼陀羅	文安4年（1447）以前	奈良国立博物館蔵
	同上	
秘密山王曼陀羅	桃山時代	延暦寺蔵
日吉山王参社次第	室町中期	個人蔵
葛川明王院境内図	室町時代	葛川明王院蔵
多武峯縁起	室町中期	談山神社蔵
笠置曼荼羅図	鎌倉時代（13世紀後期）	大和文華館蔵
	同上	
笠置寺縁起絵図	室町時代か	笠置寺蔵
	同上	
	同上	
笠置山之城元弘戦全図	応永14年（1407）	同上
稚児観音縁起絵図	鎌倉時代（14世紀初頭）	香雪美術館蔵
明要寺参詣曼陀羅	文亀3年（1503）	丹生宝庫蔵
	同上	
熊野宮曼陀羅	鎌倉時代	クリーブランド美術館蔵
	同上	
	同上	
熊野宮曼陀羅	室町時代頃	フーリア美術館蔵
	同上	
	同上	
那智参詣曼陀羅	慶長頃	闘鶏神社蔵
	同上	
善光寺参詣曼陀羅	桃山時代	小山善光寺蔵
滝安寺参詣曼陀羅	桃山時代	滝安寺蔵
	同上	
洛中洛外図屏風	室町時代（1520年代）	国立歴史民俗博物館蔵
	同上	
園城寺境内絵図	鎌倉時代	園城寺蔵

る。

峰定寺本堂以外の遺構では、室町時代以降建立の三仏寺文殊堂（一五八〇年）、西光院本堂（江戸末期再建）、日龍峯寺本堂（延宝二〔一六七四〕年）、多賀神社拝殿（旧清水千手観音堂、文化一〇〔一八一三〕年）の四例に貫と筋違が併用されている。これらのうち日龍峯寺本堂、多賀神社拝殿の筋違は、部材の新しさや納まり等から見て、建物が傾いたり歪んだりしたため後年入れられたものと考えられる。

三仏寺文殊堂の筋違は天正八年再建時の部材だが、床下柱と同じ太さの筋違を梁間・桁行二方向に入れ、その筋違に貫を通す特殊な手法は、元来筋違だけで固めていた古い形式に、さらに貫を加えたことを考えさせる。

西光院本堂の床下架構も後述するように中世特有の形式であって、中世の形式を踏襲して再建されたと思われる。つまり、貫と筋違を併用する方法は中世に特有なものであり、それは筋違から貫への移行にともなって現れたと推定されるのである。

貫の形式

ところで、峰定寺本堂を初めとする鎌倉後期以降の懸造では、貫は柱の上下方向等間隔に幾段にも入れられ、しかも隅柱から隅柱まで水平一直線に入れられる例がほとんどである。しかし、鎌倉時代の絵画資料には、このほかに貫の入り方が違う二つの形式が見られる。

その一つは『天狗草紙絵巻』に描かれた横川中堂や『一遍聖絵』の岩屋寺仙人堂・那智宮礼殿・円教寺如意輪堂、『春日権現験記絵』の教円の住房に見られる形式で、そこでは貫を端から端まで一直線に通さず、一間あるいは二間ごとに高さを変えて入れている。

もう一つは『菅浦与大浦下庄堺絵図』の都久夫須麻神社拝殿・宝厳寺観音堂にある、床下架構上部あるいは中ほどに一〜二段だけ貫を入れる方法である。貫の高さを数間ごとに変えて入れた懸造の遺構は一例も残っていないが、鎌倉時代の絵画資料に見られる全三三例中八例がこの形式で、写実的に描いたと考えられる『天狗草紙絵巻』や『一遍聖絵』にもあることから、この形式は実際に使われていたらしい。室町時代以後には絵画資料にも現れなくなるので、鎌倉時代の古い形式と考えられる。

峰定寺本堂床下の貫と筋違

不動院岩屋堂床下の一段だけ入れた貫

また貫を一〜二段だけ入れる形式は、遺構では室町前期建立の不動院岩屋堂に残っており、岩屋堂では根太《ねだ》下に琵琶板を入れて飛貫《ひぬき》を通し、その下に一段だけ貫を入れている。このような方法は、鎌倉時代の史料では『菅浦与大浦下庄堺絵図』以外に『熊野宮曼陀羅』の神倉権現社拝殿・那智宮礼殿・如意輪堂にあるだけだが、貫以前の古い形式を描くと考えられる前掲『笠置曼荼羅図』の礼堂・薬師堂も、床下柱の上部に一段だけ長押状の横架材を設けているから、貫の高さを変えて入れる形式同様鎌倉時代には既にあったらしい。

この形式は室町中期の『日吉山王参社次第』の牛尾・三宮社拝殿や、文亀三（一五〇三）年頃の明要寺を描いた『明要寺参詣曼荼羅図』の山王社拝殿・食堂、中世末の箕面滝安寺を描いたと考えられる『滝安寺参詣曼陀羅』の住房など桃山頃の資料に数多く見られるが、近世資料にはない。

上屋の接合

現存する懸造の遺構では、三仏寺投入堂や鰐淵寺蔵王堂のように大半が通し柱で構成される例を除いて、ほとんどがいったん脚部の架構を完結して組み上げ、そのうえに上屋の本柱が柄立てされて床が張られている。床は、近世に入ると床下架構最上部の台輪《だいわ》（土台桁・梁）や頭貫《かしらぬき》を大引《おおびき》兼用にし、その上に直接根太を渡して張られることが多くなるが、古代・中世の懸造には、不動寺本堂（室町前期）のように台輪から半間ほど上に新たに土台桁・梁を組み床を張る例がある。このような構法は、平安後期の『信貴山縁起絵巻』の命蓮の住房や『融通念仏縁起絵巻』（正和三〔一三一四〕年頃）の良忍の修行房、中世の鞍馬寺を描いたと思われる『鞍馬縁起絵巻』（鞍馬寺蔵・近世の写しか）の住房など古代・中世の資料に現れ、近世に至ると旧小笠原家書院の一例を除いて見られなくなる。

このほかにも笠森寺観音堂、醍醐寺如意輪堂、三仏寺文殊堂（天正八〔一五八〇〕年）、円教寺護法堂拝殿（天正一八〔一五九〇〕年）、石山寺蓮如堂（慶長七〔一六〇二〕年）など、中世末から近世初頭に再建された懸造にも台輪から離して床を張るものがあるが、立ち上げは数十センチメートル程度であって、下部の架構から大きな間隔をとって床を張る形式は、古代・中世の特徴と考えられる。

特に不動寺本堂や良忍の修行房のように縁束柱を設けず床を支える土台桁・梁をそのまま延ばして跳出しの縁にする形式は、中世の懸造だけに認められる。近世の遺構では、例外的に西光院本堂の一例だけが不動寺と同じ構法だが、跳出しの縁を筋違だけで支えるなど、『融通念仏縁起絵巻』の懸造（良忍の修行房）と酷似しており、脚部も貫と筋違を併用する中世に特有な方法だから、西光院本堂は中世以来の形式を踏襲して再建されたと考えられる。

（三）古代・中世懸造の意匠的特質

観音霊場の架構と天台・真言系拝殿の架構

崖から長い柱を立て組んで、その上に建物を支えあげる懸造は、水平に展開する平地の諸建築に比べるときわめて強い垂直性が認められる。それでは、ここまで検討してきた床下架構や上屋形式などの特色は、時代ごとの意匠にはどのような影響をおよぼしたのだろうか。

まず、貫の有無について見れば、懸造の垂直性には床下柱の垂直線の強さが影響することは明らかで、すなわちその垂直線が貫や横架材の水平線で分断されずに、垂直方向に延びれば延びるほど垂直性は増す。しかし、近世の諸例を見ると多くの貫が上下等間隔で隅柱から隅柱まで一直線に入れられることになり、柱の垂直線を横断する水平線が増えることによって垂直性はあまり感じられなくなる。

このような観点から見れば、貫を多用せず筋違や数段の横架材だけで床下を固めていたと考えられる平安時代から鎌倉初期までの懸造は、一般に垂直性が強く表れた意匠だったと言えよう。

ところで、懸造の建物全体の垂直性は、この床下架構と上屋が形成する全立面の縦横の比率によって表されるが、この点から鎌倉初期までの懸造を見ると、平安中期頃までに建立された旧観音霊場の礼堂と、平安末から鎌倉初期に創建された天台・真言系の仏堂・拝殿との間には明らかな違いがある。

前者は、奈良時代建立の正堂前面に増築された清水寺、長谷寺、石山寺、東大寺二月堂の礼堂だが、一〇世紀末頃には正堂が三間二面だった二月堂を除けば、いずれもその正堂は平安中期以前には正面が五間以上であって、これらの礼堂も増築当初すでに正面五間以上の規模であったと考えられる（一二世紀中頃には石山寺、清水寺が九間、長谷寺は七間）。

二月堂の礼堂は平安時代には正面三間あるいは五間と考えられ、ほかの三例に比べると規模が小さいが、これも含めて礼堂増設当初の立面における縦（棟高）と横（桁行）の比率を推定すると、たとえば石山寺や二月堂では約一〇対九といずれも縦と横がほぼ同じになる。天台・真言系の仏堂・拝殿でも、創建年代の古い比叡山の横川中堂や醍醐寺如意輪堂、円教寺如意輪堂は、旧観音霊場の礼堂同様創建当初から五間以上の規模（横川中堂・七間、醍醐寺如意輪堂・三間四面、円教寺如意輪堂・三間四面か五間四面）で、その立面のプロポーションを建物の規模と立地条件との関係から推定すると、旧観音霊場の懸造とそれほど変わらなかったと考えられる。

ところが、これが平安末頃創建の峰定寺本堂や日吉牛尾神社拝殿、三仏寺奥院投入堂になると、創建当初の規模はいずれも正面三間以下で、床下の柱もきわめて長く、棟高が正面桁行の一・五倍から二倍近くになる。またこれらの懸造は、それまでの諸例と違って岩が屹立する行場や巨岩の側面、岩窟に岩と一体化するように造られており、その縦長のプロポーションと岩壁の持つ垂直性とがあいまって、きわめて強い垂直性を感じさせる。

さらに平安時代から鎌倉初期までの懸造は貫を多用せず筋違や数段の横架材だけで床下を固めていたと考えられるから、創建当初の正面三間程度の規模なら、三仏寺投入堂のようにほとんどが脚部から上屋までの通し柱で造られていた可能性もある。現存する遺構のほとんどに使われている、脚部をいったん完結させてその上に上屋の本柱を立ち上げる構法では、脚部と上屋をつなぐ台輪が構造上非常に太くなって、床下柱の垂直線を横断するが、ほとんどが通し柱で構成された構法なら柱を固める横架材は細くてすみ、床下の柱から上屋の柱へとつらなる垂直線はよりいっそう強調されるはずである。

さて、旧観音霊場の礼堂の建立は、九世紀中葉以降の摂関貴族による盛んな参詣・参籠と時期が重なり、天台・真言系寺院（神社）の懸造建立は、聖や験者《げんざ》などと呼ばれる人々の験力《げんりき》に対する貴族の関心がにわかに高まった九世紀後葉から一〇世紀頃に始まっていた。この二系統の懸造の大きな違いは、一方が奈良時代に平坦地を確保して建てられた正堂の前面に増築された礼堂であり、もう一方は厳しい練行を行ったといわれる行場に造られたことにあった。

もちろん石山、長谷、清水、二月堂も、その正堂は仏座の自然石や湧水をもとに造られ、長谷寺を開いた興福寺の道明が「修行法師位」[6]という僧位を持ち、二月堂が修二会《しゅにえ》（十一面悔過会）を行うために建立され、ほとんどそのためにのみ使用されたことが示すように[7]、元来それらは平安時代に中国から密教がもたらされる以前の断片的に入っていた密教つまり雑密《ぞうみつ》系の行場であったらしい。しかし、摂関期の貴族たちがそこに期待したものは、長谷寺について「霊像殊験」[8]（『日本三代実録』）、「宝盤石守護密迹神也……（則誓日）令祈冥加者保福」、つまり本尊の立つ宝盤石は神が守っていて参詣して祈る者の福を保つ[9]（『長谷寺縁起文』）とあるように、本尊や仏座の岩・湧水などにまつわる霊験だった。

これに対して、天台・真言系寺院の懸造を建立した醍醐寺の聖宝や円教寺の性空、峰定寺の西念などの験者や聖と呼ばれた人々は、諸国の行場を巡って苦行し験力を得たといわれた人たちで、性空は花山法皇（九六八〜一〇〇八年）を二度結縁《けちえん》させ、西念は久寿三年、鳥羽法皇の病にあたって授戒したように、貴族の期待は特殊な験力を持つ験者や聖そのものに向けられていた。

繰り返すが『枕草子』に「増して験者などはいと苦し気なり、御岳・熊野、掛からぬ山無く歩く程に、恐ろしき目も見、験有る聞え出で来ぬれば、此処彼処に呼ばれ、時めくに付けて安気もなし」、要するに、まして験者は苦しい修行で御岳山、熊野など修行しない山はなく、修行中には恐ろしい目にも遭い、験者として名声を得ればあちこちに呼ばれて落ち着かない(10)、と記されたように、摂関後期には修験者（験者）が山岳にわけ入り、厳しい修行を行うことで神仏の験を獲得するという観念は一般的になっていた。さらに平安末には、『梁塵秘抄』に「山寺行なう聖こそ、あはれに尊きものはあれ、行道引声阿弥陀経、暁懺法釈迦牟尼仏(11)」とあるように山岳の行場にある山寺で修行する聖が称揚されるようになってもいたのである。

験者や聖は、平地では得られない修行の環境や特殊な験力を求めて山岳に入ったが、そのなかでも院政期の聖たちは、摂関期の浄土教が俗化し、六観音を始めとする華麗な造像供養、あるいは阿弥陀堂建立の盛行に象徴されるような美的享楽主義へと堕したことに反発して、山岳の霊場に入ったと言われている(12)。上述したような平安末から鎌倉初期に創建された懸造のきわめて強い垂直性は、このような院政期の聖たちの宗教的態度、なかんずく平地の人々が期待した霊験あらたかな聖のイメージとみごとに対応している。つまり、験者や聖による純密系寺院の懸造は、増築の結果造られた旧観音霊場の懸造礼堂とは違って、行場の厳しい修行を象徴する建物として意図的に造られたと思われ、平安末から鎌倉初期の垂直性を強調した懸造はこのような動きの中から造り出されたと考えられるのである。

平入の屋根から妻入の屋根へ

岩や岩窟に密接し行場の厳しい修行を象徴するような懸造は、鎌倉・室町時代にもっとも数多く建てられ、不動寺本堂や釈尊寺観音堂のようにきわめて脚部が高く、棟高が正面梁間広さの二倍以上もある例も現れる。また鎌倉・室町時代の懸造は、建物の後部が岩壁に直接接続されるなど、鎌倉初期までの懸造よりもいっそう岩や岩窟に密接密着して造られ、建物は屹立する岩壁と一体になって、その垂直性はさらに強調される。

このような建物の垂直性を強める要素は屋根の形状にも現れ、鎌倉・室町時代の懸造では、鎌倉初期までの諸例が平入だったのに対して、すべて妻入になる。平入の場合は、床下の柱から上屋の柱へと続いてきた垂直な線の伸びを軒と棟の二重の水平線がさえぎり、加えて面積の大きな矩形の屋根面が立面全体の垂直性を抑えてしまうが、妻入の場合は柱の垂直線を分断するのは軒の線だけで、屋根の面積も小さく、屋根面と破風が形成する三角形は上方への垂直性を強める。もちろん、中世の懸造が妻入になるのは意匠的な理由ばかりではなく、建物が岩や岩窟に密接密着するための立地上の制約や、積雪・雨仕舞いに対する対応など機能的な必要性があったと考えられる。

たとえば、屋根後部が岩壁に密着した不動寺本堂などの懸造では、岩壁との接合や雨仕舞いの点であきらかに妻入のほうが優れていると考えられ、岩窟に造り込まれた懸造では平入より妻入のほうが狭い岩窟内に建物を納めやすい。

しかし、このような機能的必要性のない平安時代創建の日吉牛尾神社拝殿や石山寺、長谷寺の礼堂が、創建時には本殿と同じ切妻の平入でふたたび建っていたと考えられるにもかかわらず、鎌倉・室町時代には本殿との造り合いの部分をおおう妻入屋根の先がそのまま伸びて正面に破風を造る複雑な形式に変わっている。(13) さらに規模の小さな牛尾神社拝殿では純粋な妻入に変更されていることを考えると、それは機能的な理由だけでは理解できないように思われる。すなわち、そこには上述したような鎌倉・室町時代の懸造における垂直的な表現への志向があったと考えられるのである。

このような志向性は、屋根の形状ばかりではなく、床下架構の架構方法にもうかがわれる。鎌倉・室町時代には脚部を固めるのに貫が使われるようになるが、鎌倉・室町時代の特徴的な方法の一つに、床下架構の上部あるいは中ほどに一～二段だけ貫を入れる方法があった。これは構造的にみれば、鎌倉後期以降一般的になる幾段もの貫を上下等間隔、左右一直線に入れる方法の前段階とも考えられる。しかし、貫を一～二段だけ入れた懸造は、遅れて室町頃の遺構や絵画資料にもっとも多く現れるのである。既に、貞和六（一三五〇）年再建の峰定寺本堂の脚部には幾段にも貫が入れられ、南北朝の東寺の修理に関して未来の顚倒を恐れ、新たに貫を加えた（『東宝記』）とあるように、南北朝頃には軸部の強化に貫が有効であることは一般的にもはっきりと認識されていた。(14) それにもかかわらず、構造的に不利な貫を一～二段だけ入れた方法が室町頃までさかんに使われたのは、旧来の構法がそのまま採用されたという理由だけではなく、脚部の柱の垂直性を弱める貫の水平線が数多く入るのを嫌った結果とも考えられるのである。

また、不動寺本堂や『融通念仏縁起絵巻』に描かれた良忍の修行房など、床下架構最上部の台輪から上屋の本柱を立ち上げ、大きな間隔をとって床を張る中世特有の方法も、縁を跳出しにするため縁を支える束柱がなくなって脚部のプロポーションが縦長になるから、これも垂直性に対する好みと考えることもできる。

それでは、このような鎌倉・室町時代における垂直的な表現への志向には、どのような理念が反映していたのであろうか。

既に平安時代の験者や聖には、山岳の霊地に入って籠山苦行し、その結果神仏の力を得るという修験的な側面が認められるが、山岳の岩や岩窟に密接密着して造られた鎌倉・室町時代の懸造もそうした修験の心性に深くかかわっていた。

修験では、鎌倉末頃の『百因縁集』に「山林に身命を捨つ(15)」とあり、室町頃の『尺素往来《せきそ》』に「捨身苦行之専一也(16)」と記されたように、鎌倉・室町時代には修験者の修行は捨身の苦行を理想とする考えがごく一般的になった。修験の特徴であるこのような苦行性や自然と一体になった修行は、行場の屹立する岩と一体になった造形や、きわめて高い床下架構などの中世懸造の垂直的な表現にあきらかに反映しているように思われる。

たとえば、修験行場と懸造の関係をもっともよく伝える三仏寺の文殊堂と地蔵堂は、断崖の高みに造られているにもかかわらず、縁に高欄がない。行場の断崖をよじ登り、その縁に上ったときの鮮烈な恐怖感と緊張感は、中世の修験における捨身修行の理念をまさしく体現しているかに感じられるのである。

一方で、鎌倉・室町時代の懸造には修験に関係の深い天台・真言系寺社のほかに禅宗の建物もあって、それをただちに修験の造形と断定することはできないが、『一遍聖絵』や『法然上人絵伝』、『春日権現験記絵』などの中世後半の絵巻には、僧や行者の修行地とされる場所にきわめて多くの懸造が描かれ、ほとんど想像によったと考えられる『弘法大師絵伝』の中国の青龍寺金堂や恵果の住房まで懸造に描かれていることを考えると、少なくとも中世には懸造が山岳での厳しい修行にむすびつくという観念はごく一般的になっており、その垂直的な表現には山岳に行場を求め、自然と一体になって苦行するという修験的な宗教観が反映していたことは疑いないであろう。

第七章

近世懸造の姿はどう変わったか

（一）山岳での懸造の形式変化

修験修行の変化――山伏から里修験へ

室町時代に作られた『谷行《たにこう》』という能がある。少年・松若が母の病気平癒を祈るため師匠の阿闍梨（先達）について大峰山の峰入修行に参加したものの、途中で病気になってしまう。同行の山伏たちは「此の道に出てかやうに違例する者をば、谷行とて忽ち命を失ふ事、これ昔よりの大法なり」（『大観本謡曲』一五四六年頃）と言って松若を谷へ落として殺してしまう。このあと師は悲しみ、自分も谷行に処して欲しいと嘆願するのだが、同情した山伏たちが蘇生を祈り、役行者が現れて松若を助けるという内容である。「谷行の大法」はおそらく捨身行を言うのであろうが、この能が示すように、室町時代には多くの山伏（修験者）が全国を巡り、峰入修行の秘法中の秘が謡曲にまで仕立てられるほど一般的になるのである。

同時代の山伏が登場する狂言なども、験力によって尊敬される修験者というよりも身近に存在する宗教者として滑稽に描かれるようになる。実例としては『柿山伏』『禰宜山伏』『蟹山伏』『梟山伏』などが知られるが、『柿山伏』の山伏は「大峰葛城踏み分けて」本山に帰る山伏、『禰宜山伏』は羽黒山の山伏、『蟹山伏』は熊野権現へ祈誓をかけて祈るとあるから熊野の山伏であろう。

高野山で厳しい念仏修行を行い諸国を回国した念仏聖は高野聖《こうやひじり》と呼ばれ、鎌倉時代以降に高野山の霊験譚と納骨を全国に広め、橋や道路、寺社、仏像の造立勧進を勤めていたが、室町時代末頃になると行商を行うなど世俗化、俗悪化しはじめ、後に「高野聖に宿貸すな娘とられて恥かくな」「人のおかた（妻女）とる高野聖」などと俗謡にうたわれるまでになってしまう。

江戸時代の川柳風狂句撰集『誹風柳多留』には次のような川柳が見える。

故郷へ廻る六部は気の弱り

望郷の感情表現としてよく引かれる一句である。六部《ろくぶ》とは正式には「日本回国大乗妙典六十六部経聖」と言い、鎌倉末頃にはじまる、法華経を六六部書写して一部ずつを全国六六ヵ所の霊場に納めて歩いた巡礼者のことである。江戸時代には仏像を入れた厨子を背負って鉦《かね》や鈴を鳴らし、米銭《まいせん》を請け歩いたが、山岳での修行とは関係なく単に諸国の寺社に参詣する巡礼、遊行聖になり、俗人も回国を行うようになる。

山岳信仰に関わる修験道も、江戸時代には里に定着し、山岳修行よりも対庶民の布教活動に中心をおく里山伏《さとやまぶし》・里修験《さとしゅげん》が多くなる。仙台藩では、士分格の山伏と百姓山伏とがあり、百姓山伏はさらに本百姓格の山伏と、水呑み、借家山伏など百姓の中でも最下層に位置づけられる山伏とに分けられ、宗教的活動以外は一般の農民となんら変わらない山伏も出現している。(1) 街にも定着した里山伏は多く、宗教活動のみを行い借家住まいが多かったようである。これらの里山伏は、地域社会の人々から法印様・別当様・山伏様などと呼ばれ、民間信仰の中で指導的役割を果たしていた(2)。

人形浄瑠璃の傑作近松門左衛門の『女殺油地獄』(享保六〔一七二一〕年初演)の「河内屋内」の段はこう始まる。

「揭諦々々波羅揭諦。波羅僧揭諦々々々、波羅揭諦波羅僧揭諦。唵呼嚕々々施荼利摩登枳。唵阿毘羅吽欠」おん油仲間の山上講。俗体ながら数度のお山、院号受けたる若手の先達、新客交り十二灯組、吹き出す法螺もかひがひしげなる金剛杖。腹に腰当首に数珠、巾着がはりの水呑……。

江戸時代の吉野、大峰修験は都市部のさまざまな講によって経済的に支えられ、各講は成人儀礼も含めて若者を大峰山頂にある大峰山寺参詣の修行に出していた(山上講)。その中でも大坂の講は有力で、毎年大峰山に若者を修行に出し、はじめて大峰の修行に入った行者は新客と呼ばれて最も厳しい修行をさせられた。この人形浄瑠璃はそうした大坂市井の講の実態を取り上げており、ここには江戸時代大坂の里修験の様子と、庶民の中に定着していった修験道の姿が鮮やかに表現されている。

修験道の聖地、大峰山での山伏たちの修行も、平安・鎌倉時代の禁欲的で厳格な修行から組織化、制度化が進み、大峰山の修験者たちを統轄していた本山派の聖護院、当山派の醍醐寺三宝院の門主も、生涯に一度大峰修行をすれば良いという状況になっていく。

聖護院では、二条良基の子・道意（一三五四／五八～一四二九年）が熊野三山検校を務め、熊野の修験組織を束ねた最盛期の室町時代には、聖護院系の修験道の山一二〇余り、全国に二万五〇〇〇ヵ寺の末寺を持ったという。これが江戸幕府の「修験道法度」[3]によって一三〇ヵ寺まで減ってしまう。三宝院門主高演（一七六五～一八四八年）の文化元（一八〇四）年七月の大峰入りについては横井金谷の『金谷上人行状記』に詳しく記されているが、門主は修験道復興を期し三〇〇〇人の山伏を伴って二度の大峰山入峰を行い、門外漢であった金谷上人は斧役として従い、その功により「法印大先達」の称号と「紫衣」を受けている。

江戸時代に造られた懸造は形式化するが数としては膨大だったと考えられ、記録に上らないものが多いので調査の手が及ばないが、調査したものは巻末の表に載せておいた。これらは各地方の地域生活にとってかけがえのないものだったはずで、明治時代の神仏分離、修験道禁止令以後大量に壊され放置されて、現在でも日々失われている。しかし江戸時代の懸造は山岳信仰に対する庶民の感覚を反映しながら建立・維持されてきたと思われる。江戸時代の懸造は形式化し、規模も小さくなるものが多くなって造形的な力は明らかになくなっているが、視点を変えれば、費用がかかり技術的にも難しい懸造の形式をなくさずに残してきたこと自体が、山に対する信仰が確実に継承されていた証明とも言えよう。朽ちかけてもまだかろうじて全国にその遺構は残っている。近くの山に少し目を向けて探してみると必ず懸造の建物を見つけ出すことができるはずである。脈々と続いた山への信仰の証は足元に潜んでいる。

形式化の始まり――石垣積と縁通りの柱だけが懸造の建築

まずはじめに懸造が形式化していく初期の例を挙げよう。

京都北西の山中に紅葉の名所として知られる三尾の一つ栂尾高山寺《とがのおこうざんじ》を描いた寛喜二（一二三〇）年の『高山寺寺領牓示絵図』の金堂は、懸造に描かれているが、図をよく見ると建物は石垣積の上に建ち、縁束に当たる部分の一番外側一列の柱だけが長く伸ばされている。

高山寺は建永元（一二〇六）年に明恵が入って復興された寺で、このとき金堂ほかの諸堂を再建している。明恵は紀伊国白上の峰など絶景の地を選んで修行し、華厳宗復興、釈迦に帰ることを目指した僧で、第三章で述べたように、釈迦が楞伽経《りょうがきょう》を説いた楞伽山に高山寺を見立て、山中に花宮殿、谷の建物三加禅の二つの懸造を造っている。

金堂は五間四面檜皮葺の建物だったが関連の資料に懸造に関する記述はない。しかし、明恵は死に際するまで修行を続け、さまざまな奇瑞を現したことが行状や伝記に書かれており(4)、一九歳のときから死ぬ一年前まで約四〇年間書き続けた『夢記』にも金堂の本尊丈六毘盧遮那仏《じょうろくびるしゃなぶつ》の姿を描いたものもあるので、金堂もまた修行に使われていたと考えられる。金堂の縁束柱一列通りだけの懸造は構造的に必要とは考えにくいので、おそらくこの形式は建物を釈迦が説法した楞伽山の一建物と見立てそれを象徴的に表現したものと思われる。

現存する中世の建物では、同様の形式が比叡山麓黒谷にある**知恩院勢至堂**（享禄三〔一五三〇〕年再建）にも見られる。勢至堂は法然上人が住み入寂（一二一二年）した大谷禅房の跡地に建てられたと伝えられる建物で、江戸時代一六三九年に現在の祖師堂が建てられる以前の祖師堂だった。法然の御影を新しい祖師堂に移したため、代わりに勢至菩薩を祀り勢至堂と呼ばれるようになる。

建物は、法然が修行に使ったと伝えられる湧水紫雲水のある岩壁の横に建てられ、敷地が狭いのは事実だが、建物の東側縁の縁束柱だけを懸造にしている。これは構造的にどうしても必要な柱ではないので、この懸造も何らかの意図によると考えるべきであろう。ここで考慮しなければならないのは、勢至堂の元来の姿である祖師堂は祖師が修行した特別な場所に建つと伝えられていることである。法然の行状を描いた『法然上人行状絵図』（鎌倉末頃、知恩院蔵）の法然出家修行に関わる比叡山北谷・源光の住房が懸造に描かれ、懸造の形式が祖師の厳しい修行を象徴するように描かれている。もちろん、縁の懸造部分だけが近世の改造ということも考えられるが、勢至堂（旧祖師堂）の懸造は、祖師法然の厳しい修行を象徴的、形式的に表現した可能性も考えられるのである。

知恩院勢至堂

絵画表現に表れる形式化

これら二例に見られる懸造の形式はこれまでの事例同様、修行者の厳しい修行を表す可能性はあるが、縁束柱一列通りだけを懸造にするという形式は懸造における造形上の形式化が始まったと見ることができる。このような形式化は鎌倉時代初頭に既に始まるが、絵画史料にはこれまでになかったもう一つの特徴を見出すことができる。

徳川家康を東照大権現として祀る日光東照宮は男体山《なんたいさん》を中心とする二荒山《ふたらさん》修験の寺社地を元に造られたものであるが、東照宮から西約二キロメートル山中に、男体山への入山口で遥拝所とも言われる**二荒山神社の別宮滝尾神社**がある。この神社の建物は天保八（一八三七）年刊行の「日光山志」に拝殿の側面が懸造に描かれている。現拝殿は正徳三（一七一三）年頃再建の建物（方三間・入母屋造）で「日光山志」に懸造で描かれているのであるから山志を信じれば懸造でなければならないが、実際には懸造になっていない。つまり「日光山志」は、懸造ではない建物を懸造に描いている。

このような例が明らかになる古い例に**園城寺《おんじようじ》の護法社拝殿**（護法拝殿）がある。現状の護法社は享保一二（一七二七）年に金堂の東から現在地に移転され、図中の護法拝殿は失われているが、鎌倉時代に制作された「園城寺絵図」（園城寺蔵）には高山寺金堂同様、石垣積の基礎の上に建ち縁通りの床下柱だけが懸造に描かれている。しかし、「園城寺古図」にはもう一本、桃山時代にこの古図を手本に描かれたと考えられる円満院蔵の古図（紙本着色園城寺境内古図）がある。その護法社拝殿の懸造を見ると、背後に石垣は描かれておらず、自然の崖に建つように床下柱が描かれているのである。

日本建築、特に懸造の場合、自然の崖から石垣積へと変遷するのが普通で、逆は考えにくく、円満院が描かせた古図中の懸造は何らかの意図を持って描き変えられたと考えるべきである。円満院本の護法社拝殿は園城寺本よりも大きく、本殿の後ろには桜を描いて強調されている。すでに多くの実例をあげたように寺院に付属する護法社は一般的に修験関係の建物であることが多い。円満院本を描かせたと考えられる円満院仁悟は永正七（一五一〇）年、それまで聖護院が務めてきた熊野三山検校職《けんぎょう》を奪い[5]、その後も園城寺の修験に関わっているから、おそらくここでは懸造が厳しい修行、ひいては厳しい修行による利益を象徴する造形として使われたものと考えられる。

このように懸造が存在しないにも拘らず図中に描く、あるいは誇張して描く例は他にも存在したと考えられ、他に「清水寺参詣曼荼羅図」（一六世紀半ば）の朝倉堂前の懸造舞台、室町時代に描かれた「葛川古参詣絵図」（明王院蔵）の本堂前にある懸造舞台がある。

近世の懸造――岩窟から離れた平入の懸造

古代・中世の懸造にはさまざまな形があったが、本堂、本殿は信仰対象の岩や岩窟に密接密着して造られていた。しかし近世に至るとその建築形式や、岩や窟との関係に大きな変化が現れる。

石川県**那谷寺《なたでら》本堂**（観音堂、慶長二〔一五九七〕年）、岐阜県**日龍峯寺本堂**（延宝二〔一六七四〕年頃）の二例は、近世前半に再建された懸造で[6]、那谷寺本堂は屋根のない本殿を納めた小岩窟前面に、三間四方（全面吹放ち）の懸造拝殿（礼殿）が建ち、日龍峯寺本堂は湧水のある小窟の前面に造られている。

建物後方に神格化された湧水がある日龍峯寺の立地は、中世の小菅神社奥社本殿によく似ており、後方本殿部分が窟内にあって、礼殿の屋根後部が直接岩壁に接続する那谷寺本堂の姿は、室町前期の不動寺本堂に類似している。しかし中世に建てられた小菅神社奥社本殿が、妻入で屋根や建物背面が直接岩壁に接続していたのに対し、近世の日龍峯寺本堂は入母屋造・平入で、屋根背面軒先の一部は岩壁に接するが、建物の中央部は窟から一間半ほど離れている。また、屋根の三方に妻を見せる那谷寺拝殿は、一見すると中世と同様、妻入に見えるが、構造上は入母屋造・平入の屋根前面に大きな千鳥破風を付けた建物で、屋根背面から新たに切妻屋根を出して拝殿と岩窟をつないでいる。この切妻屋根の後部は岩に密着するものの、本殿と拝殿の間には唐門が設けられ、本殿と拝殿は明確に分離されている。

寛文元（一六六一）年、山形城主・松平清良によって創建された[7]山形県の唐松観音堂も、中世の不動寺本堂同様本尊を納める厨子部分が背後の小窟内にある懸造だが、元文二（一七三七）年再建の前身建物は、那谷寺観音堂と同じく岩窟の前面に造られた平入（平正面・寄棟造）の礼堂と岩窟を切妻屋根でつなぐ形式だった。中世末までの遺構には、平安後期の三仏寺投入堂、鎌倉初期の龍岩寺奥院礼堂など、岩窟内に平入の懸造が造り込まれる場合はあったが、以上の諸例のように岩窟の前面に平入の懸造が造られる例はなかった。

すでに述べたように大分県国東半島の両子寺奥院本堂は、中世には切妻造ないし入母屋造・妻入で、不動寺本堂などと同じく屋根後方が切妻の形でそのまま窟上部の岩壁に接続する懸造だったが、弘化三（一八四六）年頃再建された現堂[8]は入母屋造・平入に変わっている。現堂は前面に千鳥破風を付けた屋根の、棟を含む前半部だけを造り、背面は棟からわずかに下がった所で岩壁に直に接続されている。このような平入屋根の前半部だけを岩壁に接続して造る形式も近世に入って現れ、長野県の**蟠龍窟拝殿**・千葉県**大福寺観音堂**・栃木県**満願寺奥院礼堂**の三例が同様の形式で造られている[9]。

埼玉県秩父の円融寺岩井堂・法性寺観音堂は岩窟前に建つ宝形造・三間四方の懸造で、窟がかなりの大きさであるにもかかわらず、建物は中世の諸例のように窟内には造り込まれず、屋根後部軒先が岩窟の入口付近に来るように造られている。この形式は広島県厳島弥山山頂付近にあった毘沙門堂にも見られる。

もちろん近世にも中世と同じ形式の懸造が造られる場合もあったらしく、天明六（一七八六）年再建[10]の長野県**大龍寺円通閣**（京岩厄除観音堂）や寛文年間（一六六一～七三）再建の埼玉県**龍性院岩室観音堂**は、中世の不動寺本堂同様後方の厨子を安置する約方一間が岩窟内に突出した形式で、建物は入母屋造の妻を正面に見せ、屋根背面はそのまま岩に突付にされている。このほか建物は既に失われているが、『甲斐叢記』（嘉永四〔一八五一〕年）に描かれた長野県**光福寺岩屋観音堂**（正面三間）も妻入で、現存する岩窟の状況から建物の背面が岩壁に密着していたと考えられ、さらに三重県大泊比音山**清水寺観音堂**も『巡礼通考』（延宝八〔一六八〇〕年）に「比音山清水寺三間四面南向きカケ作り　真仏八一寸八分有之ヨシ後ノ岩洞ニ納ムト云[11]」とある。

しかし、これら四例のうち大龍寺円通閣は永禄年間（一五六〇年代）領主・依田民部長繁の子・興箓の創建と伝えられ、清水寺観音堂は『御尋に付書上げ申覚』[12]（享保一二〔一七二七〕年）に応永年間焼失の記事があるから、懸造の建立は室町時代まで遡る可能性があり、近世に中世と同形式の懸造が造られることは少なかったようである。

福岡県**岩屋神社の境内社熊野神社**は、熊野岩と呼ばれる巨岩の南壁中腹にある懸造で、貞享三（一六八六）年建立[13]の現建物は岩窟奥に三間社流造を造り込み、その前面に片流屋根・桁行三間・梁間一間の庇を設けている。建物は全体的には三間社流見世棚造のような姿だが、前面吹放ちの庇部分は礼拝のために使われ、身舎（流造）の前面に礼拝用の庇が付属するその形式は、平安時代建立の三仏寺投入堂と同じである。

さて、この熊野神社は、九州地方の修験の拠点として栄えた英彦山《ひこさん》から太宰府の宝満山に至る峰入修行の行者道にあり、英彦山・宝満山修験の遺構と考えられている。また前掲厳島水精寺毘沙門堂のある弥山山頂付近には、既に一三世紀頃山岳修験の仏徒がいたことが弘安六（一二八三）年の佐伯親盛「等身白檀大日如来像立願文」から明らかで、秩父の円融寺岩井堂・法性寺観音堂も修験の行場にある。さらに那谷寺は『白山記』（鎌倉初期）に中宮八院とともに挙げられた白山修験にかかわる三箇寺の一つで、修験の行法を記した『三峰相承法則密記』[14]（大永五〔一五二五〕年）は、那谷寺の岩窟で修行をしていた日光山の修験者・阿吸房即伝が後進の求めに応じて書いたものである。国東半島の両子寺も前述したように、六郷満山と呼ばれる天台系修験組織の中心的寺院だった。形式は変化しているが、いずれも山岳信仰にかかわる建物であることは変わらない。

大岩側面に岩から離して

広島県尾道市の千光寺本堂、青森県多賀神社拝殿（旧清水寺観音堂）、千葉県長勝寺浪切不動堂、長野県岩出観音堂はいずれも正面三間（宝形の岩出観音堂を除く三例は妻入）の懸造で、四例とも大岩の側面に建つ。

千光寺本堂（桁行四間）、岩出観音堂（桁行二間・背面二間）は建物のほとんどが整地された地盤上に建ち、前者は吹放ちの前面一間通りだけが懸造で、後者は前面に懸造の舞台を設けている。千光寺本堂は昭和五六年の改築によって内部天井・背面壁・扉などが変更されているが、軸部等は貞享三（一六八六）年の多田義仲による再建である。(15)ただ、前面一間通りの懸造部分と後方三間四方との接合部には土台桁などに不自然な継目があって、前面一間通りは再建後の増築と見られる。この増築の正確な時期は不明だが、寺伝には再建後一〇〇年ほど経って増築したとあり、また絵画資料でも、『備後尾道千光寺之図』（江戸末期）に現在と同じ姿の本堂が描かれているのに対し、安永期（一七七二〜八一年）

千光寺。建物と信仰対象の岩が離れている。

の『尾道絵屏風』（浄土寺蔵）には前面一間通りが吹放ちでない建物が描かれているので、増築の時期は貞享三年から約一〇〇年後の安永期頃と考えられる。

寛永五（一六二八）年に創建された岩出観音堂の現建物は火災焼失にともなう文化一〇（一八一三）年の再建で[16]、前面の舞台だけは昭和五八年に再び建て直されている。千光寺本堂と岩出観音堂は、信仰対象と考えられる磨崖仏の彫られた大岩や観音湧出伝承のある大岩の横に建つが、中世の形式を残す日吉大社牛尾・三宮神社が拝殿内に岩の一部が露出するほど岩に密接していたのとは違って、大岩から一間ほど離れて造られている。

多賀神社拝殿・浪切不動堂は、ともに近年の再建だが、多賀神社拝殿（昭和五九年）は文化一〇（一八一三）年頃再建の前身建物を忠実に復元した懸造で、浪切不動堂も現在の形式とは多少違うが、安政五（一八五八）年の『上総成東石塚山浪切不動尊真景』に懸造の不動堂（入母屋造・三間四方・前面一間通り吹放ち）が描かれており、寛政二（一七九〇）年の『北行日記』や文化九（一八一二）年の『日本九峰修行日記』には、三間四間の大きさで懸造の不動堂があったという記述がある。

多賀神社は明治六年の神仏分離令まで弘前最勝院に属し、清水寺観音堂と呼ばれていた。昭和五九年に壊された文化一〇年頃再建の建物には神仏分離令以後に付加された本殿があったが、元来は入母屋造の三間堂だったと考えられる[17]。この観音堂について、『津軽一統志』[18]（享保一二（一七二七）年）には万治三（一六六〇）年、藩主津軽信義が再興したとあり、寺伝は四代信政が京都清水寺を模して観音堂を建立したとする。

浪切不動堂の創建沿革については確かな資料がないが、寺伝では元和四（一六一八）年の大改修により現在のような懸造になったという。両堂は、中世の諸例同様建物のほとんどが懸造で床下架構の規模も大きいが、多賀神社拝殿は信仰対象の湧水のある岩から一間ほど離れて建ち、浪切不動堂も背面中央に突出した一間四方の厨子部分だけが背後の大岩に乗るように造られ、厨子以外は直接岩に接していない。

永明寺帝釈堂

広島県帝釈峡にある明治三五年再建の**永明寺帝釈堂**（入母屋造・平入・桁行三間・梁間四間）は、帝釈廟と呼ばれる屹立した巨岩の横に建つ側面一間通りだけが懸造の建物で、上記の諸例と同じく岩に直接接していない。帝釈堂は大永四（一五二四）年寄進の鉄製灯台や天文五（一五三六）年の縁起文の存在、ならびに造営の奉加帳に「右馬頭景盛」など毛利家の大名と見られる名前があることから室町末頃には既にあったと考えられ、近世に入って慶長一一（一六〇六）年、福島氏によって再建され、江戸時代には正保・寛文に藩が再造している[19]。

明治三五年再建以前の帝釈堂は、現堂とは位置、形状が違っていたらしく、『芸藩通志』（文政八（一八二五）年）の帝釈廟図には、現在小社が祀られている大岩中腹一〇メートルほどの高さに上屋部分があり、建物のほぼ全体が懸造の帝釈堂（入母屋造・妻入・桁行二間・梁間三間）が描かれている。またその文中には「数十丈の山ノ巌に依り、其半腹を穿ちて、堂を造り成せり、故に巉岩堂上にそびえて、甚危し。此山、全山白石にして……堂下も、皆石なれば、それに、磴路を作りて、堂に登る」とあって、寛文再建の前身堂までは、中世の形式を踏襲した妻入・正面三間で背後が岩に密接する姿だったことがわかる。

帝釈堂が現在の形式になったのは明治の再建からだが、このような建築形式の変化は、中世には信仰対象の岩に密着密接して造られていた懸造が、近世に至ると岩に密接せずに造られるようになったことを示唆していよう。ちなみに次に述べる瀧水寺観音堂は、山中の岩窟前面に岩に密着して建てられていた懸造を麓に移したもので、再建後は岩窟前ではなく岩窟の上に造られている。また福島県会津の大岩観音堂は、寛永一三年まで信仰対象の大岩に密接して造られた永享一〇年頃建立の建物があったが[20]、麓に造られた寛文六年再建以後の堂は懸造ではなくなっている。

さて、永明寺はもと真言宗（現在は修験宗）の寺で、現堂の再建には修験の大本院が本願を務めている。また尾道千光寺には大宝山権現院の名称が示すように熊野権現が祀られ、元和年間の熊野那智御師の『旦那書立』に「尾道千光寺空真（永享七〔一四三五〕年、享徳二〔一四五三〕年）、尾道権現堂大進（文明一七〔一四八五〕年）」の記述があって、室町時代から熊野系の修験者がいたことがわかる。浪切不動・多賀神社・岩出観音については資料が乏しく、どのような性格の建物であったか不明だが、前掲浪切不動堂に関する記述のあった『日本九峰修行日記』は、日向土原の修験者、野田成亮が各地の修験関係寺院を歴訪したときの記録であるから、浪切不動堂も修験とかかわり深い建物だったらしい。

崖上・湧水脇との関係の変容

長野県上田市の瀧水寺観音堂、広島県竹原市にある西方寺普明閣（観音堂）は正面三間の懸造で、瀧水寺観音堂は正面に一間の向拝（階段を覆う屋根部分）が付き、西方寺普明閣は宝形造の前面に正面入母屋造・梁間一間・桁行三間の吹放ち部分が設けられている。普明閣のある西方寺は慶長一五（一六一〇）年の大火後、田中町から、もと妙法寺のあった現在地に移された寺だが、普明閣は妙法寺の時代に既にあったらしく[21]、京都清水寺を模して小早川隆景（一五三三〜九七年）が創建したと伝える。しかし現堂は明和二（一七六五）年の再建で前面の吹放ち部分だけが懸造であり、寺蔵文書には再建以前は二間に一間半の建物だったとあるから、小早川隆景創建の伝承は疑わしく、明和二年の再建で懸造になったと考えられる[22]。

瀧水寺観音堂は、鳥屋山山中にあった光福寺岩屋堂を天保五年の火災焼失後現在地に移したもので、火災の翌年創建に着手し、同一三年落成している[23]（遷座は安政四年）。前身建物である光福寺岩屋堂は、既に述べたように観音を安置した岩窟の前面に岩に密着して建つ懸造だった。現在の観音堂は湧水池わきの崖上に建ち、建物の床下には岩が露出しているが、岩は中世の形式を残す竹生島観音堂や三仏寺文殊・地蔵堂のように屹立した巨岩ではなく、岩盤の一部が山腹の傾斜にそって露出した程度になっている。これは西方寺普明閣の建つ岩崖も同様で、その立地を見ても岩に密接した中世までの懸造の多くが山中の行場にあったのに対し、これらの懸造は山間にある寺院境内の岩崖上に建つ。

以上のように、山岳に建つ近世の懸造は中世の諸例と違って信仰対象の岩や岩窟に密接密着しなくなるが、それでもここまで述べてきた諸例は、すべて岩や岩窟と深く関わっていた。しかし江戸時代には、山岳に岩や岩窟に関係しない懸造の仏堂が造られるようになり、その床下架構にもきわめて形式的なものが現れる。

岩に関係しない懸造と石垣

兵庫県豊岡市の観音寺宝楼閣、赤穂市妙見寺観音堂、長野市松代町虫歌観音堂は、いずれも岩に関係しない正面三間の懸造で、建物の大部分は整地され石垣の積まれた平坦地に建ち、前面一間通りあるいは最前列の縁束柱だけが懸造で造られている。観音寺宝楼閣（寄棟造・妻入・桁行四間）は、寛文一二（一六七二）年建立の前身建物の古材を一部利用して寛政二（一七九〇）年に再建された建物で[24]、床下最前列の柱（縁束柱）だけが懸造で建てられ、江戸中期頃に再建された妙見寺観音堂（屋根は宝形造・側面三間）は、前面一間通りの吹放ち部分だけが懸造で造られている。虫歌観音堂の正堂は、昭和五三年修理の際の改築かと思われる付属部分が多く旧来の平面は明らかでないが、前面最前列の縁束柱だけが懸造の礼堂部分（入母屋造・妻正面・桁行六間・全面吹放ち）はほとんど改築されておらず、天明七（一七八七）年の奉納額や『長野県町村誌』に「別当草堂一棟、長屋ニ、天保の頃なりしか大破零落」とあることから、江戸末頃の再建と考えられる。

この礼堂や観音寺宝楼閣のように、前面最前列の縁束柱だけが懸造の建物は、仏堂ばかりでなく神社の拝殿にもあって、虫歌観音堂の建つ皆神山の反対側山麓にある離山神社拝殿（入母屋造・平正面妻入・梁間三間・桁行三間）や、観音寺宝楼閣のある妙見山の中腹に建つ名草神社拝殿がこの形式である。

名草神社は、明治の神仏分離までは真言系の神仏混淆の神社で、中世には妙見宮と呼ばれた西国・中国一帯の妙見信仰の一大霊場であり、虫歌観音堂や離山神社の建つ皆神山は中世皆神山修験と呼ばれた信州地方の修験の拠点であった(25)。

観音寺宝楼閣

さて、床下の石垣についてだが、床下の石垣は既に『高山寺寺領牓示絵図』（寛喜二〔一二三〇〕年）の高山寺本堂や『園城寺境内絵図』（鎌倉時代、園城寺蔵）の護法拝殿に描かれており、永享六（一四三四）年再建の醍醐寺清瀧宮拝殿にもあるから、鎌倉時代には石垣を積んで整地した地盤上に懸造が造られることもあったらしい。また長谷寺・石山寺・清水寺の礼堂をはじめとする中世までに創建されたと考えられる懸造も、現建物の地盤は整地され石垣の設けられている例が多い。しかし清瀧宮拝殿を除けば、長谷寺礼堂など整地され石垣の設けられている懸造はすべて近世の再建で、中世までの絵図絵巻でも石垣が描かれている例は前記の二例しかない。

特に三仏寺投入堂をはじめとする、信仰対象の岩や岩窟に密接密着して建つ中世までの懸造では、龍岩寺奥院礼堂や不動院岩屋堂のように近世の修理の際に石垣が設けられた例（現在は旧状に復元されている）はあるが、遺構・絵画資料のいずれにも石垣のある例は一例もない。

また清瀧宮拝殿のように信仰対象の岩や岩窟に直に接していない懸造は、石垣を積んでも信仰対象の岩を損なうことはないが、例えば同形式の談山神社拝殿や都久夫須麻神社拝殿では、近世以後再建された現在の建物には石垣が設けられているが、中世の絵画に描かれた建物は自然の崖にそのまま束柱を立てている。つまり、清瀧宮拝殿と前記二例の絵図に描かれた懸造はかなり特殊な例であることがわかり、古代・中世の懸造は一般に信仰対象の岩を壊さず、自然の岩崖に対応して造られていたと考えられるのである(26)。

このような古代・中世の懸造のあり方から見れば、本章で見てきた建物のほとんどは整地され石垣の積まれた地盤上に建ち、前面一間通りあるいは最前列の床束柱だけが懸造の形式は、古代・中世の懸造を形骸化して模倣したきわめて形式的な姿と言えよう。

（二）山岳から平地へ

霊場・霊験寺院の市中・地方での模倣

一六世紀前半の史料に禅宗僧・如月寿印が編集注釈した『中華若木詩抄』があるが、その中に「カケヅクリニシタル。山房」とあった信仲の住房は、鎌倉・建長寺にあったらしく、また室町時代に制作された『洛中洛外図屏風』（国立歴史民俗博物館蔵）の鹿苑寺東北の山裾には懸造の石不動堂が描かれている。信仲の住房についての記述は、漢詩に対する解釈であるから想像の域を出ないが、文中には「仏寺見コトニシテ。山水モ京ニヲトラヌナリ」とあって、建長寺の境内に建つ建物を想起して書かれたことがわかる。また石不動堂は北山殿（現鹿苑寺、通称金閣寺）の建物で、足利義満が応永五（一三九八）年に舎利殿金閣を完成したときに、護摩堂・懺法堂などの仏堂とともにあった[27]、山荘に建てられた建物である[28]。

これらの二例は、石不動堂が北山山麓の大岩に彫られた不動明王を覆うように建ち、信仲の住房も建長寺の背後の山裾に懸け造られたものと考えられるから、山岳の懸造とも言えようが、これまでの諸例ではこのような京や鎌倉の市中近辺に懸造が造られることはなかった。

この他、中世の懸造で市中近辺に建てられたものは今のところ確認できず、このような懸造の立地上の変化は室町時代頃から現れ始めたと考えられるが、これが江戸時代に入ると、西国三十三観音霊場のもっとも有名な霊験寺院である京都の清水寺を模倣した懸造が、江戸や大坂の市中などに数多く造られるようになる。江戸初期に京都清水寺の趣を写して造られた東京上野寛永寺清水観音堂、大阪新清水寺本堂、佐渡清水寺観音堂の三例がこれで、いずれも正面五間で、前面に懸造の「舞台」が設けられている。

「舞台造」という名称

ここで再び、現在でも懸造と同じ意味で使われる「舞台造」という名称について検討してみよう。『江戸名所図会』(天保三〔一八三二〕年)の「清水観音堂」の項割注に「京師清水寺に比して舞台作りなり」という一例がある。この建物は、江戸に幕府を開くに当たって、上野寛永寺内に京都清水寺の趣を写して造られたもので、その本堂前面には清水寺と同じく懸造の架構を持つ露天の板敷が設けられている。前述のように古くは「舞台」という言葉を懸造の意味で用いた例は見られず、また、江戸中期の『巡礼通考』にある大坂「新清水」も清水寺を模して造られ、この建物にも懸造の「舞台」が設けられていたことがわかるが、これについても「舞台造」という言葉は使われていない。

しかし、すでに鎌倉初期には確実に懸造の架構を持つ建物であったと考えられる東大寺二月堂の記録では、懸造の部分を、古くは礼堂(保延四〔一一三八〕～康元二〔一二五七〕年)、内・外礼堂(元応二〔一三二〇〕年以降)などと呼び、その西の縁の部分を鎌倉末(明徳三〔一三九二〕年記事)や室町末(永禄五〔一五六二〕年記事)では「大床」と呼んでいたものを、[29] 江戸の末期(文化九〔一八一二〕年)には「舞台」と呼んだらしい記録が残っている。[30]

これは、礼堂西端の吹放ちになった部分を指すとも考えられるが、二月堂の建物には清水寺や長谷寺のような別個に舞台と呼ばれる部分は設けられておらず、寛永寺清水観音堂の例と合わせて考えれば、江戸末期に至って、懸造の建物の前面吹放ち部分を単に「舞台」と呼んでしまうような捉え方が出てきたものと考えられ、「舞台造」という言葉もそれにともなって使用され始めたと考えられる。

清水寺を模倣する建物

寛永寺は天海が比叡山の延暦寺を模倣して造った寺で、清水観音堂もまた、『東叡山之記』などに京都清水寺の僧・義定房某が本尊を奉持したとあるように、京都清水寺の趣を写して造られたと考えられる。[31] 京都清水寺に対して、寛永寺清水観音堂は規模も小さく、前面「舞台」部分だけがなだらかな傾斜にそって懸造で造られている。

大阪四天王寺の一キロメートルほど西にあった新清水寺観音堂は既に失われてしまったが、寛政八年の『摂津名所図会』に本堂（桁行五間・梁間五間）と前面の懸造「舞台」が描かれている。同絵図には、もと有栖川寺だったものを寛政一七年、京都清水寺より本尊を勧請し、享保年中（一七一六～三六年）に新清水寺と呼ばれるようになったとある。[32] しかし、延宝八（一六八〇）年の『巡礼通考』には、「新清水　天王寺西カケ作ナリ　此舞台ヨリ西ノ海ヲ見渡セハ」とあるから、当時既に懸造の「舞台」があり、新清水と呼ばれていたらしい。

佐渡清水寺観音堂（入母屋造・妻入・桁行五間）も、元禄時代の寺社帳に記載された本尊墨書には、

京都の僧・賢法が元和八（一六二二）年、京都清水寺を模して建立したとある。(33)

霊場を写す、霊場の建物を写し建てるという行為は早くからあったらしく、平安初期に会津で活躍し、最澄と論争した徳一《とくいつ》が全国に長谷寺の信仰を広めて寺院を造ったという伝承がある。平安後期、構成されたと考えられる三仏寺の諸堂の名称は本来、文殊堂は勝手権現、地蔵堂は子守権現で奥の院投入堂も正式には蔵王殿あるいは蔵王堂であろうから、これは吉野金峯山の構成と同じである。

平安末から鎌倉初期に構成された羽黒山の行場も立地、名称とも吉野に似ており、吉野金峯山の行場を写した可能性が高い。(34)ただ、この写しの行為は吉野金峯山に似た地形を選び、見立てて修験の行場を造ったもので、そこに造られた建築の形はそれぞれの自然地形に合わせた特徴あるものである。

また、平安時代に熊野信仰を奥州名取（現宮城県）に遷し、本宮、新宮、那智の社殿を造った名取の老女は、年を取って熊野に参詣できなくなったために熊野の霊場を写している。名取に残る本殿を見ると、熊野造と呼ばれる形式で建てられているから熊野の建築形式をそのまま写そうとした可能性が高い。これに対して江戸時代の清水寺写しは京都清水寺のミニチュアで、もはや修験行場の面影はない。しかし、写すという行為はどれも、大切なものを身近に置きたいという願望に根差す。古代中世までの人々は信仰が生活、生活そのものが信仰であったろうからその願望は直截的、熱狂的で、近世の人々の願望には景趣を楽しむという目的が入り込むのだが、いずれにしても写すことは伝染させることで、おおもとの力、魅力が強ければ強いほど広がっていく。これを担ったのが勧進僧たちで、最も象徴的に使われたのが懸造の造形だったのかもしれない。

さて、江戸時代に入ると、このように京都清水寺を模倣して懸造を造ることは広く行われたらしく、長野県真田町の実相院観音堂（入母屋造・妻正面・桁行六間・梁間五間）では、懸造でなかった寛保二（一七四二）年再建の建物を天明三（一七八三）年に前面二間通りが吹放ちの懸造に改造し[35]、滋賀県園城寺の正法寺観音堂や長野県保科清水寺奥院観音堂、福岡県高良大社観音堂では、江戸時代に入って本堂近くに懸造の「舞台」が設けられている。

このほか江戸中期には、江戸市中の根津権現社境内に懸造の観音堂が建てられ、音羽護国寺の境内には天明二（一七八二）年、西国三十三観音霊場の写しが造られ、その中の京都清水寺に当たる観音堂が懸造で建てられている[36]。

これらの両堂は『江戸名所図会』（天保三〔一八三二〕年）に、三間四方で前面に懸造の「舞台」のある姿で描かれ、同割注には「（護国寺）西国三十三番順礼所写……天明年間深林を伐開き、各其地勢に因て俤を模す……当寺は京の清水寺を摸さるる故に……」、「（根津）観音堂　本社の左岡山のうえにあり。洛陽清水寺の摸にして、本尊千手大悲の像は慈覚大師の作といえり[37]」とあって、いずれも京都清水寺を写したと記している。

また根津の観音堂については、『根津御宮記』（天保一三年）に「一、清水堂　千手観音堂　沙間口間方　舞台巾四間横九尺[38]」とあり、続けて「西国二十五番播磨国清水寺写　天明三年二月」銘のある石碑が掲載されているから、播磨清水寺の写しとも言われていたらしい。

ところで、護国寺の西国三十三観音霊場の写しの中に懸造が造られたように、これまで述べてきた諸例にも、古くは鎌倉初期に成立した坂東三十三観音霊場中の笠森寺観音堂、室町中期の秩父三十四観音霊場に属す円融寺岩井堂・法性寺観音堂、出羽最上三十三観音霊場の唐松観音堂、津軽三十三観音霊場の多賀神社拝殿（旧清水寺観音堂）など、西国三十三観音霊場を真似て造られた観音霊場に多くの懸造があった。

そして近世の懸造でも、京の岩厄除観音堂、西方寺普明閣などは京都清水寺を写したといわれ、瀧水寺観音堂の前身岩屋堂は石山寺を模したという記録がある。これらの事例から考えると、地方観音霊場の成立と懸造の建立との間には何らかの関係があると思われるが、京都の清水寺などを模したという記録はほとんどが江戸時代のもので、山岳の懸造はともかく、これまで述べてきた諸例のように単に京都清水寺などの趣だけを写した懸造が平地に造られるようになるのは、江戸時代に入ってからと考えられる[39]。

庭園の懸造——根津権現社観音堂

根津権現社観音堂は、江戸城内吹上御苑にあった清水観音堂を移築したもので、吹上御苑は徳川家光のとき庭園としての形を整え、清水観音堂は家宣（一六六二～一七一二年）の代に松平基知、稲葉正往によって建立されている[40]。

『吹上御苑真景』（安政二年写し）には、宝永七（一七一〇）年一〇月、地主山の造成が完成し、清水観音堂および同舞台ができ上がったとある。その後、御苑内の建物は徳川吉宗によってほとんどが取り壊され、観音堂も『吹上御苑真景』に「享保八年四月　舞台御取崩、観音堂取壊本尊仏共根津へ遣さる」[41]とある。吹上御苑では、庭内に地主山という山を築いて滝を造り、そこに清水観音堂という名の堂を造ったのだから、後の『吹上訪古録』や『吹上苑炮技上覧之記』(天保一一年)に「滝見の滝高一丈余　清水音羽ノ滝ヲ摸シタル者ナリ」[42]、「地主山のこなたに音羽の滝をうつされたるところあり」[43]と記されたように、滝も観音堂も、計画的に京都清水寺を真似て造られたのである。

このような庭園内の懸造は吹上御苑ばかりでなく、小石川後楽園や岡山後楽園、京都修学院離宮の上御茶屋にもあった。小石川後楽園観音堂は大正一二年の関東大震災で焼失し、現在は石垣と礎石が残るだけだが、大震災までは明暦三(一六五七)年江戸大火後の再建と考えられる懸造があった。この建物は『東京小石川後楽園之景』[44](明治三八年)に入母屋造・妻入・梁間三間・桁行二間で、前面一間通りを吹放ちにし、さらにその前面に懸造の「舞台」が付いた姿で描かれている。

小石川後楽園は水戸頼房が寛永六(一六二九)年に小石川邸へ移ると同時に作庭が開始され、光圀によって完成された庭園である。[45]この観音堂も吹上御苑の清水観音堂と同じく京都清水寺の趣を写したもので、『後楽園記事』(元文元〔一七三六〕年)には、観音堂は頼房の創建で「小廬山、瀑布ありて京師の清水寺をうつしたまふ。……たきの左の方に観音堂有……このところむかしより観音の堂有りけるよしなり、はづかなる堂なれども舞台の高さは京師の清水寺にもおとるまじうこそ、堂の柱などの彫刻美観を成せり」とある。京都清水寺を写して小山と滝があり、滝脇には舞台の高さ、彫刻の美しさが清水寺に匹敵するような観音堂もあったというのである。また寛永一七(一六四〇)年、林道《どう》春《しゆん》が光圀の求めに応じて作った『小廬山記』の「洛東有山日音羽有寺日清水有滝故世称日小廬山盖千釈之所窟宅也[46]」や、榎本其角の『後楽園拝見之記』(元禄一五〔一七〇二〕年)の「むかふに清水音羽をうつし……」、『名越随筆(上)』所収の「後楽園志」の「観音、清水ヲ摸ス舞台滝アリ」など、清水寺の観音・舞台・滝を模したものとしての描写も残されている。[47]

岡山後楽園慈眼堂は元禄一〇(一六九七)年、藩主池田綱政によって創建され、正徳元(一七一一)年一一月一九日に観音入域の儀が行われている。[48] 綱政の子、継政の時代に描かれた『御後園地割御絵図』(池田家文庫蔵)には、正面一間(背面三間)側面二間で前面に「舞台」の付いた慈眼堂の指図がある。この指図と同時期の寛保時代の古図には、切妻造で懸造であるものの前面に「舞台」のない慈眼堂が描かれているが、明和八(一七七一)年一一月の『御後園絵図』には、指図とは多少違うが前面に懸造の「舞台」のある慈眼堂が描かれ、後楽園に関するもっとも詳しい記録である『御後園諸事留帳』にも、この頃の再建や改築の記録はないから、慈眼堂は『地割御絵図』や『御後園絵図』に描かれるように創建当初から前面に懸造の「舞台」が設けられていたと考えられる。[49]

以上のように、境内や庭園内に清水寺や石山寺を真似て造られた懸造は、江戸初期の寛永寺清水観音堂・大阪新清水寺本堂は正面五間(側面は清水堂四間、新清水五間)の規模で、その他はすべて正面三間程度の小堂である。そして寛永寺清水観音堂・大阪新清水寺本堂も含めた全例が、建物の上屋部分は整地された地盤上に建ち、前面に設けられた舞台部分だけが懸造で造られるという共通性を持つ。このうち大阪新清水寺本堂の床下架構だけは例外的に規模が大きいが、他は貫を二〜三段通しただけの小規模なもので、京都清水寺のおもむきを写した建物を造るため斜面を切り開き、あるいは小さな小山を築いて前面舞台の床束柱だけを長くのばしたごく簡単な懸造を造っている。

これら境内や庭園内に造られた懸造は、小石川後楽園の観音堂について「名におふ所々をうつさせ給ふさま……」[50]（『常陸帯』元禄一〇〔一六九七〕年）と記されたように、岩や岩窟に対する信仰と深く関わる中世の諸例とは違って、名所として知られた京都清水寺や滋賀の石山寺のおもむきを写し、その景色や風情を楽しむことが建立の一つの目的であったと思われる。

例えば寛永寺清水観音堂は江戸の花見の名所として『江戸名所図会』等に紹介され、大阪新清水寺本堂も『浪華の賑ひ』（安政二〔一八五五〕年）には「堂前の舞台より遥かに西南の遠山滄海の光景真妙なり」[51]と、その眺望が賞賛されている。また小石川後楽園観音堂などの庭園内に造られた懸造も庭内十景などと呼ばれて多くの歌に詠み込まれていることがこれを示している。

しかし、一方でこれらの懸造は、遠く西国三十三観音霊場まで旅することができない庶民や、庭園を造った将軍・諸大名の個人的な信仰の対象という側面もあわせ持っていた。護国寺の西国三十三観音霊場の写しは庶民の身近な信仰対象として造られ、寛永寺清水観音堂は幕府によって建立されたが、寛永一五年の最初の秘仏開帳以来、開帳のときは「令群詣結縁」（『東叡山諸堂建立記』）という状態だった。また小石川後楽園観音堂については、前掲『小廬山記』にその霊験がうたわれており、岡山後楽園慈眼堂へは創建者・綱政がみずから普門品一軸を書写して奉納し、[52]『御後園諸事留帳』には享保一四（一七二九）年、同三三（一七四八）年の開帳および供養の記録や藩主や奥方のたびたびの参詣が記されている。

山上の岩から「遷す」「移す」「写す」

中世には岩や岩窟と結びついて山岳の行場に垂直的な意匠で数多く造られていた懸造。だが、近世になって、そうした懸造建築への熱意や動向、意匠の特質はどのように変化していったのだろうか。

大づかみにその流れを振り返れば、近世にも岩や岩窟の間近には造られるものの、それらに密接密着しない懸造が現れ、さらに市中や庭園にまで懸造が造られるようになる。そのような岩や岩窟から離れた懸造は、岩との一体感から生まれる垂直性は弱まっていくのである。

近世にも建物後部が岩に直接接続する懸造が造られるのだが、それらは中世の懸造がほとんど妻入であったのに対して、平入に変化する。既に述べたように、平入屋根の場合、軒と棟の水平線が柱の垂直線を二重にさえぎり、妻入に比べると立面にしめる屋根面積も大きくなって、建物の垂直性は弱まる。しかも、近世の屋根は一般に雨漏りを防ぐためと、そのボリュームによって立派に見せるため勾配が急になって、妻入の場合でも立面にしめる面積は中世の諸例よりも増え、その結果建物は鈍重に見えて垂直性は損なわれる。

また床下架構を見ても、近世には小規模なものが大半をしめ、貫は幾段にも入れられるようになって床下柱の垂直性は弱められる。加えて中世では峰定寺本堂や不動寺本堂、不動院岩屋堂など床下の柱が円柱や多角柱の例もあって床下の柱は太く、貫が入っても柱の垂直線は強く表れたが、近世の懸造では木割が細くなるため床下柱は細くなり、貫の水平線のほうが強調されて床下柱の垂直性はあまり感じられなくなるのである。

ちなみに中世の諸例では、床下架構の規模が大きい峰定寺本堂や不動寺本堂、笠森寺観音堂では、柱の太さは貫の幅（高さ方向）の二倍以上あり、貫を一段入れただけの不動院岩屋堂でも柱の太さは貫の幅の約一・五倍あるが、近世にはこの差が縮まり江戸時代にはほぼ同じになってしまう。もちろん、江戸時代にも脚部が太い柱で造られた例はあるが、たとえば中世に特有な架構方法同様、床下架構最上部からかなりの間隔をとって床を張る旧小笠原家書院では、床上柱と上屋の本柱の太さが極端に違う（比率約二・三対一）ため、床下柱の垂直線が上屋の本柱につらなっていく視覚的効果はほとんど失われてしまう。このほかにも、慶長末頃仙台城本丸に造られた懸造の書院は五段の貫を入れた大規模なものだったが、その構造を見ると、床下架構最上部の土台桁・梁に板を張り、いったん台状の平面を造ってから上屋をのせており、懸造の床下架構が水平的に展開する書院の単なる土台として造られたことを窺わせる。

このような垂直的な表現を弱めていく傾向は、市中の寺社境内や庭園に造られた懸造などではさらに顕著に表れ、山岳にも縁束や床下柱の前面一間通りだけが懸造のごく形式的なものが造られるようになる。

たとえば市中や庭園の懸造はすべて、上屋部分は整地された平坦地にあり、その前面に設けられた露天の舞台だけが懸造で造られていたが、前面の舞台だけが懸造であれば、本来、床下の柱から上屋の柱へとのびつながる垂直線は、上屋が後退していることで、舞台の床面にさえぎられてしまう。それを真正面から見た場合には、床下柱と上屋の柱の位置が重なっていまだ垂直性は感じられるが、斜めや横から見た場合には、床下柱の垂直線は舞台床面で断ち切られ、垂直性は半減してしまうだろう。さらにこれが縁束や床下柱の前面一間通りだけが懸造であれば、正面から眺めたときにだけ垂直性が認められ、横から見た場合にはほとんど感じられなくなる。

以上のような近世における懸造の垂直的な表現の退行には、中世の垂直的な意匠を水平的な意匠へ変容させようとする志向がはたらいているように見える。これは、それまで山岳の行場にあった懸造が、市中の寺社境内や庭園にまで造られたことに象徴的に表れている。市中や庭園の懸造は、ほとんどが観音霊場として名高い京都の清水寺や滋賀の石山寺を模して造られたといわれ、それらは山岳の懸造を概念化・矮小化して平地に持ち込んだものであった。

そうした市中の寺社境内の懸造が庶民の身近な信仰対象として建てられ、庭園の懸造も将軍や諸大名の私的世界の内に囲い込まれたとしても、そこにはいまだ山岳の懸造に対する信仰的な態度が残存してはいた。しかしそれらは、中世のように行場の厳しい自然やそれと一体化した修行に結び付いたものではなく、景色や風情を楽しむといった遊興的で鑑賞的な態度を伴って造り出されたものであった。

つまり市中や庭園の懸造は、山岳の自然と険難で信仰的な関係を持っていた中世までの懸造を、鑑賞的で優美な水平的に展開する平地の諸建築へ融合する試みであり、その結果、山岳の垂直的な意匠には、平地の水平的な意匠に対する好みが反映することになったと考えられるのである。

このような経緯は山岳に建てられた懸造でも同様で、山岳とはいっても、中世までの懸造が人里はなれた山間にあったのに対して、近世の懸造は集落の近辺に建てられたものが多くなり、そこでは中世に見られた行場の厳しさは姿を消してしまう。すなわちそこでも平地の鑑賞的な態度が支配的になり、それによって中世の垂直的な意匠は退行し、平地の水平的な志向が反映するようになったとの考察が有効であるように思われるのである。

終　章
垂直性に惹かれる心

山の蔵王権現への信仰

所以埋於茲者蓋償初心復始願之志也阿弥陀経者此
度書是為臨終時身心不散乱念阿弥陀尊往生極楽世界
（中略）南無教主釈迦蔵王権現知見
証明願与神力円満弟子願法界衆生依此津梁皆結見
仏聞法之縁弟子道長敬白　（傍点筆者）

寛弘四（一〇〇七）年八月、藤原道長が金峯山に登山したさい埋納した経筒銘文の後半である。道長は二〇年後の万寿四年、都に建立した法成寺《ほうじょうじ》の阿弥陀堂にこもり、阿弥陀像の手につながる糸をとって往生したが、この銘文にはその平地における阿弥陀信仰とともに、山岳の蔵王権現への信仰がはっきりと刻まれている。このような信仰の二面性は、道長一人のものではなく、摂関院政期を通じての一般的な傾向だった。摂関期には道長同様、多くの貴族たちが金峯山に登山し、長谷寺や石山寺、清水寺など霊験寺院と呼ばれた京周辺の山岳寺院には貴族の子女までもが頻繁に参詣していた。また院政期に至ると、貴族たちは山岳霊場で修行し霊験を身につけたといわれる験者や聖と呼ばれた行者に帰依し、たびたび都に召し出して加持・祈禱などを行わせていた。

周知のとおり、この摂関院政期には、藤原氏歴代の邸宅だった東三条《ひがしさんじょう》殿のような大規模な寝殿造が造られ、道長の法成寺をはじめとして、頼通の宇治平等院などの阿弥陀堂を中心とした大規模な寺院も数多く建立された。これら平地に建てられた諸建築は、たとえば寝殿造が池のまわりに寝殿・対《たいの》屋《や》・釣殿《つりどの》などを配して、それらを廊や渡殿《わたどの》でつないでいったように、横へ横へとつらなり延びて水平的に展開する建築で、庭との連続性をたもちつつ水平線がつぎつぎと続いていくこの水平的な意匠が、これまで日本建築の特質と考えられてきた。

ところが同時期の山岳には、平地の諸建築のように敷地内に池や築山を造って、いわば人工化された自然を楽しむのではなく、神仏の霊験を得るため険しい行場の岩や岩窟に密接密着した、きわめて垂直性の強い多くの懸造が造られていたのである。

つまり摂関院政期には、平地に展開する繊細優美な寝殿造や寺院があるとともに、山岳には力強く厳しい垂直的な意匠の懸造があって、上記の摂関院政期貴族の信仰における二面性と対応した対照的な二つの造形が並存していたのである。

これまで述べてきたように、既に奈良時代には山岳・山林に入って修行する行者や仏徒は数多く存在し、それらに対する律令国家や律令貴族の希求も明らかにあった。しかし意図的に造られた懸造は、摂関院政期における貴族たちの山岳に対する信仰の高まりを待って現れる。そのもっとも古い大規模な懸造は、奈良朝以来の観音霊場である石山・長谷・清水寺などの正堂前面に増築された礼堂・舞台で、その増築の時期は貴族たちが盛んに参詣するようになる九世紀中葉頃と重なっていたことは既に見たとおりである。これらの礼堂や舞台は、正堂が自然の岩を仏座にする本尊を覆うように建てられていたため懸造になり、増築の結果生まれたその意匠は平地の諸建築と比べれば垂直性豊かだが、いまだにきわだった垂直性を持ってはいなかった。

これに対して、平安時代の中ごろから天台・真言系寺院の行場や「聖の住所」「四方の霊験所」と呼ばれる新興霊場に造られた懸造は、行場の岩や岩窟とあいまって強い垂直性を持つようになる。特に、平安末から鎌倉初期に聖と呼ばれる行者が難険な行場に造ったものは、床下の柱も長大で、その意匠は力強くきわめて垂直性が強い。この険しい行場の修行を象徴するような意匠は、平地における摂関期浄土教の俗化や、それに伴う美的享楽主義に反発して山岳に入った験者や聖の信仰的態度、なかんずく平地の人々が彼らに対して抱いたイメージにぴったりと一致しており、それは山岳の修行者に対する摂関院政期の人々の期待が反映されていると考えられるのである。

そして、行場に建つ懸造には平安末の三仏寺投入堂を始めとして平安末から鎌倉初期に、岩窟内や屹立する大岩の側面に取付くように建てられたものが現れ、このような懸造は鎌倉・室町時代にもっとも多く造られる。鎌倉・室町時代の懸造は、平安時代の諸例がすべて平入だったのに対して、ほとんどがより垂直性を感じさせる妻入の形式になり、鎌倉中期以後には屋根背面が岩壁に直接接続した懸造も造られるようになる。垂直的で力強い表現を持ち、信仰対象の岩や岩窟とさらに密着した鎌倉・室町時代の懸造は、岩や岩窟に行場を求めた修験（修験道）と深くかかわっており、その造形には自然との一体化や捨身苦行を理想とした修験的な宗教観の反映が明らかに認められる。

これが室町末頃になると、それまで主に山岳の行場にあった懸造が市中近辺にも造られ、さらに近世に入ると、有名な霊験寺院である京都の清水寺や滋賀石山寺の趣を写した懸造が市中の寺社境内や庭園にまで造られるようになる。つまり、山岳にあった懸造が、近世に至って平地にまで建てられるようになるのである。

また近世には、山岳の懸造でも信仰対象の岩や岩窟からわずかに離して建てられた例が現れ、岩や岩窟に関係しない懸造の仏堂も造られるようになる。これら山岳に建つ近世懸造の意匠には、中世の諸例に見られた強い垂直性は見られなくなり、江戸中期頃には床下架構前面の一間通りあるいは最前列の縁束柱《えんづかばしら》だけが懸造という、きわめて形式化した建物も現れる。市中や庭園に造られた懸造も、いずれも堂前面に設けられた露天の舞台部分だけが懸造で、その床下架構は小規模なものが多く、垂直性はあまり感じられなくなる。

この近世における意匠上の変化は、市中や庭園の懸造が霊験寺院として広く知られた京都清水寺などの写しであったことに象徴されるように、近世の懸造が山岳信仰にかかわる身近な信仰対象ではあっても、その建造や参詣には鑑賞的で遊興的な態度が反映しており、中世のような山岳に対する信仰的な自然観に直接対応したものではなくなってしまったことによるだろう。つまり、近世の懸造における垂直性の退行は、平地の水平的な意匠への好みが反映した結果と考えられ、それは中世の山岳で見られた垂直的で力強く厳しい意匠が、平地の水平的な意匠と融合していった結果と捉えることができる。

柱と梁で構成される日本建築はまず、一本の柱を立てることから始まる。立てられた柱の垂直性は、おそらく山の神と人をつなぐ象徴と捉えられ、その造形は縄文時代の巨大列柱から「岩根御柱」「心柱」「心御柱」へと引き継がれる。

そして修行者が山に入り、常設の建築を造ると、建物は自然の信仰対象に密接密着して床下柱が長く伸びる懸造をつくる、その柱の垂直的表現は自然と一体化しながら見る者、使う者を魅了する。懸造の代表的な遺構である三仏寺投入堂が見る者を引き付けて離さない理由はここにある。

険難な行場を登り、はじめて投入堂に出会った人々が涙を流すわけは、懸造という造形の中に、緑深い山への信仰、柱立てから始まる日本建築の原像が反映しているからである。

修験道と柱

京都の北、鞍馬街道の奥、花背峠を越えた花背では八月一五日に「松上げ」という祭礼が行われる。頂部先端に逆円錐形の大笠を取付けた高さ二〇メートルあまりの檜の丸太柱を河原に立て、あげ松という小さな松明を次々と投げ上げて大笠に火をつける。現在この神事は、お盆に行われる精霊送りと豊作の祈願行事になってしまっているが、本来は高い柱を立てて山伏がこれに駆登り、火打ち石で火を付けて人々の煩悩を焼き尽くす柱松という儀礼で、山伏の験力を競う験比べとなり、それが民間に流布して現在の形になった可能性が高い。

花背の「松上げ」は愛宕山の修験道と関連が深い。愛宕信仰とは、京都市の北西の愛宕山に祀られる愛宕権現を中心とした信仰である。愛宕山は八世紀初頭大宝年間に役行者と、加賀白山ゆかりの泰澄によって開かれたといわれる霊山である。愛宕信仰は、愛宕山に集まった多くの修験者たちによって各地に広められ、民間では火伏せの神、また境界を守る塞の神として広く信仰された（八木透「丹波・若狭の松明行事」『京都民俗』第一五号　一九九七年）。

柱を立て、先端に競って火をつける柱松の儀式は全国的に見られ、九州英彦山の柱松、信州小菅の柱松は有名である。そして花背には峰定寺本堂、小菅には小菅神社奥社、英彦山にも末社大南神社の不動堂と、それぞれの地域には懸造の建物が残る。

また、修験道の室内での儀式にも柱を立てて行う「柱源（供養法、護摩）」がある。これは口伝で伝えられる秘法中の秘法とされ、十界修行の後、最後に正灌頂と合わせて授けられる。『峰中灌頂本軌』（室町時代中期）の「柱源神法」によれば、中央の壇板の上の奥に鼎状の水輪を置き、その中央の穴に閼伽札（修法者自身を示す）、その両脇の穴に黒い布に包まれた乳木二本（柱、金剛界・胎蔵界）を立てて儀式を行う（宮家準「民俗宗教における柱の信仰と儀礼」）。柱源の「柱」は宇宙万物の柱を、「源」は天地陰陽和合の本源を指すとされ、宇宙の形成や修験者を天と地を結ぶ柱として生命の再生を表すという、つまり修験者自身が天と地を結ぶ柱になることを意味する儀礼と

山口県・行波《ゆかば》神舞《かんまい》の松柱（高さ25m）

考えられている。

そして峰入の通常の儀式の際にも、修験者が集まって儀式を行う建物（長床など）では、修験者の最高位である大先達は必ずと言っていいほど、祭壇に最も近い柱を背に座る。

これら柱と修験道、山岳信仰との関係については、いまだ民俗学、宗教学における言及しかないが、修験道がいかに柱を重要視し、儀式の中に残してきたかは注目に値しよう。修験道と建築の柱、懸造の柱との関連についての研究はこれからの課題だが、山岳信仰における「柱」の重要性は現状でも疑いないように思われる。

柱の象徴性は常に日本人の心にあり、柱を立てる行為は魂をゆり動かす。

あとがき——仕舞の一冊

聖地とはいったい何なのだろうか。奈良時代には、苦行によって特別な力を与えられると考えられた山岳での修行は、室町時代に入って「地獄、餓鬼、畜生、修羅、人、天、声聞《しょうもん》、縁覚《えんがく》、菩薩、仏」の十段階を成仏の階梯とする見方を背景に、山を他界と見て、その中でいったん死んで生まれ変わる擬死再生の過程と捉えられるようになる。これによって行者はいっさいの罪穢《ざいえ》を捨て、肉体と魂を浄化し、新たに生まれ変わると考えられるようになる。

たしかに、羽黒山の修行（峰入《みねいり》）で月山弥陀ヶ原《がっさんみだがはら》の細く長い道を駆け抜け、疲労困憊、浄衣一枚の体を励まし、息を切らして低木林をかき分け、岩だらけの道を一人登って、果てしなく広がる景色に出たときに、「今もしかしたらあの世に来てしまっているのかも知れない」と感じる。また、吉野から約二七キロメートル、大峰山を登り、山頂付近の行場を巡って宿坊に伏せ、翌早朝、熊野へ向けて歩き始め、一列に並び歩く行者の列が林道の深い霧の中に吸い込まれるとき、先導する先達の背中は、まるであの世へ引き込まれていくかのように見える。霧中木立の門の向こうへ生死を厭わぬ難行苦行を続けるために、山伏たちの姿は、土を踏む足音だけを残して消えてゆく。

しかし不思議なことに、神仏に法楽の芸を披露して行が終わり、祝宴のあと日常に戻ると、夜中数時間ごとに法螺の音が鳴り響き、睡魔と疲労と戦いながら続けた勤行も、唐辛子の煙に息もできない南蛮いぶしの行も、数年前に行者が亡くなった絶壁に手を合わせて踏み越えた岩壁の行場も、断崖絶壁から足首だけを持って吊るされた覗きの行も、みな夢のように遠く離れてしまう。

鳥取県三朝の三仏寺投入堂に魅入られて以来、日本中で何度、同じことを繰り返しただろうか。それでも、修行で調査で山に入るたびに、この景色はどこかで見たはず、という既視感にとらわれる。細くうねった山道を登り、崖の突端を回り込んだときに、突然目に入る建物。岩窟上の突出した岩、切り立った岩壁、建物が立つ巨大な岩塊と近傍に湧き出る水。

建物を下から見上げたときの強く美しい姿と、反対に建物から見下ろす川や街道、町の見事さ。そうした対照は、山に対する信仰と山中にある建物の造形には必ずや造られた理由と歴史的変遷、文化的な構造があるはず、と確信させる。

日本全国、さらにできるかぎり世界中の聖なる山にも登り、そこに造られた建築を調べて約四〇年になる。山岳信仰の研究は、かなり早くから試みられたと思われるが、交通機関が発達していなかった当時、山々に入り実測しながら数多くの建物を調査するのは困難であったと思う。私の研究は、ある意味、時代の力によって可能になったとも言えるが、逆に時代は山岳の建築を朽ちさせ、倒壊させ、あっという間に、その数を減らしてしまった。建物の使われ方、山林に隠れた小建築まで漏らさず調べるために、羽黒山秋峯峯入七回、聖護院、東南院等から大峰峰入三回、ほかに立山、白山、熊野、大山、英彦山など山の修行に入れていただいてきた。

また、千日回峰行を成し遂げた大阿闍梨の後をついて、こうした回峰行の道約三〇キロメートルを三回歩かせていただいたこともある。深夜一二時頃、懸造の住房を出た回峰行者は、比叡山最高部にある玉体杉《ぎょくたいすぎ》の所で、眼下に一望する京都の中心、御所に向かって天皇、京の人々、日本全体の安寧を祈る。

大阿闍梨の背を追い、歩き終わって、さまざまなことが分かったつもりになるが、平安時代の相応和尚に始まると伝える一〇〇〇年以上の年月に、数えきれないほどの行者たちによって積み重ねられた山の修行の意味と究極の合理性を、たやすく理解することはできない。

同じように、山に対する信仰が創り上げてきた建築をすべて調べ、理解することの難しさは分かっているつもりである。しかし、山の建築の多くが日々朽ち、失われている。だからこそ、懸造の研究だけは公にしなければと考えていた。このたび上梓する本書は、この魅力あふれる聖地にある山の建築についてのこれまでの調査を整理し、山に対する日本人の信仰、その懐に入り込むために考えられた造形と、抱かれる至福に関して、筆者なりに考察したことを述べたものである。読者にもこうした思いに少しでも共感していただけたら、それに勝る喜びはない。

おそらくこの本は、私の研究の大きな区切りになるはずである。ここで区切りの舞をひとさし舞って、これからは都に降りて唱導する聖のように、日本の緑豊かな山の大切さ、そこで衆生のために苦行して果てた行者たちと、その結晶としての懸造を静かに伝えていきたいと思う。
この偏屈な研究を成すにあたっては、新奇な流行の建築理論ばかり追い求めていた愚者に、歴史の重要性と研究の面白さを気づかせ、山に先達し、研究の道に導いてくださった恩師・神代雄一郎博士、研究を断念しようかと迷ったときに続ける力を頂いた藤井恵介、藤岡洋保学兄、変わらず支えてくれた家の山の神・玲子、そして常に研究に助言をもらった多くの学友の皆さん、なにより物数寄にも拙稿に目を留めて頂き、二年ものあいだ、毎月打合せの名を借りて完成まで力添えいただいた編集の林辺光慶さんに御礼申し上げたい。

著　者

|」「梁間４間」を表す。

床下構造形式				成因
基礎	正側面柱間	貫	筋違	
整地・礎石	13間×４間	４段	無	本尊岩座・湧水
整地・礎石	５間×３間	４段	無	
整地・礎石	11間×５間	３段	無	本尊岩座・閼伽井
整地・礎石	11間×６間	６段	無	本尊仏座・湧水滝
整地・礎石	４間×２間	３段	無	鎮壇（岩座）
整地・礎石	９間×２間	３段	無	本殿岩・湧水
一部岩直接	７間×２間	３段	無	大岩・湧水
整地・礎石	９間×５間	４段	無	本尊岩座・内湧水
整地・礎石	９間×５間	３段	無	岩窟・閼伽井
整地・礎石	14間×４間	２段	無	本尊岩座・閼伽井
				石櫃・湧水
岩直接	５間×５間	６段	有	仏座下石竇・湧水
岩直接 岩直接	４間×２間 １間×１間	無 無	有 有	岩窟
岩直接	５間×６間	４段	無	大岩
岩直接	５間×６間	５段	有	大岩
岩直接	４間×２間	１段	無	岩窟
岩直接・一部礎石	５間×３間	４段	無	大岩・湧水
同上	５間×４間	４段	無	大岩・湧水
整地・礎石	11間×７間	２段	無	大岩上護法堂・閼伽井

主な懸造とその構造

※原則として概ね創建時期の古い順に掲げた。「上屋構造形式」中の「桁3」「梁3」という表記は「桁行3

名称	所在地	上・懸造創建 下・現建物(前身建物)	上屋構造形式
長谷寺礼堂	奈良県桜井市	平安前期 慶安3年(1650)	七間堂[久安6年(1150)時点] 正面入母屋造　妻入　桁9　梁5
長谷寺舞台	〃	貞和3年(1347)以前 慶安3(1650)	不明 正面5間　側面3間
石山寺礼堂	大津市	平安前期 慶長7年(1602)	七間四面[久安6年(1150)時点] 寄棟造　平入　桁9　梁4
清水寺本堂・舞台	京都市東山区	平安前期 寛永10年(1633)	九間[応保元年(1161)時点] 寄棟造　平入　本宇桁9　梁7
醍醐寺如意輪堂	京都市伏見区	元慶元年(877)頃 慶長11年(1606)	三間四面[醍醐雑事記] 入母屋造　妻正面　桁5　梁3
醍醐寺清瀧宮拝殿	京都市伏見区	寛治3年(1089) 永享6年(1434)	三間三面　[醍醐雑事記] 入母屋造　平正面　桁7　梁3
宝厳寺観音堂	滋賀県長浜市	昌泰3年(900)か 慶長8年(1603)	正面5間 入母屋造　平正面　桁5　梁4
円教寺如意輪堂	兵庫県姫路市	天禄元年(970) 昭和7年	三間四面または五間四面[書写山旧記] 入母屋造　妻入　桁9　梁7
延暦寺横川中堂	大津市	天延3年(975) 〔天正12年(1584)〕	七間堂　前有孫庇[山門堂舎記] 入母屋造　平正面　桁7　梁9
東大寺二月堂	奈良市	1130年代以前 寛文9年(1669)	三間または五間[二月堂修練行衆日記] 寄棟造　妻入　桁10　梁7
朝護孫子寺本堂	奈良県平群町	平安後期 〔慶長5年(1600)〕	正面5間程度[信貴山縁起絵巻] 入母屋造　妻入方8間[和州社寺大観]
峰定寺本堂	京都市左京区	久寿元年(1154) 貞和6年(1350)	三間堂[大悲山縁起] 寄棟造　平入　桁5　梁5
三仏寺奥院投入堂 付愛染	鳥取県三朝町	平安後期 同上	流造　平正面　桁1　梁2　前側面に庇 切妻造　妻入　桁1　梁1
三仏寺地蔵堂	〃	平安末か 室町後期	正面3間 入母屋造　妻入　桁4　梁3
三仏寺文殊堂	〃	平安末か 天正8年(1580)	正面3間 入母屋造　妻入　桁4　梁3
三仏寺観音堂	〃	不明 正保5年(1648)	不明 入母屋造　妻入　桁3　梁3
日吉大社牛尾神社 拝殿	大津市	平安末～鎌倉初期 文禄4年(1595)	切妻造　平正面　桁行3間か 入母屋(後部本殿接続)妻正面 桁3　梁5
日吉大社三宮神社 拝殿	〃	平安末～鎌倉初期 慶長4年(1599)	入母屋造　妻正面　梁間3間か 入母屋(後部本殿接続)妻正面 桁4　梁5
一乗寺本堂	兵庫県加西市	12世紀中葉以前 寛永5年(1628)	正面9間ないし五間四面 入母屋造　平入　桁9　梁8

不明	不明×9間		無	大岩
礎石	8間×2間	3段	無	岩窟・湧水
岩直接 整地・礎石	13間×2間 6間×2間	無 3段	有 無	磨崖仏
岩直接	3間×1間	1段	無	岩窟・湧水
岩直接	3間×1間	無	無	岩窟・湧水
一部岩直接	7間×4間	2段	無	(湧水)
元・岩直接	2間×2間	2段	無	岩窟・湧水
岩直接	3間×2間	1段	無	岩窟・湧水
岩直接	5間×4間	4段	無	岩窟・湧水
岩直接	8間×4間	1段	無	岩窟・湧水池
岩直接	3間×3間	5段	無	大岩・岩窟
岩直接	8間×6間	4段	無	大岩・湧水池
整地・礎石	6間×7間	1段	無	(湧水池)
元・岩直接	3間×3間	4段	無	大岩・岩窟・湧水
	3間×1間	5段	無	岩窟
礎石	6間×3間	1段	無	大岩・岩窟・湧水
礎石	7間×3間	2段	無	岩窟・湧水
整地・礎石	14.5間×5.5間	5段	無	
				大岩

松苧神社拝殿	新潟県 十日町市	文治頃（1185～90） 明応６年（1497）	現本殿と同程度の規模 寄棟造　妻入　桁７　梁３（背面４間）
両子寺奥院本堂	大分県安岐町	建保３年（1215） 弘化３年（1846）頃	切妻ないし入母屋造（背面岩突付）妻入 入母屋造（背面岩突付）平入 桁５　梁２
笠置寺礼堂	京都府笠置町	13世紀初頭 昭和32年　一部桃山	十余間廻廊　［笠置曼陀羅］ 入母屋造　平正面　桁６　梁３
鰐淵寺蔵王堂	島根県出雲市	鎌倉時代か 〔弘化３年（1846）〕	不明 片流千鳥破風付正面３間内部床を張らず
龍岩寺奥院礼堂	大分県宇佐市	弘安９年（1286）	片流　平入　桁３　梁２
都久夫須麻神社拝殿	滋賀県長浜市	正中３年（1326）以前 大正３年（1914）	中門廊七間［伝、寛平２年（890）］ 入母屋造　平正面　桁５　梁３
不動院岩屋堂	鳥取県若桜町	室町前期	入母屋造（背面切妻）妻正面 桁３　梁３
鷹栖観音堂	大分県宇佐市	元亀３年（1572）以前 文化文政（1804～30）	不明 入母屋造（背面切妻）妻正面 桁３　梁３
見入山観音堂	青森県深浦町	康永３年（1344） 大正13年（1924）	不明 入母屋造（背面切妻）妻正面 桁３　梁３
西光寺毘沙門堂	岩手県平泉町	鎌倉時代か 〔慶長20年（1615）〕	９間四面［吾妻鏡］ 寄棟造（背面岩突付）平正面 桁７　梁３
不動寺本堂	大津市	室町前期	寄棟造（背面岩突付）平正面 桁３　梁３
笠森寺観音堂	千葉県長南町	応永30年（1423）代 天正７年～文禄６年	６間半９間半［伝、長元元年（1028）］ 寄棟造　平入　桁５　梁４
如意寺文殊堂	神戸市西区	正暦年間（990～95）か 室町中期	不明 入母屋造　妻入　桁５　梁４
那殿観音拝殿	石川県小松市	室町時代か 昭和再建	不明 入母屋造（背面岩突付）妻入 桁３　梁３
釈尊寺観音堂	長野県小諸市	永正元年（1504）以前	現堂と同程度の規模 入母屋造（背面岩突付）妻正面 桁２　梁３
小菅神社奥社本殿	長野県飯山市	天文年間（1532）以前 天文年間（1532）	現本殿と同程度の規模 入母屋造（背面岩突付）妻入 桁４　梁４
文殊仙寺本堂	大分県国東市	天文７年（1538）以前 江戸後期	不明 入母屋造（背面岩突付）妻入 桁３　梁５
吉水神社書院	奈良県吉野町	桃山時代　一部室町時代	入母屋造　桁14.5　正面梁５.5間
磐台寺観音堂	広島県福山市	元亀年間（1570～73）	寄棟造　平入　桁３　梁２ 背面１間通り庇

岩直接 現コンクリート	9間×3間 9間×3間	4段 3段	無 無	大岩・湧水
元・岩直接	5間×3間	4段	無	岩窟・湧水池
岩直接	3間×5間	6段	有	大岩・湧水
整地・礎石	13間×2間	1段	無	
整地・礎石	10間×3間	4段	無	
整地・礎石	7間×1間	2段	無	(湧水)
整地・礎石	(3＋2)×2間	3段	無	
整地・礎石	7間×2間	2段	無	本殿大岩・閼伽井
礎石	3間×3間	虹梁	無	岩窟
岩直接・一部礎石	5間×3間	4段	有	岩窟・湧水
岩直接	3間×1間	1段	無	岩窟
礎石	5間×4間	複合	無	岩窟
礎石	4間×2間	複合	無	岩窟
一部礎石	7間×5間	3段	無	大岩・本殿床下井戸
岩直接	6間×6間	5段	無	大岩
礎石	3間×4間	2段	無	岩窟
	3間×1間	2段	無	岩窟
礎石	3間×3間	2段	無	岩窟
岩直接				
岩直接		無	無	
礎石	6間×6間	3段	無	岩窟
礎石	4間×2間		無	大岩

円蔵寺虚空蔵堂 舞台	福島県柳津町	享禄4年（1531）か 文政12年（1829）	入母屋造　平入　桁行5間ないし7間 重層入母屋造正面唐破風付　桁8　梁7
那谷寺観音堂拝殿	石川県小松市	慶長2年（1597）	入母屋造（背面岩突付） 平入　桁3　梁2
西光院本堂	茨城県石岡市	中世後半か 江戸末期	不明 寄棟造　平入　桁3　梁3
談山神社拝殿	奈良県桜井市	治承5年（1181） 元和5年（1619）	四面廻廊29間 ［多武峯略記］ 入母屋造　桁1　梁3 左右各桁5　梁3
吉野水分神社拝殿	奈良県吉野町	室町末期頃 慶長9年（1604）	不明 入母屋造　平正面　桁10　梁3
円教寺護法堂拝殿	兵庫県姫路市	弘安6年（1283） 天正18年（1590）	不明 入母屋造　平正面　桁7　梁2
由岐神社拝殿	京都市左京区	不明 慶長15年（1610）	不明 入母屋造（割拝殿）平正面　桁6　梁2
石山寺蓮如堂・ 三十八所権現社拝殿	大津市	不明 慶長7年（1602）	不明 入母屋造　平正面　桁5　梁4
龍性院観音堂	埼玉県吉見町	寛文年間（1661～73）	入母屋造　妻入　桁3　梁2　背面岩突付
日龍峯寺本堂	岐阜県関市	延宝2年（1674）以前	入母屋造　平入　桁5　梁4 背面岩突付
宝珠山熊野権現社	福岡県東峰村	貞享3年（1686）	三間社流造　前面　桁3　梁1　庇付
法性寺観音堂	埼玉県 小鹿野町	享保4年（1719）	方形造　桁3　梁3 前側面一間通り吹放
円融寺岩井堂	埼玉県秩父市	寛政7年（1795）以前	方形造　桁3　梁3　前面一間通り吹放
大川弁才天社拝殿	奈良県天川村	鎌倉時代か 寛政11年（1799）	不明 入母屋造　平正面　桁7　梁5
水精寺毘沙門堂	広島県 廿日市市	芸州厳島図会 近年	入母屋造　妻入　桁3　梁3 入母屋造　妻入　桁3　梁2
京の岩厄除観音堂	長野県 北相木村	永禄年間（1560年代） 天明6年（1786）	入母屋造　妻入　桁3　梁3　背面岩突付
蟠龍窟拝殿	長野県佐久市	江戸時代か 近年	入母屋造　平正面 桁2 梁1 背面岩突付 入母屋造　平正面 桁3 梁2 背面岩突付
岩屋観音堂	和歌山県 田辺市	文化8年（1811） 昭和2年（1927）	入母屋造　妻入　桁1　梁1　背面岩突付
唐松観音堂	山形市	寛文元年（1661） 昭和51年（1976）	入母屋造　妻入　桁3　梁2　背面岩突付
三仏寺不動堂	鳥取県三朝町	江戸時代	一間社　春日造
弥谷寺礼堂	香川県三豊市	延宝5年（1677） 近年	入母屋造　桁4　梁1 入母屋造　平入
千光寺観音堂	広島県尾道市	貞享3年（1686）	入母屋造　妻入　桁4　梁3 前面一間通吹放

礎石	6間×3間	5段	無	大岩
礎石	5間×2間 6間×1間	2段 2段	無 無	大岩 大岩
礎石	5間×4間	3段	有	大岩・湧水
礎石 礎石	5間×3間 5間　3間	4段 5段	無 無	大岩
岩直接 礎石	5間　4間 1間　6間	段 2段	無 無	大岩
				大岩
礎石	2間×2間	2段	無	岩
礎石	3間×4間	3段	無	岩
礎石	3間　5間	4段	無	岩
岩直接	2間×4間	1段	無	岩
礎石				
礎石	5間×1間	2段	無	
礎石	4間×1間	3段	無	
礎石	6間×1間	3段	無	岩
礎石	5間×4間	段	無	
礎石	5間×2間	4段	無	
礎石	3間	5段	無	
礎石	6間×4間	6段	無	
礎石	5間×5間	2段	無	
	5間×2間	1段	無	
礎石	8間×1間	2段	無	
礎石	7間×2間	2段	無	
礎石	7間×2間	2段	無	
岩直接	4間×2間	無	無	岩窟

岩出観音堂	長野県大桑村	寛永５年（1628） 享保４年（1719）	不明 方形造　正面３間　側面２間 前面露天舞台
長楽寺満月殿	長野県千曲市	天保５年（1834）以前 近年	方形造　桁２　梁２ 方形造　正面１間(背面２間)　側面２間
多賀神社拝殿	青森県弘前市	文化10年（1813）	入母屋造　妻入　桁３　梁３　向拝１間
長勝寺浪切不動堂	千葉県山武市	安政５年（1858）以前 昭和49年（1974）	入母屋造　妻入　桁３　梁３ 前面一間通吹放 入母屋造　妻入　桁４　梁３ 後部一間四方突出
永明寺毘沙門堂	広島県庄原市	慶長11年（1606） 明治33年（1900）	入母屋造　妻正面　桁３　梁３ 背面岩突付 入母屋造　平入　桁３　梁４　向拝１間
焼火神社拝殿	島根県 西ノ島町	天明２年（1782）	入母屋造　妻入　桁４　梁３
西方寺普明閣拝堂	広島県竹原市	明和２年（1765）	入母屋造　妻正面　桁２　梁１　全面吹放
北向観音薬師堂	長野県上田市	天保14年（1843）以前	入母屋造　妻入　桁３　梁３　向拝１間
瀧水寺観音堂	長野県真田町	天保13年（1842）	入母屋造　妻入　桁４　梁３　向拝１間
岩上観音堂	長野県穂高町	近年	方形造　正面３間　側面２間
妙見寺観音堂	兵庫県赤穂市	江戸中期	方形造　桁３　梁３　前面一間通り吹放
観音寺宝楼閣	兵庫県日高町	寛政２年（1790）	寄棟造　妻入　桁４　梁３
虫歌観音堂拝殿	長野市	江戸末頃	入母屋造　平正面　桁６　梁３　全面吹放
離山神社拝殿	長野市	寛政８年（1796）以前	入母屋造　妻入　桁３　梁３　全面吹放
寛永寺清水観音堂	東京都台東区	寛永13年（1636）	入母屋造　平入　桁５　梁４ 前面露天舞台
清水寺奥院舞台	京都市東山区	寛永10年（1633）	寄棟造　平入　桁５　梁５　前面露天舞台
清水寺観音堂舞台	新潟県佐渡市	元和８年（1622）	入母屋造　妻入　桁５　梁５ 前面露天舞台
実相寺観音堂舞台	長野県上田市	天明３年（1783）	入母屋造　平正面　桁６　梁３ 前面２間通吹放
園城寺観月舞台	大津市	嘉永２年（1849）	入母屋造　桁１　梁１　吹放
新和歌浦観海閣	和歌山市	嘉永６年（1853）以前 近年	入母屋造　妻入　桁５　梁３
三渓園内臨春閣	横浜市	慶安２年（1649）か	入母屋造　桁３　梁２（第二屋）
名草神社拝殿	兵庫県養父市	元禄元年（1688）	入母屋造　平正面　桁５　梁２　割拝殿
玉置神社社務所	奈良県 十津川村	文化元年（1804）	入母屋造　北側桁５　梁６
旧小笠原家書院	長野県飯田市	寛永年間（1624～43）	入母屋造　正面庇付き　桁７　梁５
〈以下は絵画資料からの解読〉			
神護寺巌堂	京都市右京区	寛喜２年（1230）	片流　平正面　桁１　梁２［牓示絵図］

岩直接				岩窟・閼伽井
岩直接	3間？	無	有	大岩
岩直接	10間×8間	2	無	大岩
岩直接	5間	1	無	
不描 不描	2間 5～7間	2 2	無 無	大岩・閼伽井
岩直接	11間×6間	2	無	
礎石	1間×3間	2	無	
岩直接	6間×2間	3	無	
	4間×3間	2段	無	
	5間×3間	4段	無	湧水
	4間×4間	3段	無	
礎石	4間×6間	1段	無	
礎石	5間×6間	1段	無	
礎石	2間×1間	2段	無	
	4間×3間	3段	無	
礎石	3間×1間	1段	無	

岩屋寺仙人堂	愛媛県 久万高原町	正安元年（1299）以前	片流　平正面　桁2　梁1［一遍聖絵］
笠置寺薬師堂	京都府笠置町	鎌倉時代（13世紀後半）	片流（背面岩突付）正面　桁3 ［曼陀羅］
那智宮礼殿	和歌山県 那智勝浦町	鎌倉時代	廻廊状正面10間側面7間　梁1 ［クリーブランド蔵曼荼羅］
那智宮如意輪堂	〃	同上	入母屋造　桁5［同上］
神倉権現社拝殿	和歌山県 新宮市	正安元年（1299）以前 〔享保17年（1732）〕	切妻造平正面　梁2　［一遍聖絵］ 入母屋造　平正面　桁6　梁5
明要寺山王社拝殿	神戸市北区	文亀3年（1503）頃	入母屋造　平正面　桁6　梁3 ［参詣曼陀羅］
滝安寺本堂礼殿	大阪府箕面市	桃山時代頃	入母屋造　平正面　桁4　梁2 ［参詣曼陀羅］
葛川明王院舞台	大津市	室町時代頃	正面6間側面2間［葛川明王院境界図］
僊齢寺大日堂	香川県 小豆島町	江戸末期以前	入母屋造　妻正面　桁3　梁3
新清水寺舞台	大阪市 天王寺区	寛永17年（1640）	前面露天舞台
宗像神社宇賀神堂 舞台	福島県 会津若松市	文化6年（1809）以前	方形造　桁2　梁2　前面露天舞台
護国寺観音堂	東京都文京区	天明2年（1782）	方形造　桁3　梁3　前面露天舞台
根津権現社観音堂	東京都文京区	享保元年（1716）	入母屋造 平入 桁3 梁3 前面露天舞台
小石川後楽園観音堂	東京都文京区	寛永10年（1633）頃 明暦3年（1657）	不明 入母屋造　妻入　桁2　梁3 前面一間通吹放
修学院離宮洗詩台	京都市左京区	万治2年（1659）	入母屋造　桁2以上　梁2　全面吹放
岡山後楽園慈眼堂	岡山市	元禄10年（1697） 明和8年（1771）頃	方形造　正面1間　背面3間　側面2間 前面露天舞台 方形造1間に入母屋造一間四方接続 前面露天舞台

注

［はじめに］

（1）例えば桜井敏雄「山岳宗教の建築（上・下）」、『仏教芸術』166、173号所収、毎日新聞出版、一九八六、一九八七年。拙稿「「懸造」という名称について」「古代・中世の懸造について」「懸造の近世的変容」、日本建築学会論文報告集、第406、419、485号所収、一九八九～一九九六年

［第一章］

（1）大野晋『神（一語の辞典）』三省堂、一九九七年

（2）木村徳国『上代語にもとづく日本建築史の研究』中央公論美術出版、一九八八年

（3）柳田國男「山宮考」『定本柳田國男集』第11巻、注、筑摩書房、一九六三年。大場磐雄『祭祀遺蹟──神道考古学の基礎的研究』19頁、角川書店、一九七〇年

（4）景山春樹『神体山』新装版、190-194頁、学生社、二〇〇一年

（5）神代雄一郎『日本の美術244　日本建築の空間』至文堂、一九八六年

（6）山梨県埋蔵文化財センター「遺跡トピックスNo372　牛石遺跡」、二〇一七年

（7）小林達雄編『縄文ランドスケープ』ジョーモネスクジャパン機構、二〇〇二年

（8）稲垣榮三『原色日本の美術16　神社と霊廟』小学館、一九九〇年

（9）丸山茂『神社建築史論──古代王権と祭祀』中央公論美術出版、二〇〇一年

（10）川添登『木と水の建築　伊勢神宮』筑摩書房、二〇一〇年

（11）黒田龍二『中世寺社信仰の場』思文閣、一九九九年。黒田は御柱の直径が径一尺と細く重要な神籬としては細すぎること、菊花御饌のような新しい祭儀が行われていることをあげている。

（12）宮坂清通「別編諏訪神社の歴史」、『増訂下諏訪町誌』所収、下諏訪町誌編纂委員会、甲陽書房、一九八五年

（13）太田博太郎「入母屋造本殿の成立」、「日本歴史」236号所収、一九六八年。『日本の建築　歴史と伝統』所収、筑摩書房、一九六八年

（14）三浦正幸『神社の本殿──建築にみる神の空間』吉川弘文館、二〇一三年

（15）前掲注（11）。黒田は、神体山信仰をもつ神社で山を背負わずに南面する本殿があるのは前身が御旅所だったとする。

（16）日本古典文学大系、1『古事記　祝詞』、2『風土記』、4～7『万葉集』、67・68『日本書紀（上・下）』岩波書店、一九五八

～六七年
(17)本居宣長『古事記伝』の四には、「天之御柱は即ち次に見えたる八尋殿の柱なり……」とある。『校訂古事記伝』吉川弘文館一九三五年による。
鈴木重胤『日本書紀伝』五之巻「八洲起元章」でも同様の解釈をしている。
(18)底本、古事記頭注、倉野憲司注解、53頁
(19)『時代別国語大辞典・上代編』上代語辞典編修委員会編、三省堂、一九六七年
(20)たとえば、中村達太郎『日本建築辭彙』丸善、明治三九年の「大極柱」の項には、「地均ヲナシテ、水盛ヲ終へ、建物ノ位置ノ定マルタル後チ、其真中ニ柱ヲ建テ、祭ヲナスヲ古来ヨリノ習慣トス」とある。
「大黒柱」については、柳田國男『定本柳田國男集・第11巻』筑摩書房、一九六九年所収「神樹篇」に詳しい。
(21)底本、日本書紀頭注、黛弘道注解、202頁
(22)ちなみに、底本頭注では、「柱は塔の心柱」、150頁、「刹は擦に同じ。仏塔の中心の柱」、173頁とする。
(23)例えば、朝鮮・景文王十二年(八七二)の皇龍寺跡塔誌銅版には、「皇龍寺刹柱本記侍読右軍大監兼省居臣朴居勿奉、詳夫皇龍寺九層塔者(中略)、其十四年歳次乙巳始構建四月○○立刹柱明年乃畢功鉄盤已上高七歩」とある。斎藤忠『古代朝鮮・日本金石文資料集成』吉川弘文館、一九八四年による。
(24)伊東忠太「古代建築論」、考古学講座、一九三〇年、『日本建築の研究、上』龍吟社、一九四二年所収、247頁
(25)石田茂作『総説 飛鳥時代寺院址の研究』大塚工芸社 一九四四年、「総説——飛鳥時代寺院と其の性格」
(26)伊東忠太「多宝塔」——三・塔の意義——工学会誌 一八九九年、『日本建築の研究、下』龍吟社 一九三六年所収。石田茂作『日本仏塔』講談社、一九六九年
(27)前掲、本居宣長は後の源氏物語に現れる「柱」と上代四文献での「柱」の関連を指摘しているが(古事記伝)、その源氏物語には「真木柱」と題する巻があり、物語の内容から考えれば、その表題は、この万葉集中の「真木柱」の誤用と関係するとも考えられる。尚、詳しくは別稿で述べたい。
(28)底本、万葉集二、頭注、102頁
(29)底本、風土記逸文、注記、513頁
(30)因に、底本『祝詞』に載せられた祝詞29例のうち13例に「宮柱」(大宮柱)が現れ、「柱」に関する記述全16例中のほとんどを占めている。
(31)これについては、「トユラサキの刹柱」自体の創建をも疑問視する見方もあるが、ここでは、一応、記録的記述として取り上げておく。
(32)木村徳国「カミノミヤの成立とイメージ——ヤシロの基礎的考察 その6・結」日本建築学会論文報告集、第346号、一九八四年一二月

（33）前掲『時代別国語大辞典・上代編』、「宮柱」の項。
（34）『岩波版・古語辞典』、「宮柱」の項。
（35）上田正昭「伊勢大神の原像」『伝統文化』43号、二〇一二年、『森と神と日本人』藤原書店所収

［第二章］
（1）『続日本紀』天平勝宝八年五月二四日詔「先帝陛下の奉為に屈請せる看病禅師一百二十六人は当戸の課役を免ずべし」
（2）福山敏男「東大寺法華堂の建立」、『寺院建築の研究　中』所収、中央公論美術出版、一九八二年
（3）奥健夫「東大寺法華堂八角二重壇小考」、『仏教芸術』306号所収、仏教芸術学会、二〇〇九年
（4）藤井恵介「東大寺二月堂建築の中世的展開」、『南都仏教』第52号所収、南都仏教研究会、一九八四年
（5）桜井敏雄「西国三十三所寺院の構成と本堂の特質」、浅野清編『西国三十三所霊場寺院の総合的研究』中央公論美術出版、一九九〇年所収
（6）『熊野詣紀行下』に「本宮礼殿といひしは梁行十九間桁ゆき廿五間あり」とある。
（7）（『笙ノ窟発掘調査概要報告書』上北山村教育委員会、一九九五年

［第三章］
（1）福山敏男「清水寺・長谷寺・石山寺の礼堂」『日本建築史の研究』綜芸舎、一九八〇年（初版は桑名文星堂、一九四三年）
（2）この話は『古今著聞集』にも載せられているが、その文中にも「舞台の高欄を……」とある。永積安明他校注『日本古典文学大系84　古今著聞集』、326頁、一九六六年
（3）増補史料大成刊行会編『増補・続史料大成』39「康富記、三」臨川書店、一九六五年
（4）前掲、福山論文。舞台が確実に懸造であった事を示す資料として最も古いものの一つに、鎌倉末頃に描かれた『法然上人絵伝』（知恩院本）・第13巻、第三段の舞台の図が、既に指摘されているが、それに先だつ嘉禎三年の年記を持つ『善導寺伝法絵』第二巻、第四段に、本堂の前面の舞台が描かれている。
（5）花見塑巳「清水の舞台」、『歴史地理』第39巻・第3号、一九三六年
（6）竹内理三編『増補・史料大成』26〜37「大乗院寺社雑事記」臨川書店、一九七八年（辻善之助編、潮書房、一九三一〜三七年の再版）。『大乗院寺社雑事記』明応四年一一月二六日条及び、同目録・暦応二年〜貞和二年の条には、舞台供養が貞和二年三月一八日に行われたとあるが、これ等は、大乗院に残されていた古い記録に拠ったと思われ、書写の時点で三年を二年に誤ったものと思われる。
（7）一四世紀初め頃に成ったと考えられる『稚児観音縁起』には長谷寺が描かれており、その建物は入母屋造、正面五間で懸造だが『当麻寺縁起絵巻』中巻第一段に描かれているような舞台は見られない。『塵添壒嚢鈔』巻一七に引く久安六（一一五〇）年

の『三十三所参詣之次第』には「今ハ七間奥へ九間礼堂作ト云々」（大日本仏教全書、第150冊）とあり、覚忠の応保元（一一六一）年の巡礼記にも「御堂九間」（続群書類従、巻第811・寺門高僧記）とあるから、既に当時の長谷寺は正面九間であったと思われ、この建物が当時の長谷寺を忠実に描写したとは考え難いが、舞台の創建年代を考える上で興味深い。

注

（8）前掲、注6

（9）前掲、『大乗院寺社雑事記』目録、文明元年八月三日条にも「一、夜部長谷寺焼失之由……担観音堂・十三重塔……等無為」とある。

（10）『義演准后日記』、慶長六年二月一五日条、酒井信彦校訂「義演准后日記　第二」『史料纂集70』続群書類従完成会、26頁、一九八四年

（11）山岸徳平校注『日本古典文学大系18　源氏物語　五』、359頁、一九六三年、同頭注19では「山に一部分は造りかけた家」とする。

（12）時代は下るが、狩野永徳筆と伝えられる『源氏物語図』（宮内庁蔵、一六世紀）や住吉如慶の『源氏物語画帳』（寛永年間末頃）などには、懸造の建物を描くものがある。

（13）藤原長清撰『夫木和歌抄』、国民図書株式会社編『校註・国歌大系』第21、第22巻、講談社、一九七六年（中山泰昌校訂『校註・国歌大系』の復刊）

（14）佐佐木信綱校訂『新訂・梁塵秘抄』、巻第二「僧哥十三首」、岩波書店、57頁、一九五七年

（15）塙保己一編『続群書類従』第28輯上・釈家部、続群書類従完成会校訂『訂正版・続群書類従』同会出版、一九五九年。また、『阿婆縛抄諸寺略記』に収める「箕面寺縁起」にも「豊嶋郡之北山。有二聖跡一。箕面寺也。役優婆塞白鳳二十年攀二躋千当山一」とある。仏書刊行会編『大日本仏教全書』、第35～41巻、一九一三～二二年

（16）前掲、『校註・国歌大系』第22巻、『夫木和歌抄・下』巻第30

（17）黒板勝美編『新訂増補・国史大系18』吉川弘文館、一九三二年

（18）『往生伝法華験記』所収、『拾遺往生伝』巻上9、295頁

（19）近藤瓶城編『改定・史籍集覧第22冊』「発心集」近藤出版部、一九二五年

（20）比叡山には古くから「懸造」の住房がかなり有ったらしく、時代は下るが中世の絵巻物の中には、例えば、『春日権現験記絵』（延慶二（一三〇九）年）に一例、『法然上人絵伝』（徳治二（一三〇七）年頃）に五例描かれている。

（21）久保田淳、山口明穂校注「明恵上人歌集」『明恵上人集』所収、岩波書店、一九八一年

（22）高山寺典籍文書綜合調査団編『高山寺資料叢書』第一冊「明恵上人資料第2」、東京大学出版会、一九七一年

（23）佐佐木信綱編『日本歌学大系』第四巻「野守鏡」文明社、一九四二年

（24）「播州書写山縁起」、前掲『大日本仏教全書』第87巻及び『書写山旧記』、姫路市史編集委員会編『姫路市史資料編1』、姫路市、一九七四年

(25)貞享二年の『書写山旧記』に収める行真の「後白河法皇当山幸駕事」(承安四〔一一七四〕年)並びに行春の「後醍醐天皇当山行幸御事」(元弘三〔一三三三〕年)には共に「如意堂」とある。前掲、『大日本仏教全書』寺誌叢書所収
(26)前掲、『校註・国歌大系』第22巻、『夫木和歌抄・下』
(27)前掲、『続群書類従』巻18日記部
(28)福山敏男「伝教大師時代の延暦寺の建築」、仏教芸術会編『仏教芸術――特集比叡山』61号、毎日新聞社
(29)前掲、『続群書類従』第24「山門堂舎記」、5頁
(30)満済『満済准后日記』永享六年九月一九日条、『京都帝国大学文科大学叢書』第四「満済准后日記」、六条活版製造所、852頁、一九一八〜二〇年
(31)巻第二上、神祇部、山上清瀧宮篇「山上清滝拝殿再興造営事」、京都府教育委員会編『醍醐寺新要録』京都府教育委員会、101〜102頁、一九五一〜五三年
(32)前掲、『醍醐寺新要録』巻第一「如意輪堂篇」第三度再興事、61頁
(33)円教寺如意輪堂に関する鎌倉初期の記録「延照記」には、「如意輪堂一宇〔在〆礼堂ノ庇 懸庇〕」と「懸庇」と書く例もある。『延照記』承久二(一二二〇)年以前成立、『円教寺旧記』所収
(34)岡見正男校注『日本古典文学大系37 義経記』巻第三、一九五九年、117頁
(35)『義経記』巻第五、225頁
(36)中田祝夫編『中華若木詩抄』勉誠社、84頁、一九七〇年
(37)日本俳書大系刊行会編『日本俳書大系』第六巻「貞門俳諧集」所収、一九二六年
(38)土井忠生ほか編訳『邦訳・日葡辞書』岩波書店、96頁、一九八〇年
(39)この点について、一般的な資料とは言い難いが、日向佐土原の修験者、野田成亮の記した『日本九峰修行日記』に圧倒的多数の懸造が掲載されていることは特筆されるべきであろう。これは、懸造という造形が修験道と密接なつながりを持つ事を想起させる。

〔第四章〕
(1)福山敏男「清水寺・長谷寺・石山寺の礼堂」、『日本建築史の研究』所収、綜芸社、一九八〇年(桑名文星堂、一九四三年の復刻)
山岸常人「二月堂建築空間の変遷とその意義」、『南都仏教』第48号、南都仏教研究会、一九八二年(『中世寺院と社会』、塙書房、一九九〇年)
(2)『大乗院寺社雑事記』「尋尊大僧正記補遺17」の明応五(一四九六)年別記には「(御仏二丈六尺)又御足下ニ宝石ニ入分七寸五分、ソコ五寸五分軸在之」とある。

（3）『重要文化財清水寺本堂修理工事報告書』京都府、一九六七年
（4）川村知行『日本の古寺美術6　東大寺Ｉ〔古代〕』保育社、一九八六年
（5）福山敏男「奈良時代に於ける石山寺の造営」、前掲注1『日本建築史の研究』
（6）前掲注1
（7）速水侑『観音信仰』塙書房、一九七〇年
（8）『叡岳要記』・『山門堂舎記』（鎌倉中期頃）、『醍醐雑事記』（平安末頃）、『真言諸山符案』所収『上醍醐山略要記』（延喜一三〔九一三〕年）
（9）文化庁編『戦災等による焼失文化財　増訂版　建造物編』文化庁、一九八三年、255頁
（10）『重要文化財醍醐寺如意輪堂修理工事報告書』京都府、一九六四年
（11）東京大学史料編纂所編『大日本古文書　家わけ第19之1―6　醍醐寺文書之3』所収、東京大学、一九五五～六九年、364頁
（12）『塵添壒嚢鈔』巻第17〔9〕三十三所ノ観音ノ事（『大日本仏教全書』833）『寺門高僧記』所収の覚忠巡礼記（応保元〔一一六一〕年）には「書写山、御堂九間南向」とあるが、他に九間とする記録はない。
（13）『書写山旧記』所収
（14）姫路市史編集委員会編『姫路市史　資料編Ｉ』所収『書写山旧記』、姫路市、一九七四年、223頁
（15）「保元々年三月一日建二立護法殿三間一宇一。奉レ勧二請五所一。熊野三所権現、金峰山金剛蔵王、八幡大菩薩」、『大日本仏教全書』644「大悲山寺縁起」、342頁
（16）横川中堂については前掲『山門堂舎記』根本如法堂の項、『叡岳要記　下』慈覚大師如法経事の項、および『慈覚大師伝』。また上醍醐如意輪堂については『聖宝僧上伝』や『真言諸山符案』所収『上醍醐山略要記』（延喜一三〔九一三〕年）、円教寺如意輪堂については『性空上人伝記遺続集』上人行徳堂舎建立略図事
（17）『兵範記』保元元年六月四日条、『増補　史料大成』第19巻『兵範記　二』
（18）前掲注7
（19）『醍醐寺縁起』（正安元〔一二九九〕年書写）、『上醍醐山略要記』（延喜一三年）、『慈恵大僧正伝』（長元四〔一〇三一〕年）、『玉葉』寿永元（一一八二）年七月一日条
（20）佐伯有清『円仁』、日本歴史学会編、吉川弘文館、一九八九年
（21）「楞厳三昧院……右九条右大臣師輔ノ草創也。天暦八年」（『大日本仏教全書』）。『伊呂波字類抄』にも「首楞厳院天暦八一始造之、九条殿本願」とある。首楞厳院という名称は、横川開創当初は根本如法堂を指して使われていたが、横川中堂創建後は、中堂そのものあるいは横川全体を指すという二通りに使われるようになる。
（22）前掲注15『大悲山縁起』（久寿三〔一一五六〕年）
（23）井上光貞『日本浄土教成立史の研究』山川出版社、一九五六年

（24）『日本高僧伝要文抄』（建長三〔一二五一〕年）所収「大法師浄蔵伝」（寛喜三〔一二三一〕年）

（25）五来重編『修験道史料集Ⅱ　西日本篇』名著出版、一九八四年

（26）福山敏男「信貴山縁起絵巻に見ゆる建築」、前掲注1『日本建築史の研究』所収

（27）大岡実「藤原時代の規矩」、建築史、4の5、および「三徳山三仏寺」、美術史学1〜3、一九四三年、『日本建築の意匠と技法』所収、中央公論美術出版

一九七一年、本尊蔵王権現の胎内から仁安三（一一六八）年造立という納入文書が発見されている（猪川和子「三仏寺蔵王権現と胎内納入文書」、美術研究251号）。

（28）延宝八（一六八〇）年佐々木盛綱寄進鐘銘記、松岡布政『伯耆民談記』（一七四二）、『三徳山三仏寺分限帳』（文久二〔一八六二〕年）

（29）永和元（一三七五）年の修理棟札には「伯州三徳山之鎮守蔵王殿」とある。鳥取県教育委員会編『鳥取県文化財報告書　第四集』鳥取県、一九六四年

（30）『金峰山雑記』（弘長二〔一二六二〕年）「三徳縁起云。有二一ノ浄土一名二仏光浄土一。但人間界ニメ号二大日本国一。中有二三光仏ノ浄土一。一ハ千光仏ノ浄土。伊与ノ石辻。二ハ大光仏ノ浄土。大和国弥勒ノ長。三ハ無量光仏ノ浄土。伯耆国。三仏山亦名二三徳山一」　中野達慧編『修験道章疏』第1巻所収　日本大蔵経編纂会『日本大蔵経』、一九一九年

投入堂という名称は江戸時代の史料にしか現れず、永和元（一三七五）年の修理棟札は「伯州三徳山之鎮守蔵王殿」とする。『金峰山雑記』や三徳山縁起の逸文をのせると考えられる『石土山縁起』（横峰寺蔵）には、仙人が三茎の蓮華を参じてそれが石鎚山、金峯山、三徳山の三ヵ所に落ちたとあり、この話が室町時代以後に建物を投げ入れたと転じたのであろう。

（31）前掲注30『修験道章疏』第3巻所収

（32）前掲注25『修験道史料集Ⅱ　西日本篇』、354頁

（33）佐々木一雄編『大山寺縁起』稲葉書房、一九七一年

（34）拙稿「鰐淵寺蔵王堂、円蔵寺虚空蔵堂（菊光堂）、鷹栖観音堂について　Ⅰ」、日本建築学会学術講演梗概集、一九八七年

（35）鳥取県教育委員会編『鳥取県の文化財』鳥取県、39、63頁

（36）前掲注28

（37）『梁塵秘抄』巻第二、僧哥十三首に「聖の住所はどこどこぞ、箕面よ勝尾よ、播磨なる書写の山、出雲の鰐淵や日の御崎、南は熊野の那智とかや」とある。

『宇治拾遺物語』巻3「山伏船祈りかえす事」

（38）福山敏男「竜岩寺」、『日本建築史研究　続編』所収、墨水書房、一九七一年

（39）『龍岩寺縁起』（龍岩寺蔵）

（40）平泉中尊寺の西、達谷窟と呼ばれる岩窟に造られた西光寺毘沙門堂は近年の再建だが、『吾妻鏡』文治五（一一八九）年九月

二八日条に「坂上将軍於₂此窟前₁。建₂立九間四面精舎₁」とある。この記録の真偽は明らかでないが、『平泉古図』（中尊寺蔵、年代不詳、中世末か、註図3）には岩壁から直接屋根を差し掛けた梁間三間程の懸造が描かれている。

(41)『四国霊場第四十五番伊予国浮穴郡海岸山岩屋寺勝景太略図』（岩屋寺蔵・木版）寂本『四国遍礼霊場記』（元禄二年）、国立公文書館蔵

(42)同詞書に「観音の効験をあふぎて、この巌窟にこもり、……又四十九院の岩屋あり、父母のために極楽を現じ給へる跡あり、三十三所の霊崛あり、斗藪の行者霊崛をいのる砌なり」とある。『日本絵巻物全集35　一遍聖絵』角川書店、一九六〇年

(43)藤田經世編『校刊美術史料　寺院編中』所収「神護寺資料」、中央公論美術出版、一九七二年、298頁

(44)『平家物語』巻五「文覚荒行」、『元亨釈書』巻一三「神護寺文覚」

(45)三仏寺投入堂・神護寺巌堂は、正面桁行一間だが、梁間柱間二～三倍ほどの広さを持っている。

(46)至徳四（一三八七）年『諸国一見聖物語』（『佐竹昭広編『諸国一見聖物語』、京都大学国語国文資料叢書29、臨川書店、一九八一年）、文暦年間（一二三四～三五）詞書の『日吉山王利生記』（『続群書類従』第2輯下）

(47)影山春樹「日吉大社の創祀とその展開」、『新大津市史　別巻』所収、大津市、一九五八年

(48)『法然上人絵伝』第26巻、建久三年一一月、甘糟太郎忠綱戦場に奇瑞往生の図。同詞書に「日吉八王子の社壇を城郭として」とあることから牛尾、三宮の建物である事が分かる。

(49)『日吉山王社頭絵図』には現建物と同じような形式の両社殿が描かれているが、牛尾神社拝殿だけが正面に千鳥破風を付けた、切妻造・平正面の建物になっている。

『諸国一見聖物語』は、山門の代表的行場として、この牛尾・三宮社と葛川、無動寺（比叡山）、伊崎寺を挙げているが、室町時代の『葛川明王院領境界図』には、栃生堂（不動堂）前面に懸造の舞台が描かれ（葛川明王院史料593、村山修一編『葛川明王院史料』、吉川弘文館、一九六四年）、伊崎寺にも不動堂の後方、琵琶湖に面して棹飛堂と呼ばれる懸造（入母屋造・妻入・方三間、大岩の小窟中に不動を安置し、背面は岩にそのまま突付）がある。

(50)『梁塵秘抄』巻第二、四句神歌に「東の山王恐ろしや、二宮客人の行事の高の王子、十禅師山長石動の三宮、峯には八王子ぞ恐ろしき」と八王子（牛尾）の呪詛神としての恐ろしさを言う。

(51)黒田龍二「日吉七社本殿の構成――床下祭場をめぐって」、日本建築学会論文報告集、第317号、一九八二年七月

(52)川端善明編『室町ごころ　中世文学資料集』所収、角川書店、一九七八年、344、347頁

(53)『群書類従』第2輯、巻第18『日吉社神道秘密記』

(54)竹内自安斉『伯陽六社美地の記』、『三徳山三仏寺分限帳』（文久二〔一八六二〕年）など

(55)前掲注29『鳥取県文化財報告書　第四集』、7頁

(56)前掲注27『日本建築の意匠と技法』

(57)『重要文化財松苧神社本殿修理工事報告書』新潟県、一九八二年

(58)前掲注57『修理工事報告書』所収
(59)山本殖生「熊野捨身行の系譜」、『山岳修験』第61号所収、日本山岳修験学会、二〇一八年三月
(60)松浦正昭「三仏寺の遺宝が語るもの」、『山岳修験』第40号所収、二〇〇七年一一月
(61)『重要文化財不動院岩屋堂修理工事報告書』鳥取県、一九五七年
(62)中野幡能『六郷満山の史的研究――くにさきの仏教文化』藤井書房、一九六六年、69頁
(63)前掲注25『修験道史料集Ⅱ　西日本篇』所収「鎮西彦山縁起」(高田家蔵本)、484頁
(64)深浦円覚寺所蔵「嘉永四年六月分留書」所収古棟札写、『深浦澗口観音古文書』、円覚寺、一九八五年。三仏寺投入堂の近傍にある三仏寺観音堂も岩窟内に造られた正面三間、妻入の懸造で、現堂は江戸初期(正保五〔一六四八〕年)の再建と考えられるが、内陣に円柱、外陣に角柱を用いる手法など文殊堂、地蔵堂と通じる部分がある(鳥取県立博物館『鳥取県の自然と歴史4三徳山とその周辺』、同博物館、一九八二年)。
(65)現在は、正面一通りめと二通りめの間に二本の間柱がある。
(66)信濃史料刊行会編『信濃史料』第10巻、同刊行会、一九五四年、172頁
(67)釈尊寺所蔵棟札、信濃史料刊行会編『信濃史料』第4巻、同刊行会、一九五四年、219頁
(68)寺田豪延『六郷満山両子寺史』両子寺、一九八七年、33頁
(69)伊藤常足『太宰管内志』(天保一二〔一八四一〕年)所収、太宰管内志刊行会編『復刻　太宰管内志』下巻、長史料出版社、218頁
(70)大分県教育委員会編『大分県文化財調査報告書第38集　六郷満山関係文化財総合調査概要(2)』付録資料、大分県、一九七七年
(71)『重要文化財笠森寺観音堂修理工事報告書』千葉県、一九六〇年
(72)『上総国笠森観音縁起』(元禄元〔一六八八〕年)や『大悲山笠森寺之縁起』(国立公文書館蔵)には、はじめ岩上に観音像を安置していたが、長元元(一〇二八)年梁間九間半、桁行六間半、高さ一五間、四方懸造の堂を建立したとある。
(73)拙稿「鰐淵寺蔵王堂、円蔵寺虚空蔵堂(菊光堂)、鷹栖観王堂についてⅡ」、日本建築学会学術講演梗概集、一九八七年
(74)『多聞院日記』天正一四(一五八六)年一一月二日条には「吉野山蔵王堂去晦日夜塔迄悉焼了、天下ノ物恠浅猿々々、奥州柳津ノ虚空蔵モ八月廿六日夜歟天川ト同夜ニ焼了、吉野山大峯蔵王モ川上ノ地蔵モ焼了ト」と、柳津虚空蔵堂が大峰修験の建物である天河大辨財天社、大峰蔵王堂とともに挙げられているから、柳津虚空蔵堂は大峰修験と何らかの関係があったらしい。竹内理三編『増補続史料大成41　多聞院日記　4』臨川書店、一九七八年(辻善之助編、三教書店、一九三八年の復刊)、48頁
(75)石川県小松市には不動寺本堂と同じく小窟中に観音を祀り、屋根(入母屋)背面が岩壁に接続された那殿観音拝殿がある。現在の建物(三間四方)は近年の再建だが、現存する脇立の背銘には応永二一年に開眼、作源利とある。

(76) 大津市役所『新大津市史　別巻』大津市、一九六三年、108頁
(77)『重要文化財小菅神社奥社本殿修理工事報告書』長野県、一九六八年、36～37頁
(78) 桜井徳太郎校注『諸山縁起』、『日本思想大系20寺社縁起』所収、岩波書店、一九七五年、362頁
(79) 茨城県教育委員会『茨城の文化財』第10集、茨城県、一九七一年、32頁
(80) 和歌森太郎『修験道史研究』平凡社、一九七二年、宮家準『修験道』教育社、一九七八年。

［第五章］

(1) 堀池春峰「笠置寺と笠置曼陀羅についての一試論」、『仏教芸術』18号、毎日新聞出版
(2)『大日本仏教全書』736『多武峯略記』巻下、242頁
(3)『大日本仏教全書』335『笠置寺住侶作善願文』、95頁
(4)『大日本仏教全書』598『諸寺縁起集』、18頁
(5) 義演『醍醐寺新要録』所収、京都府教育委員会編『醍醐寺新要録』、京都府教育委員会、一九五一～五三年
(6)『醍醐寺新要録』巻第2上、上醍醐清瀧宮篇
(7) 由岐神社拝殿擬宝珠銘に「鞍馬寺油岐　豊臣朝臣秀頼公御再興也。慶長十五年正月吉日　御奉行建部内匠頭光重」とあり、『義演准后日記』慶長七年九月二二日条に「(石山寺)鎮守・拝殿・塔婆以下悉或修理、或新造也」とある。
(8) 滋賀県教育委員会『滋賀県の近世社寺建築』、93～94頁
(9)『長谷寺霊験記』巻上の「鎮守滝蔵ノ社ニ参テ又数剋念誦ス……其雲拝殿ノ内ニ充チ満リ……二人共ニ拝殿ニ登リ」(『大日本仏教全書』)という記載。
(10)『寺門高僧記6』、73頁
(11)『塵添壒囊鈔』、184頁
(12)『法華山諸堂記』(寛永六〔一六二九〕年)、『寛永五年建立記』、「木造法道仙人立像台座裏銘」など兵庫県立歴史博物館編『総合調査報告書(Ⅰ)法華山一乗寺』一乗寺関連史料所収、同博物館、一九八五年
(13) 和多秀乗「播磨の山岳信仰」、『近畿霊山と修験道』所収および『総合調査報告書(Ⅰ)』、75頁
(14)『中右記』天永二〔一一一一〕年一一月一一日条裏書によれば当時、清水寺には勝快聖人と呼ばれる聖(夏衆)がいた事が分かる
(15) 新宮市史編纂委員会編『新宮市史　史料編上巻』熊野速玉大社古文書古記録、新宮市、一九八三年、75頁
(16)『一遍聖絵』中の熊野本宮長床は入母屋造・桁行七間・梁間三間、新宮長床は入母屋造・桁行九間・梁間三間、鎌倉初期の建立と考えられている福島県喜多方熊野神社長床は寄棟造・桁行九間・梁間四間、江戸時代の再建だが岡山県倉敷市の熊野神社長床は入母屋造・桁行一一間・梁間三間である。

（17）中野達慧編「修験道章疏」、『日本大蔵経』所収、一九一九年

（18）同社の創建は平安末から鎌倉にかけてかと推定され（林屋辰三郎他『天川』、駸々堂出版、一九七六年）、『金峰山秘密伝』には、「釈迦岳ノ麓ニ有ニ一社壇一。此名ニ天河ノ神一号ニ辨才天一」とあり、『渓嵐拾葉集』（鎌倉末〜南北朝頃）では、日本三大弁才天の第一として紹介されている。

（19）『大乗院寺社雑事記』寛正二年六月四日〜九日条

（20）天川村史編集委員会『天川村史』、天川村役場、一九八一年、115頁

（21）鳥取県倉吉市の長谷寺本堂（一部に桃山時代の部材が残る）も同様の立地の懸造である。

（22）井上克夫「拝殿の起原について」、日本建築学会論文報告集第62号所収、一九五九年

［第六章］

（1）円教寺如意輪堂は弘安三（一二八〇）年の再建後、永徳四（一三八四）年二月二二日に焼失（『円教寺新略記』）するまで再建の記録はない。

（2）近世の懸造では、若松観音堂や日龍峯寺本堂に長い木階や登廊（木階）があり、名草神社拝殿には中央に馬道の石階がある。

（3）鎌倉時代後期または南北朝末期から室町時代初期の制作と考えられる『東大寺縁起図』（東大寺蔵）の二月堂には、既に登廊が描かれている。

（4）長谷寺の登廊は下、中、上の三区からなり、慶安三（一六五〇）年の現本堂の再建と同時に三区揃って建立（棟札）されたが、このうち下、中登廊は明治一五年に焼失し、同一八年から二二年にかけて再建されている。

（5）大正三年再建の現拝殿に木階はないが、乾元元（一三〇二）年の『菅浦与大浦下庄堺絵図』や室町末頃の『竹生島祭礼図』（東京国立博物館蔵）の拝殿には長い木階が描かれており、現在も拝殿の前面には木階の柱跡が残っている。

（6）『日本三代実録』貞観一八（八七六）年五月二八日条所引「律師長朗申牒」に「大和国長谷山寺。是長朗先祖川原寺修行法師位道明。宝亀年中率其同類。奉為国家所建立也」とある。黒板勝美編『新訂増補・国史大系4 日本三代実録』群書類従完成会、一九三二年

（7）山岸常人「二月堂建築空間の変遷とその意義」

（8）『日本三代実録』貞観一八（八七六）年五月二八日条

（9）『長谷寺縁起文』平安末〜鎌倉初期、『大日本仏教全書』728

（10）池田亀鑑他校注『日本古典文学大系19 枕草子 紫式部日記』岩波書店、一九五八年

（11）佐佐木信綱校訂『新訂・梁塵秘抄』岩波書店、一九五七年

（12）高木豊『平安時代法華仏教史研究』平楽寺書店、一九七三年

（13）『日吉山王宮曼陀羅』（奈良国立博物館蔵、文安四〔一四四七〕年以前）、『日吉山王参社次第』（個人蔵、室町中期）、『稚児観

音縁起絵図』(鎌倉時代、一四世紀初頭)
(14)太田博太郎「日本建築の特質」、『日本建築史序説』所収、彰国社、一九四七年
(15)住信『百因縁集』承応二年版、『大日本仏教全書』所収
(16)一条兼良『尺素往来』、群書類従消息部所収

[第七章]
(1)「仙台藩風土記書出」宮城県史所収
(2)宮本袈裟雄『里修験の研究』吉川弘文館、一九八四年
(3)慶長一八(一六一三)年に江戸幕府が定めた法令で、修験者は真言宗の当山派と天台宗の本山派のどちらかに必ず属さなければならないとした。
(4)十三重宝塔中尊弥勒象について「最後病悩之時、奇瑞等在之」弥勒の大座の左の角の宝珠の上から香煙が立ちのぼり、帳内に満ちて……その時、弥勒像が動揺して空中に浮かび出し、明恵の口から白光がでて、弥勒の宝前を照らした。中野玄三『明恵上人と鏡弥勒像』京都国立博物館、一九八二年。
(5)近藤祐介「聖護院門跡と「門下」」『修験道本山派成立史の研究』校倉書房、二〇一七年
(6)那谷寺慶長二年鰐口銘、『岐阜県の近世社寺建築』岐阜県、一九八〇年
(7)石山十四美『最上参拾参霊場歴史』、一九八三年
(8)大分県教育委員会編『大分県文化財調査報告書　第38集　六郷満山関係文化財総合調査概要(2)国見町・国東町・武蔵町・安岐町の部』、大分県、一九七七年
(9)蟠龍窟拝殿は、両子寺奥院本堂同様入母屋造の前半部だけを造り、満願寺奥院礼堂では、寄棟造の前半部だけが造られている。
(10)北相木村教育委員会「北相木村指定文化財説明」
(11)中野某『巡礼通考』(西国名所記)、旧内閣文庫本国立公文書館蔵
同記に「斜なる岩の上に懸作りの堂を造り、岩石をもて牆屋に立つ」とある和歌山県岩屋観音堂も、正面に妻を見せ背面が岩に直接接続された正面三間の懸造(現堂は明治二三年の改築)である。
(12)南牟婁郡教育会『紀伊南牟婁郡誌　下』所収、名著出版、一九七一年(一九二五年の復刻版)
(13)棟札、『福岡県の近世社寺建築』、福岡県、一九八四年
(14)中野達慧編「修験道章疏」、『日本大蔵経』所収、一九一九年
(15)頼杏坪『芸藩通志』巻33、文政八年および「千光寺略縁起」(千光寺)
長野県長楽寺観音堂も、千光寺本堂同様姥石と呼ばれる大岩の横に建つ。

(16)大桑君須原の定勝寺による再建。定勝寺『奉加帳』
(17)『青森県の近世社寺』青森県、一九七九年
(18)喜多村校尉『津軽一統志』、享保一二年、青森県叢書刊行会編『青森県叢書　第6集』所収、同刊行会、一九五三年
(19)比婆郡役所編『比婆郡誌』比婆郡、一九一二年
(20)『新編会津風土記』(文化六(一八〇九)年)に「奉鋳錫杖山観音御宝前鰐口　永享十年戊午六月一日、大勧進聖賢重大檀那比丘尼大工」の鰐口銘がある。『福島県史料集成2』所収、福島県、一九五二年
(21)三浦正幸他「竹原の伝統的街区に関する研究　その2　社寺と公共建築」、日本建築学会中国支部研究報告集、第8巻1号、一九八〇年
(22)享保七(一七二二)年の『竹原惣絵図』(竹原市歴史民俗資料館蔵)に普明閣は描かれておらず、江戸後期の『竹原図屏風』(同歴史民俗資料館蔵)には前面吹放ち部分が一間四方で切妻屋根の普明閣が描かれている。
(23)「観音堂再建勧仕帳」(瀧水寺)および『長野県町村誌東信篇』長野県、一九三六年
(24)『兵庫県の近世社寺建築』兵庫県、一九八〇年
(25)米山一政「信州埴科郡皆神山修験の研究」、「信濃」8ノ8、一九五六年
(26)清瀧宮拝殿の床下は、石垣があるとともに東西の側柱の柱間の一部が白壁で塗り込められている。このような例は、ほかに如意寺文殊堂(室町中期)だけだが、文殊堂の白壁は寛文・元禄頃の修理で設けられたもので(重要文化財修理工事報告書)、清瀧宮拝殿の白壁・石垣も近世の修理で付け加えられた疑いがある。
(27)川上貢編『日本の美術12　室町建築』至文堂、一九八二年。『実隆公記』文明七(一四七五)年六月五日条に「詣石室之不動仏龕口舎、池水」とあり、『二水記』大永五(一五二五)年一〇月二五日条に「石不動堂」の記載がある。
(28)『金閣林泉歴覧之記』
(29)山岸常人「二月堂建築空間の変遷とその意義」、『南都仏教』第48号、南都仏教研究会、一九八二年
(30)『二月堂修中日記』に於ける「舞台の籠所」という記事。今里英三『東大寺二月堂修二会の研究・史料編』中央公論美術出版社、一九七九年
(31)『東叡山諸堂建立記』および『東叡山之記』、『大日本仏教全書』所収
(32)秋里舜福撰『摂津名所図会』、旧内閣文庫本、国立公文書館蔵
(33)『佐渡国寺社境内案内帳』、佐渡叢書刊行会編『佐渡叢書』巻5所収、同刊行会、一九七四年。『佐渡志』(天明~寛政年間頃・『佐渡叢書』巻2所収)にも「京の清水の趣をうつし」とある。
(34)拙稿「出羽三山修験の建築——羽黒山三神合祭殿」、『仏教芸術』248号所収、二〇〇〇年
(35)『金縄山縁起』(実相院)
(36)斎藤月岑『武江年表』天明二(一七八二)年、金子光晴校訂『増訂武江年表』東洋文庫、平凡社、一九六八年

(37)『江戸名所図会』巻4および巻5、日本随筆大成刊行会編『日本図会全集』所収、同刊行会
(38)伊吹左門・昌泉院清英『根津御宮記』（天保一三年）国立国会図書館蔵
(39)柳津観音堂・西光院本堂を創建したと言われる徳一は、清水・長谷信仰を東国に宣揚するため東行したという見方もあり（高橋富雄『徳一と最澄』、中公新書、一九九〇年）、また中世には、京都清水寺・石山寺・長谷寺・一乗寺など多くの懸造を含む西国三十三観音霊場の写しが地方に数多く造られたことを考えれば、中世にも清水・石山などの意匠を真似た懸造があった可能性は残るが、確実な史料がない。
(40)新見正路『御庭拝見記』、『樹の下露』（文化一三年）および小宮山綏介『吹上御苑建置考』
(41)鈴木利兵衛『吹上御苑真景』（安政二年写し）、国立国会図書館蔵
(42)小宮山綏介『吹上訪古録』（一八八三年、柴田幸俊の写し）、国立国会図書館蔵
(43)新見正路「吹上苑炮技上覧之記」天保一二年、『叢書料本　九』所収、国立国会図書館蔵
(44)『東京小石川後楽園之景』一九〇七年、『特別史跡・名勝　小石川後楽園』東京都公園協会、一九八九年
(45)鵜飼信興『後楽園記事』元文元（一七三六）年八月、国立国会図書館蔵
(46)林道春『小廬山記』寛永一七（一六四〇）年、『後楽園記事』所収
(47)榎本其角『後楽園拝見之記』元禄一五（一七〇二）年一一月二七日、名越克敏「後楽園志」『名越随筆　上』所収
(48)正徳元（一七一一）年一一月一九日観音入域の儀、享保一四年、三四年に開帳・供養の記録がある。『御後園留帳』、岡山大学図書館蔵池田家文庫
(49)池田家文庫蔵。寛保時代（一七四一～四四年）の古図には、切妻造で懸造だが前面に舞台のない慈眼堂が描かれている。しかし、図中の慈眼堂は小さく、ほかの建物も極く簡略化して描かれ、誤りが多いので実景を写したとは考えにくい。
(50)藤田東湖『常陸帯』天保一五年、『新定　東湖全集』所収
(51)『浪華の賑ひ』安政二年　池田弘三郎監修『日本名所風俗図会10　大阪』所収、角川書店、一九八〇年
(52)大沢惟貞『吉備温故秘録　附録備中領分』巻99（寛政年間）、吉備群書集成刊行会編『吉備群書集成　第5集』所収、作陽書房、一九七八年

付記　本書における研究の一部は、科学研究費補助金基盤研究（B）「中世宝物の贈与・寄進に関する比較美術史学的研究」（一八H〇〇六二九、二〇一八―二〇二〇年度）および挑戦的研究（萌芽）「造形物の記述についての文化史的観点からの萌芽研究」（一八K一八四七七、二〇一八―二〇一九年度）研究代表秋山聰の助成を受けたものである。

松崎照明（まつざき・てるあき）

福島県生まれ。日本建築意匠研究所代表。金沢美術工芸大学・東京家政学院大学客員教授。博士（工学）。一級建築士。

専門は日本建築史意匠。特に日本の山岳信仰建築を調査研究する。北海道から沖縄におよぶ山岳信仰建築「懸造《かけづくり》」の遺構調査を行い、羽黒山を中心に大峰山などの山伏修行「峰入」にも入る。

著書に『日本の国宝建築が知りたい』（学研）、『日本の建築文化事典』（平井聖編集代表、共著、丸善出版、二〇二〇）、『日本建築様式史』（太田博太郎監修、共著、美術出版社、一九九九）、『世界の建築うんちく92』角川書店　2011（共著）、「LE CHARPENTIER ET L'ARCHITECTE」Presses polytechniques et universitaires romandes 2019 など多数。

山《やま》に立《た》つ神《かみ》と仏《ほとけ》

柱立《はしらだ》てと懸造《かけづくり》の心性史《しんせいし》

二〇二〇年　五月一二日　第一刷発行

著者　松《まつ》﨑《ざき》照《てる》明《あき》

発行者　渡瀬昌彦

発行所　株式会社 講談社
東京都文京区音羽二丁目一二—二一　〒一一二—八〇〇一
電話（編集）〇三—三九四五—四九六三
（販売）〇三—五三九五—四四一五
（業務）〇三—五三九五—三六一五

装幀者　奥定泰之

本文データ制作　講談社デジタル製作

本文印刷　信毎書籍印刷株式会社

カバー・表紙印刷　半七写真印刷工業株式会社

製本所　大口製本印刷株式会社

ISBN978-4-06-519899-5　Printed in Japan
N.D.C.210　282p　19cm

講談社選書メチエの再出発に際して

講談社選書メチエの創刊は冷戦終結後まもない一九九四年のことである。長く続いた東西対立の終わりはついに世界に平和をもたらすかに思われたが、その期待はすぐに裏切られた。超大国による新たな戦争、吹き荒れる民族主義の嵐……世界は向かうべき道を見失った。そのような時代の中で、書物のもたらす知識が一人一人の指針となることを願って、本選書は刊行された。

それから二五年、世界はさらに大きく変わった。特に知識をめぐる環境は世界史的な変化をこうむったとすら言える。インターネットによる情報化革命は、知識の徹底的な民主化を推し進めた。誰もがどこでも自由に知識を入手でき、自由に知識を発信できる。それは、冷戦終結後に抱いた期待を裏切られた私たちのもとに差した一条の光明でもあった。

その光明は今も消え去ってはいない。しかし、私たちは同時に、知識の民主化が知識の失墜をも生み出すという逆説を生きている。堅く揺るぎない知識も消費されるだけの不確かな情報に埋もれることを余儀なくされ、不確かな情報が人々の憎悪をかき立てる時代が今、訪れている。

この不確かな時代、不確かさが憎悪を生み出す時代にあって必要なのは、一人一人が堅く揺るぎない知識を得、生きていくための道標を得ることである。

フランス語の「メチエ」という言葉は、人が生きていくために必要とする職、経験によって身につけられる技術を意味する。選書メチエは、読者が磨き上げられた経験のもとに紡ぎ出される思索に触れ、生きるための技術と知識を手に入れる機会を提供することを目指している。万人にそのような機会が提供されたとき初めて、知識は真に民主化され、憎悪を乗り越える平和への道が拓けると私たちは固く信ずる。

この宣言をもって、講談社選書メチエ再出発の辞とするものである。

二〇一九年二月　　野間省伸

「民都」大阪対「帝都」東京　原　武史
文明史のなかの明治憲法　瀧井一博
琉球王国　赤嶺　守
喧嘩両成敗の誕生　清水克行
日本軍のインテリジェンス　小谷　賢
近代日本の右翼思想　片山杜秀
アイヌの歴史　瀬川拓郎
宗教で読む戦国時代　神田千里
室町幕府論　早島大祐
アイヌの世界　瀬川拓郎
吉田神道の四百年　井上智勝
戦国大名の「外交」　丸島和洋
町村合併から生まれた日本近代　松沢裕作
源実朝　坂井孝一
満蒙　麻田雅文
〈階級〉の日本近代史　坂野潤治
原敬（上・下）　伊藤之雄

大江戸商い白書　山室恭子
終戦後史　1945-1955　井上寿一
戦国大名論　村井良介
〈お受験〉の歴史学　小針　誠
福沢諭吉の朝鮮　月脚達彦
帝国議会　村瀬信一
江戸諸國四十七景　鈴木健一
「怪異」の政治社会学　高谷知佳
大東亜共栄圏　河西晃祐
忘れられた黒船　後藤敦史
永田鉄山軍事戦略論集　川田　稔編・解説
享徳の乱　峰岸純夫
鎖国前夜ラプソディ　上垣外憲一
大正＝歴史の踊り場とは何か　鷲田清一編
近代日本の中国観　岡本隆司
昭和・平成精神史　磯前順一
叱られ、愛され、大相撲！　胎中千鶴

MÉTIER

日本語に主語はいらない　金谷武洋
テクノリテラシーとは何か　齊藤了文
どのような教育が「よい」教育か　苫野一徳
感情の政治学　吉田　徹
マーケット・デザイン　川越敏司
「社会《コンヴィヴィアリテ》」のない国、日本　菊谷和宏
権力の空間／空間の権力　山本理顕
地図入門　今尾恵介
国際紛争を読み解く五つの視座　篠田英朗
中国外交戦略　三船恵美
易、風水、暦、養生、処世　水野杏紀
「こつ」と「スランプ」の研究　諏訪正樹
丸山眞男の敗北　伊東祐吏
新・中華街　山下清海
ノーベル経済学賞　根井雅弘編著
俗語発掘記　消えたことば辞典　米川明彦
氏神さまと鎮守さま　新谷尚紀

日本論　石川九楊
丸山眞男の憂鬱　橋爪大三郎
「幸福な日本」の経済学　石見　徹
危機の政治学　牧野雅彦
主権の二千年史　正村俊之
機械カニバリズム　久保明教
養生の智慧と気の思想　謝心範
暗号通貨の経済学　小島寛之
電鉄は聖地をめざす　鈴木勇一郎
日本語の焦点　日本語「標準形《スタンダード》」の歴史　野村剛史
ヒト、犬に会う　島　泰三
解読　ウェーバー『プロテスタンティズムの倫理と資本主義の精神』　橋本　努
AI時代の労働の哲学　稲葉振一郎
ワイン法　蛯原健介
MMT　井上智洋